Janet Gonzalez-Mena / *Napa Valley College*
Dianne Widmeyer-Eyer / *Cañada College*

Arbeitsbuch zur Säuglingsbetreuung

Begleitband zu Säuglinge, Kleinkinder und ihre Betreuung, Erziehung und Pflege

Ein Curriculum für
respektvolle Pflege und Erziehung

Aus dem Amerikanischen übersetzt
von Ute Weber

Arbor Verlag
Freiamt im Schwarzwald

Für Magda Gerber, Emmi Pikler und Anna Tardos

Copyright © 2007, 2004 by The McGraw-Hill Companies, Inc.,
Copyright © der deutschen Ausgabe: 2008 Arbor Verlag GmbH, Freiamt
Titel der amerikanischen Originalausgabe:
*The Caregiver's Companion, Readings and Professional Resources to accompany
Infants, Toddlers and Caregivers*

1. Auflage 2008

Lektorat: Dr. Richard Reschika
Gestaltung: Anke Brodersen
Copyright © 2008 des Titelbildes: Tilo Pichler-Bogner
Druck und Bindung: Westermann, Zwickau

Dieses Buch wurde auf 100% Altpapier gedruckt und ist alterungsbeständig.
Weitere Informationen über unser Umweltengagement
finden Sie unter www.arbor-verlag,de/umwelt

www.arbor-verlag.de

ISBN 978-3-936855-62-3

Inhalt

Teil II
Wichtige Formulare

Teil III
Mit den Eltern kommunizieren

Teil IV
Beobachtung

Einführung

Was Sie hier in Händen halten, sind ergänzende Texte und Fachquellen, um Ihr Verständnis und Ihren Gebrauch der Materialien in *Säuglinge, Kleinkinder und ihre Betreuung, Erziehung und Pflege – Ein Curriculum für respektvolle Pflege und Erziehung* zu verbessern. Der Begleitband besteht aus vier Teilen. Teil I umfasst die Texte selbst, die in zwei Abschnitte unterteilt sind. Abschnitt I bietet pro Kapitel einen Text an, der mit dem jeweiligen Kapitel des Hauptbuches korrespondiert. In Abschnitt II geht es um übergeordnete Themen. Teil II mit der Überschrift „Wichtige Formulare" enthält zahlreiche Formulare, die in Säuglings- und Kleinkindprogrammen verwendet werden können. Teil III mit der Überschrift „Mit den Eltern kommunizieren" enthält einen Abriss für ein Elternhandbuch, gefolgt von Musterbriefen und Hinweisen, die in das Handbuch einbezogen werden könnten. Teil IV, überschrieben mit „Beobachtung" enthält Richtlinien, die man befolgen sollte, gefolgt von Videobeobachtungen im Zusammenhang mit den Videoclips für jedes Kapitel des Textes, der im Online-Lernzentrum des Buches unter *http://www.mit-kindern-wachsen.de/videomaterial* zu finden ist. Das Ziel des Begleitbuches ist es, Ihnen mehr Ressourcen und Unterstützung für die praktische Anwendung des Materials in *Säuglinge, Kleinkinder und ihre Betreuung, Erziehung und Pflege – Ein Curriculum für respektvolle Pflege und Erziehung* an die Hand zu geben.

JANET GONZALEZ-MENA

Teil I
Texte zu *Säuglinge, Kleinkinder und ihre Betreuung, Erziehung und Pflege*

Abschnitt 1:
Texte zu den jeweiligen Kapiteln

Abschnitt 2:
Übergeordnete Themen

Texte zu Gesundheit und Sicherheit

Texte zu Kultur und Familien

Texte zur Einbeziehung von Säuglingen und Kleinkindern mit besonderen Bedürfnissen

Abschnitt 1

**Texte zu den jeweiligen
Kapiteln des Buches:**
*Säuglinge, Kleinkinder und ihre
Betreuung, Erziehung und Pflege –
Ein Curriculum für
respektvolle Pflege und Erziehung*

Kapitel I

Die Prinzipien, ihre praktische Anwendung und das Curriculum[1]

Wenn Sie Kapitel 1 Ihres Textes lesen, dann erkennen Sie, inwiefern dieser Artikel den 10 Prinzipien entspricht. Sie werden feststellen, dass hier ein anderer Schreibstil und eine andere Stimme zum Vorschein kommen, denn dieser Artikel ist von Magda Gerber selbst geschrieben worden und legt ihre Philosophie dar. Dieser Artikel über Respekt stammt direkt aus ihrer Feder. Vergleichen Sie beim Lesen die Informationen und den Tonfall mit Kapitel 1 des Hauptbuches. Schauen Sie, ob Sie die Ähnlichkeiten ausmachen können. Nehmen Sie auch einige Unterschiede wahr?

Text Nr. I
Sich mit Respekt um Säuglinge kümmern:
Der RIE-Ansatz

Von Magda Gerber, M.A.

Magda Gerber, M.A., hat als Kindertherapeutin, Dozentin und Beraterin für Säuglingspflege gearbeitet. Sie war über viele Jahre eine enge Mitarbeiterin von Dr. med. Emmi Pikler in Budapest und außerdem zusammen mit Dr. med. Tom Forrest Gründerin und Leiterin von *Resources for Infant Educarers* in Los

---

1 Neuabdruck mit Genehmigung von Zero to Three: National Center for Infants, Toddlers, and Families.

Angeles, Kalifornien. Sie hat am Pacific Oaks College in Pasadena im Bundesstaat Kalifornien unterrichtet und ihr Ansatz wurde mit normalen Säuglingen und gesundheitlich stark beeinträchtigten Säuglingen in mehreren kalifornischen Säuglingsprogrammen angewendet.

Wenn man in einen RIE-Workshop für junge Mütter und Säuglinge käme, würde man unter Umständen die folgende Szene vorfinden:

Fünf Mütter sitzen ruhig da und beobachten ihre Säuglinge auf der Spielwiese neben ihnen. Ein Baby hat einen bunten Ball entdeckt, der mit gerade so viel Luft gefüllt wurde, dass es ihn greifen kann. Ein anderer Säugling sitzt still da und schaut auf sein Spiegelbild in der Rundung einer umgedrehten Aluminiumschüssel. Zwei Erwachsene sitzen zwischen den Säuglingen und passen auf. Ein acht Monate altes Baby kommt mit ausgestreckten Fingern auf ein anderes zu und zielt auf ein offenes Auge. Einer der Erwachsenen kommt näher.

David greift nach Susans Augen. Gerade noch rechtzeitig berührt der *Educarer* seine Hand, streichelt beide Babys sanft und sagt mit leiser Stimme: „David, du willst Susans Augen berühren, aber Augen sind empfindlich. Wir berühren Gesichter sehr sanft."

Resources for Infant Educarers (RIE), gegründet im Jahre 1978, ist eine gemeinnützige Organisation, die sich mit der Verbesserung der Pflege und Erziehung von Säuglingen befasst. RIE bietet Eltern-Kind-Beratungskurse an, ein Zertifizierungstraining für Berufstätige in diesem Bereich, öffentliche Workshops und Konferenzen sowie Beratungen für Säuglingstagespflegeeinrichtungen. Bei all diesen Diensten wird der RIE-Ansatz vorgestellt, ein humanistisch-therapeutischer Ansatz für die Arbeit mit Säuglingen, der auf meinem psychoanalytischen Training und meiner Arbeit als Kindertherapeutin beruht. Um hervorzuheben, dass die Pflege und Erziehung eines Säuglings untrennbar zusammengehören, habe ich die Begriffe „educarer" und „educaring" [Wortschöpfung aus den Begriffen ‚education' (Bildung) und ‚caring' (Pflege), Anm. d. Ü.] geprägt, um RIEs überraschend einfache und auf gesundem Menschenverstand beruhende Philosophie zu beschreiben, die sich so deutlich von aktuellen Trends unterscheidet.

Wir sollten erziehen, während wir pflegen, und pflegen, während wir erziehen. Die meisten Menschen meinen, dass Säuglingen Anregungen zu geben, ihre Fähigkeiten mit ihnen zu entwickeln und sie zu unterrichten, wichtige und glanzvolle Aktivitäten seien. Das Wechseln der Windeln, Füttern und Baden sehen sie dagegen als unangenehme und banale tägliche Pflichten an. RIE geht hingegen davon aus, dass Pflegeaktivitäten die besten Zeiten für Interaktion, Kooperation, Intimität und gegenseitiges Genießen sind und dass sie soziale Lernerfahrungen bieten, die den Säugling und seinen *Educarer* zu vollständiger Präsenz und Engagement ermutigen. Wenn die Säuglinge durch solche Pflegeerfahrungen „aufgetankt" haben, sind sie bereit, ihre Umwelt mit nur minimaler Intervention seitens der Erwachsenen zu erforschen. So wird ein vorhersagbares Gleichgewicht von Zusammensein und Getrenntsein erreicht, von dem sowohl die Säuglinge als auch die Erwachsenen profitieren.

Die RIE-Philosophie: Den Forscher im Säugling wahrnehmen

Dem Säugling Zeit, Aufmerksamkeit, Vertrauen und Respekt zu geben, ist die Grundlage der RIE-Philosophie. Unser Ziel ist ein authentisches Kind – eines, das sich sicher, autonom und kompetent fühlt. Unsere Methode, die von Respekt für die Kompetenz des Kindes bestimmt wird, basiert auf Beobachtung. RIE vertraut darauf, dass der Säugling ein Initiator, Forscher und eigenständig Lernender sein wird. Weil wir dieses grundlegende Vertrauen besitzen, geben wir dem Säugling die minimale Unterstützung, die er braucht, um eine Pattsituation zu überwinden, und die es ihm erlaubt, das Meistern seiner eigenen Handlungen zu genießen.

Educarers sind sensible Beobachter – verfügbar, wenn direkte Hilfe benötigt wird, aber nicht aufdringlich, wenn das Baby seine Probleme selbst lösen kann. Wir bieten dem Kind eine Umgebung, die physisch sicher ist, ihm kognitive Herausforderungen stellt und es emotional nährt. Dort kann das Kind ungehindert forschen – und sich betätigen, und ist mit seiner ganzen Person daran beteiligt, etwas über Projekte zu lernen, die es selbst initiiert hat.

Wir erlauben Babys, das zu tun, wozu sie bereit und willens sind. Wir verstärken ihre selbst initiierten Aktivitäten, indem wir ihnen unsere volle Aufmerksamkeit schenken, während wir ruhig im Hintergrund zur Verfügung stehen und indem wir das wertschätzen und genießen, was die Säuglinge tatsächlich tun. Gelegentliche Betrachtungen wie „du hast den Ball berührt und er ist weggerollt" vergewissern dem Kind, dass wir ihm unsere volle Aufmerksamkeit schenken. Zu sagen „es ist schwer, die beiden Tassen voneinander zu trennen" zeigt unsere Empathie. Ein freudiges Lächeln, wenn das Kind ein Problem löst, übermittelt unsere Freude über seinen Erfolg. Und da wir die innere Gerichtetheit in einem Kind schätzen, ziehen wir sanfte Bestätigung Anweisungen, Kritik und sogar Lob vor.

Wie sich unser Ansatz von anderen Ansätzen unterscheidet

Dieser Ansatz steht in krassem Gegensatz zu denjenigen, die in den meisten Säuglingsprogrammen Anwendung finden. In Programmen, die ich besucht habe, bringt man Kindern Dinge bei, man ermutigt sie und erwartet Dinge von ihnen, für die sie im Wesentlichen noch nicht bereit sind. Allzu viele Säuglinge werden abgestützt, wenn sie noch keine gut ausbalancierte Sitzposition aufrechterhalten können, oder sie bekommen ein Spielzeug, das sie weder frei gewählt haben noch frei handhaben können. Auch wenn man Säuglinge in Hilfskonstruktionen wie Babysitze, Laufgestelle, Schaukeln oder Kinderwippen setzt bzw. stellt, schränkt man sie in ihrer Bewegungsfreiheit ein. Solche Hilfsmittel führen Stellungen oder Bewegungen ein, für die der Säugling noch nicht bereit ist.

RIE glaubt, dass ein Kind, dem es immer erlaubt worden ist, sich frei zu bewegen, nicht nur einen gelenkigen Körper entwickelt, sondern auch ein gutes Urteilsvermögen darüber, was es tun und was es nicht tun kann. Ein gutes Körperbild, räumliches Verständnis und ein Gefühl von Balance zu entwickeln, hilft dem Kind nicht nur zu lernen, wie es sich bewegen sollte, sondern auch, wie es fallen und sich davon erholen kann. Kinder, die auf eine solche Weise aufgewachsen sind, erleiden fast nie schwere Unfälle.[2] Im Gegensatz zu der Philosophie der so genannten Experten, die – bestärkt durch die Medien – Eltern dazu drängen, „Superbabys" großzuziehen, hebt RIE hervor, welcher Nutzen sich daraus ergibt, wenn Säuglinge friedliche, ungestörte Zeit verbringen und ihrem biologischen Rhythmus dahingehend folgen können, dass sie einschlafen, wenn sie müde sind, und essen, wenn sie hungrig sind, statt dass sie sich zu rasch an einen äußeren Zeitplan und unrealistische Erwartungen anpassen müssen. Wir versuchen, Eltern zu beruhigen, dass Säuglinge das *tun*, was sie tun *können* – und dass man von ihnen nicht erwarten sollte, das zu tun, wofür sie noch nicht reif sind.

---

2   Am *National Methodological Institute for Residential Nurseries* in Budapest, besser bekannt als Loczy, sind mehr als 2000 Säuglinge mit der hier beschriebenen Philosophie großgezogen worden. In den 37 Jahren, in denen dort Säuglinge von null bis drei Jahren betreut wurden, sind keine schweren Unfälle aufgetreten.

Eltern im RIE-Programm lernen, wie sich die Rhythmen des Säuglings und der Familie zu einer vorhersagbaren Routine entwickeln können und wie sie getrennte und gemeinsame Zeit genießen können. Wenn man Kindern erlaubt, zwischen den Pflegeaktivitäten Zeit zum ungestörten Spielen zu haben, dann können auch die Eltern Zeit für sich haben. Kinder, die gelernt haben, sich darauf zu verlassen, dass sie von den Erwachsenen stimuliert, manipuliert und unterhalten werden, verlieren unter Umständen ihre Fähigkeit, in eigenständigen, forschenden Aktivitäten aufzugehen. Ihre Eltern können dann leicht zu Sklaven eines nörgelnden Kindes werden, zu dem sie selbst unwissentlich beigetragen haben.

Wie Eltern und Vollzeit-Studenten mit der Zeit erkennen, kann das „Beschäftigtsein" einen davon abhalten, Nähe zu schaffen, wirklich aus sich selbst heraus zu geben und aufmerksam zu sein. Sie bemerkten, dass viele Eltern zu schwer arbeiten und sich zu sehr bemühen – sie tragen die Babys ganze schlaflose Nächte lang herum, kaufen teure Spielsachen, Baukästen und Laufgestelle. Sie unterrichten und programmieren die Babys, sie folgen vorgeschriebenen Schemata und vergessen dabei das Allerwichtigste – nämlich, dass all jene alltäglichen Routinetätigkeiten wie das Stillen bzw. Füttern, das Anziehen, Baden und Windelnwechseln die größten Auswirkungen auf ihr Baby haben. Wir erinnern Eltern an die kumulative Wirkung, die allein das Wickeln – das etwa 7.000 Mal im Leben eines Säuglings passiert – auf ihr Kind haben kann.

Der folgende Musterdialog illustriert die Interaktion und die Lernmöglichkeiten, die sich aus einer alltäglichen Begegnung ergeben können.

Betreuerin	Säugling	Der Säugling lernt:
Begrüßt das Kind: „Du scheinst dich mit deiner Gummigiraffe gut zu unterhalten." *Erzählt und zeigt, was sie tun wird.* „Aber ich möchte dich gerne hochnehmen und deine Windeln wechseln."	Passt auf	Zu antizipieren Aufzupassen
Wartet auf die Reaktion des Säuglings: „Du bist noch nicht ganz bereit, deswegen werde ich noch ein wenig warten. (Ein oder zwei Minuten später)	Reagiert auf die Einladungen der Betreuerin (positiv oder negativ)	Auf gegenseitige Erwartungen zu reagieren
Bittet um Kooperation oder folgt der Führung des Kindes: „Zuerst müssen wir dir deinen Strampelanzug ausziehen. Du ziehst deinen Fuß heraus."	Kooperiert und macht mit	Die Freude, jemanden zufrieden zu stellen und aktiv teilzunehmen
Fördert das Können: „Du hilfst uns damit (berührt den Fuß), jetzt zieh' den anderen Fuß heraus."	Beherrscht die Aufgabe, spielt herum, wird zum Plagegeist, tut genau das Gegenteil dessen, worum es gebeten wird	Der Säugling lernt: die Freude, die Aufgabe zu beherrschen, Autonomie, Sicherheit, Herausforderung
Macht bei dem Spiel mit, aber kommt schließlich zu der Aufgabe (der Pflicht) **zurück.** „Dies hier (lächelt) sieht für mich nicht wie ein Fuß aus, sondern eher wie eine Hand."	Genießt den Prozess und lacht	Die Freude, eine Aufgabe gemeinsam zu erledigen

RIE-Prinzipien in der Gruppenbetreuung

Wir sind der Meinung, dass das eigene Zuhause den natürlichen Lebensraum für den Säugling darstellt. Viele Säuglinge verbringen jedoch zahlreiche Stunden und manchmal sogar alle Wachstunden des Tages in der Gruppenbetreuung. Auch wenn RIE-Prinzipien überall dort anwendbar sind, wo Säuglinge aufgezogen werden, so ist doch ihre Anwendung im Rahmen der Säuglingsbetreuung in Gruppen von besonderer Wichtigkeit.

Jemand Besonderes für die Menschen zu sein, die sich um ihn oder sie kümmern, ist das Recht eines jeden Säuglings. Dieses Gefühl, jemand Besonderes und Wichtiges zu sein, wird der Säugling im Allgemeinen innerhalb seiner Familie erleben. Das gibt dem Kind ein Selbstwertgefühl und ein Gefühl der Zugehörigkeit. In der Gruppenbetreuung muss besonders hart daran gearbeitet werden, ein solches Gefühl zu vermitteln, da selbst bei Mitarbeiterinnen, die viel Verständnis für das Kind aufbringen, es immer eines von vielen ist. Daher ist es umso wichtiger, dass sich im Laufe der Betreuungsaktivitäten eine besondere Beziehung zwischen dem Baby und der Betreuerin entwickelt, die idealerweise über längere Zeit dieselbe bleiben sollte. Die Eigenarten, der einzigartige Stil und das einzigartige Tempo eines jeden Kindes sollten anerkannt und geachtet werden. Das Kind lernt außerdem, sich an die Eigenschaften seiner speziellen Betreuerin anzupassen. Diese Art von Beziehung hilft dem Kind, ein Gefühl für seine eigene Identität zu entwickeln.

Die Gruppenbetreuung kann von Nutzen sein, wenn das Umfeld und der Zeitplan

- so eingerichtet werden, dass sie den Bedürfnissen des Kindes dienen;
- vorhersehbar und konsequent sind und
- es dem Kind erlauben, zusammen mit anderen Säuglingen zu forschen und zu interagieren.

Professionelles Zertifizierungstraining

In den RIE-Zertifizierungs-Trainingsklassen für Berufstätige, die mit Kindern arbeiten, entwickeln Pädagogen ihre Beobachtungsgabe, sie werden sensibel für die Bedürfnisse und persönlichen Eigenschaften des einzelnen Säuglings und lernen, wie sie einem Säugling das Gefühl vermitteln können, etwas Besonderes zu sein, auch wenn er seine Betreuungsperson mit anderen Säuglingen teilen muss.

Die drei Phasen des RIE-Trainings beinhalten den Vergleich von Theorien zur Säuglingsentwicklung, die Beobachtung von Säuglingsumgebungen sowie die Veranschaulichung des RIE-Ansatzes in unseren Eltern-Kind-Kursen. Unsere eigene, einzigartige audiovisuelle Bibliothek, in der Filme von Säuglingen zu finden sind, die im Loczy-Institut in Ungarn aufgezogen wurden, sowie Filme, Diavorführungen und Videobänder aus unseren eigenen Programmen, dienen unseren RIE-Praktikanten als zusätzliches Quellenmaterial.

Unsere Studierenden kommen aus unterschiedlichen Disziplinen, geografischen Regionen und Arbeitsfeldern. Sie sind Krankenschwestern, Physiotherapeuten, Therapeutinnen, Psychologen, auf die frühe Kindheit spezialisierte Pädagoginnen, Sozialarbeiter, Kinderbetreuerinnen, Tagesmütter und Verwaltungsbeamte. Sie arbeiten mit normalen oder mit verhaltensauffälligen oder behinderten Säuglingen und ihren Familien.

Die RIE-Programme bieten Berufsausbildungen[3], Eltern-Kind-Beratungskurse und Erziehung im und für das Gemeinwesen (*community education*) an. Unsere Arbeit ist sowohl therapeutisch als auch präventiv. Wir sind der Meinung, dass die Säuglingszeit eine äußerst wichtige Zeit ist, in der grundlegende Muster des Vertrauens, des In-Beziehung-Gehens und Lernens entwickelt werden. RIE unterstützt das Wohlergehen des Kindes von Beginn seines Lebens an.

3   Informationen über Seminare und Fortbildungen im deutschsprachigen Raum finden sie unter: www.mit-kindern-wachsen.de

Fragen zu Text Nr. 1

1. Zu der Zeit, als Magda Pädagogen ausgebildet hat, hat sie gerne beobachtet, wie ein Baby ein anderes berührt hat. Was halten Sie von der entsprechenden Szene im ersten Abschnitt? Würden Sie einem acht Monate alten Baby erlauben, ein anderes zu berühren? Warum oder warum nicht? Warum glauben Sie, hat Magda es erlaubt?

2. Magda erklärt, dass „die meisten Menschen meinen, dass Säuglingen Anregungen zu geben, ihre Fähigkeiten mit ihnen zu entwickeln und sie zu unterrichten, wichtige Aktivitäten seien. Das Wechseln der Windeln, Füttern und Baden sehen sie dagegen als unangenehme und banale tägliche Pflichten an." Gilt das für Sie auch? Begründen Sie Ihre Antwort.

3. Gab es irgendetwas, was Sie an diesem Artikel besonders berührt hat? Können Sie das mit irgendetwas in Ihrem eigenen Leben in Verbindung bringen?

Kapitel 2

Die Säuglings- und Kleinkinderziehung

Wenn Sie Kapitel 2 gelesen haben, dann denken Sie darüber nach, wie Lally versucht, den Begriff Curriculum zu definieren und zu beschreiben. Wie steht das in Zusammenhang mit den Informationen in Kapitel 2? Das Konzept „Curriculum" lässt sich nicht so leicht erklären, wenn es sich auf die Pflege und Erziehung von Säuglingen und Kleinkindern bezieht, statt auf die Erziehung älterer Kinder. Sie können sehen, wie sowohl Lally als auch die Autoren Ihres Textes daran arbeiten, diese Vorstellungen deutlich zu machen.

Text Nr. 2
Curriculum und Unterrichtsplanung:
Ein Ansatz, der durch einfühlsames, unmittelbares Reagieren auf das Kind gekennzeichnet ist[4]

von J. Ronald Lally, Doktor der Pädagogik, August 1997

Dr. Ronald Lally ist Leiter des *WestEd Center for Child and Family Studies* in Sausalito im US-Bundesstaat Kalifornien. Er leitet darüber hinaus das Programm für Säuglings- und Kinderbetreuerinnen, ein Video-Ausbildungsprogramm. Er ist eines der Gründungsmitglieder von *Zero To Three*.

---

4   Neuabdruck mit Genehmigung von J. Ronald Lally.

In den Vereinigten Staaten von Amerika haben wir ein seltsames Verhältnis zur Entwicklung von Säuglingen und Kleinkindern. Wir haben die Extreme des Curriculums praktiziert. Die eine Partei hat das Gefühl, dass alles, was Säuglinge und Kleinkinder benötigen, ein sicheres Umfeld und liebevolle Fürsorge seien und dass intellektuelle Aktivität unnötig sei, während die andere der Überzeugung ist, dass Säuglinge intellektuelle Anregung durch ihrem Entwicklungsstand angemessene, von Erwachsenen gelenkte Aktivitäten benötigen, um sich kognitiv weiterzuentwickeln. In vielen anderen Ländern ist man an das Lernen von Säuglingen nicht auf diese Weise herangegangen.

Es versteht sich von selbst, dass liebevolle Fürsorge nötig ist, dass die intellektuelle Entwicklung jedoch auf einem Verständnis der Motivation und des Interesses am Lernen basieren muss, die jedem Kind zu Eigen sind. In diesen Ländern konzentriert sich das Curriculum nicht auf den einen oder den anderen Pol, sondern darauf, wie man ein Klima schaffen kann, welches das vom Kind initiierte Lernen unterstützt. In Italien und Deutschland befassen sich die Betreuerinnen zum Beispiel mit den Kindern, die sich in ihrer Obhut befinden, und führen detaillierte Aufzeichnungen über die Interessen und die Fertigkeiten des Kindes, um so dessen Lernen zu fördern. Sie sind ausgebildet, danach zu sehen, wie man die natürlichen Interessen und die Neugier des Kindes nutzen kann, um so geeignete frühe Lektionen zu vermitteln. Ein großer Teil ihrer Unterrichtsplanung für Säuglinge besteht darin, Betreuerinnen dazu auszubilden, die Entwicklung eines jeden Säuglings und Kleinkindes zu verstehen, und zu schauen, wie man sich auf es beziehen kann. Es würde uns zugute kommen, wenn wir uns die Herangehensweise dieser Länder als Beispiel nähmen.

Amerikanische Führungskräfte im Bereich Kinderbetreuung müssen sich mit der Tatsache anfreunden, dass vieles von dem, was sie von ihren Betreuerinnen im Hinblick auf die Unterrichtsplanung verlangen, unangemessen ist. Davon auszugehen, dass Betreuerinnen ihre Handlungen den momentanen Bedürfnissen und Interessen eines jeden Kindes anpassen, sollte ein wesentlicher Bestandteil eines jeden Unterrichtsplans sein. Die Unterrichtsplanung für Säuglinge sollte, wenn sie richtig gemacht wird, zunächst einmal Möglichkeiten erforschen, Betreuerinnen darin zu unterstützen, sich auf jedes Baby in ihrer Obhut einzustimmen. Sie sollten von dem Baby lernen, was es braucht, denkt und fühlt. Zweitens sollte die Planung Strategien einbeziehen, um die Beziehung der Betreuerin zu jedem einzelnen Kind auf eine breitere Basis zu stellen.

Drittens sollte sie eine Reihe möglicher Herangehensweisen berücksichtigen, sich auf die einzigartigen Gedanken und Gefühle des Kindes zu beziehen, seinen Bedürfnissen gerecht zu werden und ihm Aktivitäten anzubieten, die seinen Interessen entsprechen. Alle Bestandteile der Unterrichtsplanung müssen die Anpassung des Plans und der nachfolgenden Handlungen der Betreuerin einbeziehen, um der Reaktion des Säuglings gerecht zu werden.

Eine andere kritische Planungskomponente ist der Kontext des Lernens. Was Säuglinge am meisten benötigen, ist nicht die Planung spezifischer Lektionen, sondern einen weisen Erwachsenen, der eine reichhaltige Lernumgebung schaffen kann. Lernumgebungen und Pflege- und Betreuungsstrategien (das Lernklima) sind wichtiger für die Entwicklung des Säuglings als spezifische Lektionen. Untersuchungen haben gezeigt, dass Säuglinge nicht in erster Linie spezifische Lektionen vermittelt bekommen sollten, sondern dass das Entscheidende die Vorbereitung ihrer Betreuerinnen ist, aus natürlichen Gelegenheiten zum Lernen Nutzen zu ziehen.

Ein Curriculum, das einfühlsam auf die Bedürfnisse des Kindes eingeht

In den letzten zwölf Jahren sind im Rahmen des *Program for Infant Toddler Caregivers* Videos und gedrucktes Material entstanden, um Betreuungspersonen, die in einem Zentrum oder als Tagesmütter während des Tages Kinder betreuen, zu unterstützen, eine hochwertige Säuglings- und Kleinkind-Betreuung zu gewährleisten. Wir haben Strategien entwickelt, die Betreuern helfen sollen, die intellektuellen, sozialen und emotionalen Botschaften der Säuglinge zu lesen, die sich in ihrer Obhut befinden, und angemessen darauf einzugehn. Wir haben außerdem Strategien empfohlen, damit Programme auf die Bedeutung der Beziehungen zwischen der Betreuungsperson und dem Kind einerseits und der Betreuungsperson und der Familie andererseits als Grundlage für eine gute Pflege und Betreuung abgestimmt werden können. Unsere Materialien und unser Ansatz sind verwendet worden, um zahlreiche Trainer im ganzen Land auszubilden, die ihrerseits wieder Tausende von Betreuern und Betreuerinnen ausgebildet haben. Vor kurzem ist uns zu Ohren gekommen, dass Hilfe bei der Auswahl des Curriculums und der Entwicklung von Unterrichtsplänen benötigt wird. Es ist zwingend erforderlich, dass die gewählten Aktivitäten, die Umgebung und die

Interaktionsstile so gestaltet werden, dass damit auf die Bedürfnisse des Kindes eingegangen wird und dass diese die Kompetenzen, die Säuglinge und Kleinkinder in jede Interaktion einbringen, sowie das Bedürfnis des kleinen Kindes nach Erfahrungen, die sich auf Beziehungen gründen, widerspiegeln.

Aus allem, was wir darüber wissen, wie Säuglinge am besten lernen, haben wir geschlossen, dass sie an der Auswahl dessen, was sie lernen, beteiligt sein müssen. Daher bezieht unser Curriculumansatz den Säugling als aktiven Partner im Prozess der Auswahl des Curriculums ein. Auf diese Weise geht das Curriculum auf den Säugling ein und respektiert das, was er oder sie in jede Erfahrung einbringt und aus ihr gewinnen möchte. Diese Art des Curriculums unterscheidet sich von den meisten anderen. Es muss gut geplant, aber dennoch dynamisch genug sein, um mit den sich verändernden Interessen des Kindes zu fließen und sich zu verändern. Es muss Entwicklungsphasen vorwegnehmen, aber dennoch individuelle Variationen im Lernstil berücksichtigen. Es muss außerdem breit genug angelegt sein, um gleichzeitig alle Entwicklungsbereiche anzusprechen. Wenn man zum Beispiel glaubt, dass man dem Kind etwas über Objektpermanenz beibringt, dann heißt das noch lange nicht, dass das Kind auch etwas darüber lernt. Es könnte genauso gut etwas über die ihm zugedachte Rolle in Lernbeziehungen lernen.

In einem Curriculum, das auf die Bedürfnisse des Kindes eingeht, hat ein großer Teil der Unterrichtsplanung damit zu tun, Betreuerinnen und Umgebungen vorzubereiten, damit Lektionen gelernt werden können. Zur Durchführung eines solchen einfühlsam auf die Bedürfnisse des Kindes eingehenden Curriculums gehört, dass man Betreuerinnen darin schult, die Entwicklung von Säuglingen und Kleinkindern im Allgemeinen und im Besonderen zu verstehen und sich darauf zu beziehen. Bei einem großen Teil der Unterrichtsplanung werden Möglichkeiten erforscht, um die Betreuungspersonen darin zu unterstützen, mit jedem Säugling in ihrer Pflege in Harmonie zu kommen und von ihm zu lernen, was er braucht, denkt und fühlt. Wenn das erreicht ist, werden die Lektionen, die gelernt werden, in der Regel verständlich und nachvollziehbar. Dennoch müssen selbst Betreuerinnen, die auf die Säuglinge eingestimmt sind, immer wieder von neuem planen, wie sie eine Beziehung zu dem einzelnen Kind aufbauen, seinen individuellen Bedürfnissen gerecht werden und sich mit den einzigartigen Gedanken und Gefühlen eines jeden Kindes verbinden können. In einem Curriculum, das auf die Bedürfnisse des Kindes eingeht, sind häufig die entscheidendsten Komponenten des Curriculums keine Lektionen, sondern die Planung von Umgebungen, die das Stattfinden von Lernprozessen erlauben. Wenn das Curriculum nicht so geplant ist, dass die Umgebung, die Materialien, die Gruppengröße und die Managementstrategien das kindliche Gefühl von Sicherheit in der Pflegesituation und in Verbindung mit den Betreuern maximieren sowie eine sichere und interessante Lernumgebung fördern und die Verbindungen zur Familie des Kindes optimieren, dann wird wenig positives Lernen stattfinden, ganz gleich, welche Lektionen geplant worden sind.

Curriculumplanung: Wo man beginnen kann

Da Säuglinge und Kleinkinder ganz eigene Bedürfnisse haben, muss ihre Betreuung spezifisch darauf abgestimmt sein, diesen Bedürfnissen gerecht zu werden. Eine gute Säuglings- und Kleinkindbetreuung ist kein Babysitten und auch keine Vorschule. Es ist eine besondere Art der Betreuung, die wie keine andere aussieht. Damit das Curriculum gut geplant und angemessen durchgeführt werden kann, müssen Unterrichtspläne, Umgebungen, Routinen, die Personalausstattung, Gruppengröße, die Beziehung zu den Familien sowie Supervision und Ausbildung als Ausgangspunkt die folgenden zehn Faktoren aufweisen, durch die sich die Betreuung von Säuglingen und Kleinkindern von der Betreuung älterer Kinder unterscheidet.

1. Säuglinge und Kleinkinder erfahren das Leben ganzheitlicher als jede andere Altersgruppe. Die sozialen, emotionalen, intellektuellen, sprachlichen und physischen Lektionen werden von dem Säugling nicht voneinander getrennt. Erwachsene, die für das kleine Kind am hilfreichsten sind, interagieren mit ihm auf eine Weise, die von dem Verständnis ausgeht, dass das Kind aus seiner gesamten Erfahrung lernt und nicht nur aus jenem Teil der Erfahrung, dem der Erwachsene Aufmerksamkeit schenkt.
2. Zwischen der Geburt und dem Alter von drei Jahren durchläuft das Kind drei verschiedene Entwicklungsphasen, und die Art der Betreuung, die man ihm zukommen lässt, sollte sich mit dem Eintritt in jede neue Phase verändern und auch den Übergang zwischen den einzelnen Phasen in Betracht ziehen.

3. Der Säugling ist von nahen, liebevollen, dauerhaften Beziehungen als Quelle eines positiven physischen, sozialen, emotionalen und intellektuellen Wachstums abhängig. Säuglinge entwickeln sich am besten, wenn sie sicher sein können, dass sie Betreuer haben, denen sie vertrauen können, die ihre Fingerzeige deuten und auf ihre Bedürfnisse eingehen können. Die Strategie für die Säuglings- und Kleinkindbetreuung sollte so gestaltet sein, dass sichergestellt ist, dass solche Beziehungen existieren und dass sie wachsen und gedeihen können. Maßnahmen zur Förderung sicherer Beziehungen sind das Rückgrat erstklassiger Betreuung.

4. Ein Säugling oder Kleinkind lernt am meisten darüber, wie man denkt und fühlt, indem es Verhaltensweisen der Menschen in seiner Umgebung nachahmt und verinnerlicht. Aus diesem Grunde ist es besonders wichtig, dass die Betreuungspersonen sorgfältig ausgewählt und gut ausgebildet werden.

5. Jeder Säugling wird neugierig geboren und ist motiviert, zu lernen und jeden Tag aktiv an Lernaktivitäten teilzuhaben. Betreuungspersonen brauchen spezifisches Training, um zu verstehen, wie Säuglinge lernen, damit sie wissen, wie sie ihr Verhalten lesen, darauf eingehen und sich an den Lernprozessen erfreuen können, mit denen die Säuglinge beschäftigt sind. Sie müssen auch darin ausgebildet werden, wie man eine angemessene Umgebung und Aktivitäten anbieten kann, die die Motivation, Experimentierfreude und Neugier lebendig halten, und wie man die Lernprozesse des Säuglings fördern kann.

6. Alle Kinder kommen mit einem Temperament auf die Welt, das sich von demjenigen anderer Kinder unterscheidet, und aufgrund dieser Unterschiede müssen sie auch von ihren Betreuern unterschiedlich behandelt werden.

7. Eltern und Betreuungspersonen von Säuglingen und Kleinkindern erleben im Zusammenhang mit der Betreuungstätigkeit häufig ein gesteigertes Gefühl von Emotionalität. Strategien im Umgang mit Konflikten, die sich aus diesem „Beschützerdrang" heraus entwickeln, müssen als Bestandteil der Betreuungstätigkeit angesehen werden.

8. Einen Großteil seiner ersten beiden Lebensjahre bringt der Säugling damit zu, ein erstes „Selbstgefühl" zu erschaffen oder eine erste Identität aufzubauen. Da dies einen so zentralen Stellenwert in einem Kinderleben hat – wie sie sich zuerst sehen; wie sie denken, dass sie funktionieren sollten; wie

sie erwarten, dass andere in Beziehung zu ihnen funktionieren –, muss die frühe Betreuung gewährleisten, dass über sorgfältig ausgewählte und ausgebildete Betreuer hinaus Verbindungen zur Familie, zur heimischen Kultur und Sprache einen zentralen Teil der Programmstruktur ausmachen. Wenn die Betreuung zu einem Ersatz statt zu einer Unterstützung für die Familie wird, werden Kinder aufgrund ihrer Erfahrungen in der Säuglingsbetreuung, gelinde gesagt, kein allzu positives Gefühl davon entwickeln, wer sie sind und wo sie herkommen.

9. Die sprachliche Entwicklung ist während der Säuglings- und Kleinkindphase von besonders entscheidender Bedeutung. Durch eine gute Betreuung werden Säuglingen viele Gelegenheiten geboten, sich an sinnvollen und kontextbezogenen Dialogen mit ihren Betreuerinnen zu beteiligen, und die Mitteilungen des Kindes werden anerkannt und ermutigt werden.

10. Säuglinge und Kleinkinder sind stark durch ihre Umgebung und die Routinen beeinflusst, denen sie jeden Tag unterzogen werden. Das gilt insbesondere für sehr kleine Säuglinge, die sich physisch nicht selbst aus einer schädlichen Umgebung weg und zu einer angenehmeren hinbewegen können. Das physische Umfeld, die Gruppengröße, der tägliche Zeitplan, die Unterrichtspläne und die Durchführung von Routinen muss die Einrichtung kleiner, intimer Gruppen fördern, in denen Beziehungen zu zuverlässigen Betreuungspersonen aufgebaut werden können, und eine Chance haben zu wachsen und zur Grundlage für soziales, emotionales und intellektuelles Lernen in einer sicheren und interessanten Umgebung zu werden.

Fragen zu Text Nr. 2

1. Lally definiert Curriculum-*Extreme* entweder als 1. „Alle Säuglinge und Kleinkinder brauchen eine sichere Umgebung und liebevolle Fürsorge", oder als 2.
„Säuglinge brauchen intellektuelle Anregung durch ihrer Entwicklung angemessene Aktivitäten, die von Erwachsenen angeleitet werden." Was ist Ihre Meinung
dazu?

2. Lally benutzt in seinem Artikel den Ausdruck „Lektion". Was, glauben Sie, meint
er damit?

3. Er führt außerdem an, „Amerikanische Führungskräfte im Bereich Kinderbetreuung müssen sich mit der Tatsache anfreunden, dass vieles von dem, was sie von
ihren Betreuerinnen im Hinblick auf die Unterrichtsplanung verlangen, unangemessen ist." Haben Sie Erfahrungen damit, Unterrichtspläne für Säuglinge und
Kleinkinder aufzustellen? Wenn ja, stimmen Sie dieser Aussage zu oder nicht?
Warum bzw. warum nicht?

4. Was glauben Sie, meint er, wenn er sagt, „der Säugling sollte ein ‚aktiver Partner'
im Prozess der Curriculumsauswahl sein"?

Kapitel 3

Pflege als Curriculum

Nachdem Sie dieses Kapitel gelesen haben, werden Sie vielleicht zu der Schluss-
folgerung kommen, dass sich die Arbeit mit Säuglingen und Kleinkindern
von der Arbeit mit, nehmen wir einmal an, Vierjährigen unterscheidet. Wenn
Betreuungspersonen gut mit Vorschulkindern arbeiten können, dann bedeutet
das nicht, dass sie automatisch ihr Wissen auf die Arbeit mit Säuglingen über-
tragen können. In diesem Artikel gehen Beverly Kovach und Denise Da Ros auf
einige der Unterschiede zwischen den beiden Altersgruppen ein. Der Artikel ist
mit der Philosophie Magda Gerbers vereinbar, die zusammen mit dem Ansatz
von Emmi Pikler das Herzstück von *Säuglinge, Kleinkinder und Betreuerinnen – Ein Curriculum für respektvolle Pflege und Erziehung* bildet. Nehmen Sie,
während Sie diesen Artikel lesen, die Beispiele und Illustrationen der zehn Prinzipien in Aktion zur Kenntnis. Wir lernen am besten, wenn wir nicht nur etwas
über die Beispiele lesen, sondern sie auch im realen Leben beobachten können.

Text Nr. 3
Respektvolle, individuelle und
auf Säuglinge eingehende Pflege und Betreuung
Der Schlüssel für erfolgreiche Pflege in Gruppenumgebungen[5]

Beverly A. Kovach und Denise A. Da Ros

Beverly A. Kovach, M.N. (staatlich geprüfte Krankenschwester), hat eine private Montessori-Schule für Kinder im Alter von bis zu 6 Jahren in Charleston im US-Bundesstaat South Carolina gegründet. Sie ist Familientherapeutin, Montessori-Spezialistin für Säuglinge und Kleinkinder und RIE-Kollegin von Magda Gerber. Bei ihren Workshops und Veröffentlichungen stellt sie respektvolle Interaktionen mit Säuglingen und Kleinkindern in den Vordergrund, die deren Selbstvertrauen unterstützen.

Dr. phil. Denise A. Da Ros ist Privatdozentin für Kleinkindpädagogik an der Youngstown State University in Ohio. Sie verfügt über umfassende Erfahrungen in der Leitung von Programmen zur frühen Kindheit.

Die Gruppenbetreuung wird häufig den Bedürfnissen von Babys nicht gerecht und beeinträchtigt in vielen Fällen die gesunde Entwicklung des Säuglings. In der Bahn brechenden Studie *Cost, Quality and Child Outcomes* von 1995 wurde die alarmierende Feststellung gemacht, dass die meisten Säuglingsgruppen-Betreuungseinrichtungen der Entwicklung und dem Lernen von Kindern schaden. Die Gruppenbetreuung ist außerdem kostspielig und nicht in ausreichendem Maße verfügbar.

Praxis, Theorie und Forschungstätigkeit seitens der Experten im Hinblick darauf, was die beste Verfahrensweise in der Kinderbetreuung darstellt und was die optimale körperliche, kognitive und sozio-emotionale Entwicklung von Säuglingen fördert, setzt sich nur zögerlich in der täglichen Pflege- und Betreuungspraxis durch (Pikler 1978). Einer der Gründe dafür ist, dass dem Betreuungspersonal keine ausreichenden Ausbildungsmöglichkeiten zur Verfügung stehen.

Studien über Nähe und Eigeneffizienz (zum Beispiel Curry & Johnson 1990) zeigen, dass es zur Unterstützung des Wohlbefindens und der persönlichen Stärke eines Säuglings ausschlaggebend ist, dass dieser sein Bedürfnis befriedigt bekommt, sobald er es zum Ausdruck gebracht hat (Bell & Ainsworth 1972). Die Betreuungspersonen müssen auf den einzelnen Säugling eingestimmt und für ihn sensibel sein. Diese sensible – das heißt einfühlsam auf die Bedürfnisse des Säuglings eingehende – Betreuung ist der wichtigste Faktor bei der Bestimmung der Qualität der Säuglingspflege (Lozoff et al. 1977).

Leavitt sagt, dass eine auf die Bedürfnisse des Säuglings eingehende Betreuung „über die physische Fürsorge hinausgehe. Sie beinhaltet darüber hinaus ein Gefühl von persönlicher und emotionaler Beteiligung, das auf Gegenseitigkeit beruht" (1994, 70). Eine respektvolle und auf die Bedürfnisse des Säuglings eingehende Betreuung ist der Kern der Pflegetätigkeit und dient der Aufrechterhaltung des Vertrauens zwischen Säugling und Betreuungsperson.

Gute Betreuerinnen ermöglichen Interaktionen, welche die individuelle Pflege und Betreuung vollständig unterstützen und die Babys selbst in die Pflege und Entscheidungsprozesse einbeziehen (Bower 1976; Honig 1981). Babys blühen im Allgemeinen auf, wenn sie konsequent in ihre eigene Pflege einbezogen werden (Beckwith 1971). Diese Herangehensweise bietet dem Baby Kontinuität in der Pflege, sensible und eingestimmte Interaktionen und eine auf seine Bedürfnisse eingehende Betreuung.

Um ein umfassenderes Bild davon zu geben, was sensible und kompetente Säuglingspflege bedeutet, stellen wir Ihnen die folgenden sieben Prinzipien vor. Wir geben außerdem unangemessene und angemessene Pflegesituationen vor, um jedes Prinzip genauer zu beleuchten.

Unangemessen: Ein sechs Monate alter und ein vier Monate alter Säugling sitzen nebeneinander in mechanischen Schaukeln, die Musik machen und deren Melodien sich beißen. Während die Betreuerin ein drei Monate altes Baby füttert, versetzt sie ihren Stuhl mit dem einen Fuß energisch ins Schaukeln und mit dem anderen tippt sie eine Wippe an, in der sich ein schreiendes Baby befindet. „Ssshh," sagt sie immer wieder.

Angemessen: Es ertönt sanfte Musik. Zwei Babys befinden sich auf getrennten Decken, jedes hat einige Gegenstände in erreichbarer Nähe vor sich. Manchmal greifen die Babys nach dem Spielzeug; manchmal schauen sie zu dem niedrigen Fenster in der Nähe hinaus. Die Betreuerin, die Matthew auf ihrem Schoß hat und ihn füttert, lächelt die Babys an und geht dann mit ihrer Aufmerksamkeit wieder zu Matthew zurück.

Grund: Sensible Betreuung beinhaltet, eine ruhige und friedliche Atmosphäre für Säuglinge zu schaffen, während sie gefüttert oder gewickelt werden. Der Betreuerin muss bewusst sein, wie eine geruhsame, fokussierte Pflege – „die Zeit, in der sie vollständig präsent ist" (Gerber 1979) – die Zeiten physischer Pflege beeinflusst. Ihre Fähigkeit, auf den einzelnen Säugling konzentriert zu bleiben, beruht teilweise auf ihrem Vertrauen, dass die anderen Babys zufrieden und ruhig spielen werden, sobald ihre physischen Bedürfnisse erfüllt worden sind.

Unangemessen: Mary bemerkt eine übel riechende Windel. Sie fragt ihre Begleiterin: „Hast du Chelseas Windel gewechselt, bevor du sie hingelegt hast?" Als ihre Mitarbeiterin mit „Nein" antwortet, geht Mary zum Kinderbett, nimmt Chelsea hoch und macht sich wortlos daran, ihre Windel zu wechseln. „Wer sonst im Raum muss noch seine Windel gewechselt bekommen?" fragt sie, während sie Chelsea wieder hinlegt und weggeht.

Angemessen: Als Mary einen schlechten Geruch wahrnimmt, macht sie am Bett Halt und sagt, „Chelsea, ich muss deine Windel überprüfen". Sie breitet ihre Hände aus und wartet auf die Antwort des Babys, bevor sie es hochnimmt. Auf dem Wickeltisch sagt sie Chelsea genau, was sie tun wird, bevor sie es tatsächlich tut, und sie gibt ihr genügend Zeit, um auf ihre Pflege zu reagieren. Bevor sie Chelsea wieder hinlegt, sagt ihr Mary wieder, was sie tun wird.

Grund: Betreuerinnen sprechen häufig *über* Säuglinge statt *mit* Säuglingen. Wenn Erwachsene einen Säugling während der Pflegezeiten ignorieren, dann wird die Botschaft vermittelt, dass das Baby keine persönliche und ungeteilte Aufmerksamkeit verdient. Wenn die Mitarbeiter besser ausgebildet sind und mit den Säuglingen sprechen, dann schneiden diese später bei der sprachlichen Entwicklung im Allgemeinen besser ab (Tizard et al. 1972).

Unangemessen: Fünf Babys im Alter von fünf Monaten bis zu einem Jahr sitzen am Tisch und ihre Füße baumeln in der Luft. Drei von ihnen sind seitlich weggesackt und die beiden anderen sitzen aufrecht. Zwei sind am Weinen. Keines der Babys kann seine Schüssel oder seinen Löffel erreichen. Eine

Betreuerin schiebt mechanisch einen Löffel in den Mund des ersten Babys, dann in den des zweiten und so weiter.

Angemessen: Die neun Monate alte Emily sitzt an einem niedrigen Tisch; ihr Stuhl ist so eingestellt, dass sie selbstständig aufstehen und sich wieder setzen kann, und ihre Füße berühren den Boden. Vor ihr befinden sich eine Schüssel und zwei Löffel. Die Betreuerin, die Emily gegenübersitzt, lässt das Baby versuchen, sich selbst zu füttern, und gibt ihr nur gelegentlich ein wenig mit dem Löffel zu essen. Sie gebraucht normale Sprache, um Emily zu erzählen, was sie gerade tut, bevor sie es tut, und sie wartet und beobachtet die Reaktion des Babys, bevor sie handelt.

Grund: Viele Erwachsenen handeln gemäß der Annahme, dass Säuglinge hilflos seien. Diese Annahme motiviert die Betreuungspersonen, Säuglinge in Positionen zu bringen, zu denen sie noch nicht bereit sind oder in denen sie sich nicht selbst halten können. Selbst eingeleitete, unabhängige Bewegungen sorgen für eine günstige emotionale und intellektuelle Entwicklung (Pikler 1969). Die anerkannte Säuglingsspezialistin Magda Gerber rät Betreuerinnen, „Erlauben Sie den Säuglingen, das zu tun, wozu sie bereit und willens sind … Selbst initiierte Aktivitäten müssen verstärkt werden, indem man ruhig zur Verfügung steht und das genießt, was die Säuglinge tatsächlich tun" (1984, 2).

Unangemessen: Eine Betreuerin sitzt auf dem Boden, um James zu füttern, der in einer Kinderwippe sitzt. Sulee, die neugierig ist, kriecht zu ihm herüber. Nach wiederholten Versuchen, das sich hineindrängende Kind zu ignorieren, hört die frustrierte Betreuerin auf zu füttern, nimmt Sulee auf, bringt sie in einen anderen Teil des Raums und kehrt zu der Aufgabe zurück, James zu füttern.

Angemessen: James, ein fünf Monate altes Baby, wird gehalten, während er mit der Flasche gefüttert wird. Die Handlungen der Betreuerin sind gemächlich, und ihre Aufmerksamkeit ist auf James konzentriert. Da der Fütterbereich vom Erforschungs- und Spielbereich getrennt ist, kommt es zu keinen Unterbrechungen in der Zeit, die sie mit James verbringt.

Grund: Säuglinge verdienen ununterbrochene, individuelle Pflege. Ihr Wohlergehen macht es erforderlich, dass Betreuungspersonen Zeit von besonderer Qualität mit ihnen verbringen, während sie sich um ihre physischen Bedürfnisse kümmern.

Unangemessen: Die acht Monate alte Kisha, die sich unter einem Schaukelstuhl verkrochen hat, beginnt zu weinen. Ihre Betreuerin, die ihren Kummer bemerkt, beugt sich herunter, hebt sie hoch und sagt, „Mit dir ist alles in Ordnung. Mit dir ist alles in Ordnung."

Angemessen: Kisha kriecht unter einen Kindertisch und beginnt zu weinen. Ihre Betreuerin geht auf Hände und Knie herunter, spricht ruhig mit Kisha und ermutigt sie, unter dem Tisch hervorzukriechen. Sie wartet auf die Reaktion des Babys. Kisha, die Angst zu haben scheint, sich mit ihrem Kopf nach vorn zu bewegen, schreit noch lauter. Die Betreuerin streckt langsam ihre Hand aus und legt sie sanft auf Kishas Kopf, während sie dem Baby sagt, was sie mit ihm tut. Indem sie Kisha gerade genug Hilfe gibt, damit diese unter dem Tisch hervorkommen kann, stärkt sie die Beteiligung des Säuglings an der Lösung seines Problems.

Grund: Als Erwachsene sehen wir Kinder nicht gerne kämpfen. Doch indem wir Babys nicht erlauben, ihre natürlichen Fähigkeiten einzusetzen, bringen wir ihnen bei, Opfer zu werden. Betreuerinnen müssen dem Baby gerade genug Hilfe geben, damit es sein eigenes Problem oder Dilemma lösen kann (Honig 1981). Das Baby wird dann zu einem geschätzten Teilnehmer an seiner eigenen Pflege und entwickelt eine positive Selbstachtung.

Unangemessen: Eine Betreuerin, die den täglichen Aktivitätsbogen überprüft, nimmt wahr, dass Reed eigentlich ihre Flasche bis 16 Uhr hätte bekommen sollen. Doch Reed schläft noch und es ist bereits 16.05 Uhr. In dem Wissen, dass Reeds Mutter um 16.30 kommen wird, weckt die Betreuerin den Säugling auf, wechselt dem Mädchen schnell die Windeln und fängt an, ihr die Flasche zu geben.

Angemessen: Die Betreuerin geht hinüber zu Reed, der friedlich schläft, und nimmt sich vor, in 15-20 Minuten noch einmal nach dem schlafenden Säugling zu sehen. Sie hält ihre Beobachtungen in Reeds täglichem Aktivitätsbogen fest.

Grund: Eine Betreuerin ist besser in der Lage, auf die individuellen Bedürfnisse eines Babys einzugehen, wenn sie die Verhaltensweisen und Reaktionen des Kindes beobachtet und diese in die Babypflege einbezieht. Betreuungspersonen müssen möglicherweise auch den Eltern zu verstehen helfen, dass der individuelle Zeitplan eines Babys der beste ist.

Unangemessen: Der zwei Monate alte Brent fängt an zu weinen. Die Betreuerin geht zu seinem Bettchen und steckt ihm einen Schnuller in den Mund.

Angemessen: Die Betreuerin geht zu Brent und sagt mit leiser Stimme: „Ich höre dich, aber ich weiß nicht, warum du weinst. Lass mich dich hochnehmen und nachsehen, ob deine Windel gewechselt werden muss und wann du deine letzte Mahlzeit bekommen hast."

Grund: Weil es schwer für Erwachsene ist, ein Baby weinen zu hören, ist unsere unmittelbare Reaktion, das Weinen zu unterbinden. Doch das Weinen ist für den Säugling eine Form der Kommunikation, und unsere Rolle als Betreuungsperson besteht darin, zu verstehen versuchen, was das Baby kommunizieren möchte. Ist es hungrig, müde, nass, durstig oder erschreckt? Wenn wir reagieren statt zu interagieren, dann schließen wir das Baby aus dem Prozess der Pflege aus.

Die Gesellschaft erkennt Babys im Allgemeinen nicht als eigenständige Personen mit einem bestimmten Wert an. Stattdessen korreliert das Alter des Kindes mit dem Status der Erzieherin bzw. Lehrerin; je jünger die Kinder sind, die sie unterrichtet oder betreut, umso geringer sind ihr Gehalt, ihre Ausbildung und ihr Prestige. Da ein Mangel an individualisierter Betreuung dem psychosozialen Wohlergehen von Kindern ernsthaften Schaden zufügen kann, müssen Betreuungspersonen hegend und pflegend sein und bei ihrer Betreuungstätigkeit auf den Säugling eingehen (Kagan, Kearsley & Zelazo 1976).

Wir müssen uns auf die Wichtigkeit des Lernens im ersten Lebensjahr konzentrieren. Auch wenn dies schwierig ist, kann eine auf das einzelne Kind abgestimmte Betreuung in einem Gruppenumfeld geleistet werden. Die Pflegebedürfnisse müssen auf einer konsequenten Philosophie beruhen, die den Säugling als aktiven Teilnehmer einbezieht.

Um Säuglingen in einem Gruppenumfeld eine sensible Pflege und Betreuung zukommen zu lassen, sind verschiedene Voraussetzungen vonnöten: Verwaltungspersonal, das die Bedürfnisse von Säuglingen versteht und unterstützt, ein Programm, das sich Familien leisten können und das ihnen zugänglich ist, und, was am wichtigsten ist, gut ausgebildetes Personal. Der *National Day Care* Studie zufolge wird die Qualität des Programms durch die Ausbildung des Personals bestimmt (Ruopp et al. 1979). Es besteht ein großes Bedürfnis und ein zunehmendes nationales Interesse daran, Betreuungspersonen von Kindern unter drei Jahren eine Spezialausbildung zukommen zu lassen.

Educarers (Gerber 1979) müssen mit anderen zusammenarbeiten, um soziale Normen so umzugestalten, dass eine durch einfühlsames Reagieren gekennzeichnete und auf Achtung basierende Pflege den Säugling einbezieht, während er sich in der Gruppenbetreuung befindet. Es müssen Mittel zur Verfügung gestellt werden, um einen Pflegeplan zu initiieren und durchzuführen, der den individuellen Autonomiebedürfnissen des Säuglings in der Gruppenbetreuung gerecht wird. Die Säuglingspflege individuell zu gestalten und eine durch einfühlsames Reagieren gekennzeichnete und auf Achtung basierende Betreuung einzubeziehen, erlaubt es jedem Säugling, seine eigenen Vorlieben und sein Selbstwertgefühl aufrechtzuerhalten. Welchen besseren Weg könnte es geben, um dies zu demonstrieren, als dem Säugling während der Pflege und Betreuung seine ungeteilte Aufmerksamkeit zu schenken?

Literaturangaben

Beckwith, L. 1971. Relationships between attributes of mothers and their infants' IQ scores. *Child Development* 42 (4): 1083-97.

Bell, S., & M.D.S. Ainsworth. 1972. Infant crying and maternal responsiveness. *Child Development* 43: 1171-90.

Bower, T.G.R., 1976. *Development in infancy.* San Francisco: W.H. Freeman.

Child Care Action Campaign. 1988. Child care: The bottom line. *Child Care Action News.* 5 (5): 1.

Cost, Quality & Outcomes Study Team, 1995. Cost, quality, and child outcomes in child care centers: Key findings and recommendations. *Young children* 50 (4): 40-44.

Curry, N.E., & C.N. Johnson, 1990. *Beyond Self-Esteem: Developing a genuine sense of human value.* Research Monograph of the National Association for Young Children. Vol. 4. Washington, DC: NAEYC.

Gerber, M.A., ed. 1979. *Resources for infant educarers.* Los Angeles: Resources for Infant Educarers.

Gerber, M.A., Caring for infants with respect: The RIE approach. *Zero to Three* 4 (3): 1-3.

Honig, A. 1981. Recent infant research. In Infants and their social environments. Eds. B. Weissbourd & J. Musick, 5-46. Washington, DC: NAEYC.

Kagan, J., R.B. Kearley, & P. Zelazo, 1976. The effects of infant day care on psychological development. *ERIC Newsletter* 10 (2).

Leavitt, R.L. 1994. *Power and emotion in infant-toddler day care.* Albany: State University of New York Press.

Lozoff, B., G. Brillenham, M.A. Trause, J.H. Kennell, & M.H. Klaus. 1977. The mother-newborn relationship: Limits of adaptability. *Journal of Pediatrics* 91 (July).

Pikler, E. 1969. *Data on gross-motor development of the infant.* Budapest. Hungary: Publishing House of the Hungarian Academy of Science.

Pikler, E. 1978. The competence of the infant. Acte Paediatrica Academiae Scientiarum Hungaricae 20: 185-92.

Ruopp, R.J. Travers, F. Glantz, & C. Coelen. 1979. *Children at the center, final report of the National Day Care Study. Vol. 1.* Washington, DC: Office of Human Development, U.S. Department of Health, Education, and Welfare.

Tizard, B., O. Cooperman, A. Joseph, & J. Tizard. 1972. Environmental effects on language development: A study of young children in long-stay residential nurseries. *Child Development* 4: 337-58.

Weiterführende Lektüren

Balaban, N. 1992. The role of the child care professional in caring for infant, toddler, and their families. *Young Children* 47 (5): 66-71.

Gonzalez-Mena, J., & D. Eyer. 1995. Infants, toddlers, and caregivers. 4th ed. Mountain View. CA: Mayfield.

Honig, A. 1989. Quality infant-toddler caregiving: Are there magic recipes? *Young Children* 44 (4): 4-10.

Honig, A. 1993. Mental health for babies: What do theory and research teach us? *Young Children* 48 (3): 69-76.

Lally, R.J. 1995. The impact of child care policies and practices on infant-toddler identity formation. *Young Children* 51 (1): 59-67.

Weissbourd, B. & J. Musick, eds. 1981. *Infants and their social environments.* Washington: NAEYC.

Fragen zu Text Nr. 3

1. Denken Sie darüber nach, was Sie über Vierjährige wissen und sich vorstellen. Wie unterscheiden sich die Beispiele und Veranschaulichungen in diesem Text von dem, was sein würde, wenn die Kinder älter wären? Schreiben Sie unten drei Unterschiede auf.

2. Vielfalt zu würdigen, ist wichtig. Suchen Sie sich zwei Beispiele für unangemessene Situationen heraus, die Ihnen selbst nicht unangemessen erscheinen. Geben Sie Ihre Sichtweise dieser Situationen und erklären Sie, wie sich eine Familie fühlen könnte, wenn ihr Verhalten von der Mitarbeiterin oder der verantwortlichen Betreuerin als unangemessen abgestempelt würde?

3. Wie können Betreuungspersonen Vielfalt würdigen – und gleichzeitig eine bestimmte Philosophie und ihre eigene Sichtweise würdigen?

Kapitel 4

Spiel als Curriculum

In Kapitel 4 geht es um das Spiel, das für Säuglinge und Kleinkinder einen wichtigen Bestandteil des Curriculums ausmacht. Ein Teil dieses Kapitels bezieht sich unmittelbar auf das, was Anna Tardos auf einer Konferenz in Los Angeles[6] darüber zu sagen hatte, wie Betreuerinnen im Loczy, dem Pikler-Institut in Budapest, das Spiel fördern.

Text Nr. 4
Das Spiel von Kindern im Loczy fördern

Anna Tardos

Anna Tardos ist Kinderpsychologin und die Tochter von Emmi Pikler. Sie ist darüber hinaus die Leiterin des Pikler-Institutes in Budapest, das international auch unter dem Namen „Loczy" bekannt ist.

Man geht davon aus, dass das Spiel im gewöhnlichen Sinne des Wortes dann beginnt, wenn das Kind in der Lage ist, gleichzeitig auf zwei Bewusstseinsebenen zu agieren. Während es sich auf der einen Seite der Realität bewusst ist, ist es sich auf der anderen auch des Fantasieaspektes der Spielsituation bewusst. Ich werde hier jedoch über das Spiel in einem weiteren Sinne sprechen. Wenn ich mich auf das Spielen beziehe, meine ich damit eine Gelegenheit zu ungehemm-

---

6   Auszug aus einem Vortrag, der am 29. Juni 1985 auf der „*More than Play*"-Konferenz in Los Angeles, Kalifornien, gehalten wurde.

ter, freier Aktivität, bei der in den meisten Fällen ein Objekt benutzt wird, mit dem man spielt.

Wir gehen davon aus, dass das Spielen die Aktivität ist, die das Kindsein ausmacht. Forscher haben beschrieben, wie ein Säugling in seiner Entwicklung des Spiels von einer Phase zur nächsten voranschreitet, indem es andere Kinder beobachtet. Wir sehen unsere Aufgabe keineswegs darin, Kindern beizubringen, wie sie spielen sollen, oder sie etwa zum Spielen anzuregen. Wir lernen von den Kindern, wie man spielt, statt dass die Kinder es von uns lernen.

Unsere Grundprämisse bei der Förderung des kindlichen Spiels lautet, dass unsere Hilfe immer indirekt sein muss. Wir bieten lediglich Möglichkeiten an; das Kind trifft die Wahl. Es ist zum Beispiel unsere Aufgabe, Spielsachen bereitzustellen, aber wir geben dem Säugling nie ein Spielzeug in die Hand.

Auf welche Weise fördern oder ermutigen wir dann das Spiel? Nun, zunächst einmal sorgen wir für eine friedliche und ruhige Umgebung. Entgegen der allgemeinen, in der Literatur vorzufindenden Meinung, dass Säuglinge mit Anregungen überflutet werden sollten, sind wir der Ansicht, dass der junge Säugling vor zu vielen Anregungen geschützt werden muss. Das ist zum Beispiel der Grund, warum wir junge Babys in den ersten zweieinhalb bis drei Monaten nicht in den Laufstall legen. Weder in den ersten Monaten noch später legen wir Spielsachen, schon gar nicht solche, die Lärm machen, in ihr Gitterbett. Wir sprechen und bewegen uns ruhig im Raum oder draußen, auf der Terrasse und sogar im Hof, und zwar nicht nur, wenn die Kinder schlafen, sondern auch, wenn sie wach sind und spielen. So bitten wir auch Beobachter, die Tür leise zu schließen, wenn sie gehen.

Zweitens geben wir den Säuglingen genügend Raum, um sich frei zu bewegen. Bewegung ist eines der grundlegenden Bedürfnisse des Säuglings. Wenn Sie sich einen Säugling aus einiger Entfernung anschauen, dann können Sie feststellen, ob er schläft oder wach ist, indem sie schauen, ob sich sein Körper bewegt oder ruhig ist. Unserer Erfahrung nach intensivieren sich die spielerischen Aktivitäten von Säuglingen, wenn sie nicht durch grobmotorische Aktivitäten, wie die Veränderung der Körperposition oder der Position im Raum, eingeschränkt werden.

Der Raum, der für den Spielbereich vorgesehen ist, ist immer um einiges größer als der, den Säuglinge nutzen können. Zum Beispiel wird dem Säugling, der sich gerade umdrehen kann, ein Raum gegeben, der groß genug ist, um sich herumzurollen. Ein Kind, das bereits in der Lage ist herumzurollen, bekommt genügend Raum zum Krabbeln oder Kriechen.

Drittens, der Spielbereich des Kindes ist mit einem Gitter umgeben und weitestgehend gefahrensicher. Die Begrenzungen ermöglichen es dem Säugling, sich mit jedem Winkel seines Territoriums vertraut zu machen. Er oder sie kann wiederholt in dieselbe Ecke gehen und wird dasselbe charakteristische Merkmal des Spielbereichs vorfinden, so dass ein Gefühl der Vertrautheit entsteht. Wenn der Raum zu groß ist, ist es für den Säugling schwierig, sich damit vertraut zu machen. Das ist zumindest unsere Meinung.

Ein eingegrenzter Bereich macht es möglich, Gefahren draußen zu halten. Ich möchte jedoch erwähnen, dass wir nicht alle unangenehmen Erfahrungen, die im Verlauf des Spiels auftreten können, als gefährlich erachten. Vielleicht möchten Sie, dass ich Ihnen ein Beispiel nenne. Wenn sich ein Kind den Kopf an dem harten Holzboden stößt, dann ist das nicht wirklich gefährlich; vielmehr wird es eine nützliche Erfahrung sein und dem Kind zeigen, dass es vorsichtiger sein muss. Doch unverhoffte richtige Unfälle können den Wunsch des Kindes nach selbstständiger Aktivität bremsen. Es könnte das Vertrauen in Bewegung und Aktivität verlieren. Wenn zum Beispiel der Stuhl, an dem sich ein Kind festhält, umkippt und auf es fällt, dann ist das eine reale Gefahr.

Reale Gefahren bringen den für das Kind verantwortlichen Erwachsenen dazu, in das Tun des Kindes einzugreifen, und behindern so die Aktivitäten des Kindes. In diesem Falle muss der Erwachsene ständig sagen, „Tu dies nicht, berühr das nicht", und das wird dem Kind Schwierigkeiten machen, es einschränken und seine Bewegungsfreiheit und seine Aktivitäten behindern.

Das vierte wichtige Element, um Säuglingen das Spielen zu erleichtern, ist die Wahl der Gegenstände. Wir haben festgestellt, dass die Betätigungsmöglichkeiten, die Objekte von sich aus bieten, wichtiger sind als der Anreiz, den Erwachsene geben können. So produzieren nur wenige der Spielsachen, die wir Säuglingen an die Hand geben, Geräusche, schon gar nicht ihre ersten Spielsachen. Unserer Meinung nach ist ein Spielzeug für den Säugling umso passender, je einfacher es ist. Funkelnde, glitzernde und Geräusche produzierende Spielzeuge lösen Überraschung aus, man kann sie kaum für eine Vielfalt von Aktivitäten nutzen. Solche Spielsachen setzen die Sensibilitätsschwelle des Säuglings herab und führen dazu, dass er immer raffiniertere Spielzeuge benötigt, um noch eine Reaktion zu zeigen. Dies ist mit einer Wirkung vergleichbar, die durch Drogen hervorgerufen wurde.

Eine ganz andere Wirkung hätte zum Beispiel ein buntes Baumwolltuch. Es produziert kein Geräusch, es funkelt und glitzert nicht, doch es fesselt durch seine verschiedenen Bewegungsvariationen und ist außerdem für das Kind ein sicheres Objekt.

Wenn wir dem Kind ein Spielzeug anbieten, dann ist wichtig, dass die Spielmöglichkeiten, die es beinhaltet, mit der gegenwärtigen und zukünftigen Fähigkeit des Kindes, Aktivitäten zu gestalten, übereinstimmen. Wir bieten dem Kind zum Beispiel viele hohle Gegenstände an, und zwar noch bevor es bereit ist, etwas hineinzustellen. Ich möchte hervorheben, dass wir dem Kind immer das geben, was erreichbar ist, und es ist immer das Kind, das die Entscheidung trifft, mit welchem Gegenstand es spielen möchte und wie sein Spiel aussehen wird. Vielleicht entscheidet es sich zum Beispiel dafür, die hohlen Gegenstände einfach zu zerquetschen.

Das sind nur einige wenige Beispiele dafür, wie wir das Spiel von Kleinkindern fördern.

Fragen zu Text Nr. 4

1. Vielleicht hatten Sie bestimmte Reaktionen und Gefühle, als sie diesen Auszug aus Anna Tardos' Rede gelesen haben. Wenn das der Fall war, worauf haben Sie spezifisch reagiert? Was haben sie gefühlt? Haben Sie irgendwelche Ideen dazu, warum Sie diese Reaktionen hatten?

2. Warum glauben Sie, neigen Erwachsene dazu, glitzernde Spielsachen zu kaufen, die Geräusche produzieren und Säuglinge überraschen? Stimmen Sie Anna Tardos zu, dass einfache Spielsachen besser sind?

3. Der Neuigkeits- und Überraschungswert wird in den USA von vielen geschätzt. Glauben Sie, dass einfache Spielsachen und der Mangel an Überraschung auf kulturelle Unterschiede zwischen weißen Amerikanern und Ungarn zurückzuführen ist?

Kapitel 5

Bindung

In Kapitel 5 wird auf die Bindungsfähigkeit als wichtiger Voraussetzung für die Schaffung von Vertrauen eingegangen, das in hohem Maße zu der Sicherheit beiträgt, welche das Kennzeichen einer gesunden Persönlichkeit ist. Obwohl die Beziehungen der anderen Familienmitglieder zu dem Baby natürlich den stärksten Einfluss ausüben, wird durch die Einrichtung eines Systems aus Primärbetreuungspersonen sichergestellt, dass jeder Säugling auch eine Beziehung zu einer Pflegeperson außerhalb seiner Familie aufbaut. In diesem Artikel wird darüber berichtet, wie man ein solches System einrichten kann, und es wird klar und detailliert dargelegt, wie man die Hindernisse angehen kann, die sich seiner Verwirklichung in den Weg stellen.

Text Nr. 5
Ein System aus Primärbetreuungspersonen
für Säuglinge und Kleinkinder:
das Beste für alle Beteiligten[7]

Jennifer L. Bernhardt

Jennifer L. Bernhardt hat als Säuglings- und Kinderpflegerin, Geschäftsführerin und Beraterin gearbeitet. Sie hat dazu beigetragen, das Primärbetreuerinnenmodell in Programmen einzurichten, die für Kinder von der Geburt bis zum Alter von drei Jahren angelegt sind. Sie ist Ausbilderin für Babymassage und arbeitete zum Zeitpunkt der Veröffentlichung dieses Artikels als Autorin und Kursleiterin in der Erwachsenenbildung.

Der Begriff *Primärbetreuerin* wird in der Forschung schon lange als Bezeichnung für die wichtigste erwachsene Bezugsperson im Leben eines Kindes – normalerweise die Mutter – verwendet. Da die Pflege von Säuglingen und Kleinkindern außerhalb des eigenen Heims in den letzten dreißig Jahren zugenommen hat, ist der Begriff *Primärbetreuung* entwickelt worden, der ein Modell oder System für die Betreuung von Kindern in Gruppen beschreiben soll.

Auch wenn sich die Primärbetreuung in den gesamten USA durchgesetzt hat – und Fachleute in Sachen hochwertiger Pflege häufig ein Hauptpflegesystem voraussetzen oder es sogar namentlich in ihren Schriften erwähnen –, verstehen viele Betreuerinnen, die in Säuglings- und Kleinkinderpflegeeinrichtungen arbeiten, nicht, was es ist, warum es gemacht wird und was man tun kann, damit es gut funktioniert. Oder, was noch schlimmer ist, die Betreuerinnen glauben fälschlicherweise, dass sie mit dem Primärbetreuerinnenmodell arbeiten, obwohl dies gar nicht der Fall ist. Ein gründliches Verständnis des Primärbetreuungssystems ist daher für alle Betreuerinnen wichtig, die direkt oder indirekt mit kleinen Kindern in Gruppen arbeiten.

Im Primärbetreuerinnenmodell wird jeder Betreuerin bzw. Erzieherin innerhalb einer größeren Gruppe die Hauptverantwortung für eine spezifische Gruppe von Kindern zugewiesen. Zum Beispiel ist in einem Säuglingspflegeraum mit einem Verhältnis von drei zu eins, in dem 12 Babys betreut werden, jede Betreuerin tagtäglich für die Pflege und Betreuung derselben drei Kinder verantwortlich. Das bedeutet nicht, dass sie sich ausschließlich um dieselben drei Kinder kümmert, sondern vielmehr, dass sie die Hauptverantwortung für die wenigen Kinder trägt, die ihr unmittelbar unterstellt sind.

Teamarbeit unter den Betreuerinnen ist absolut essenziell, damit das System komplikationslos und erfolgreich funktionieren kann. Das unterscheidet diesen Ansatz von einem Gruppenbetreuungsansatz, bei dem sich die Betreuerinnen *kollektiv* um alle Kinder kümmern, indem sie bestimmte Aufgaben zugewiesen bekommen – eine Betreuerin wechselt morgens alle Windeln, eine andere gibt den Kindern das Frühstück und so weiter.

Vorteile des Primärbetreuungssystems

Der wichtigste Vorteil des Primärbetreuungssystems ist die Bindung, die sich zwischen dem Kind und dem Erwachsenen durch die gleich bleibenden täglichen Interaktionen herausbildet. Der Eriksonschen Theorie zufolge ist der wichtigste Bestandteil einer gesunden Persönlichkeit ein Gefühl von Vertrauen. Die Grundlagen hierfür werden in den ersten anderthalb Jahren im Leben eines Kindes geschaffen. Das Gefühl, der Welt vertrauen zu können, ist der Schlüssel für eine gesunde psychologische Entwicklung des Kindes (Erikson 1963). Natürlich ist die Eltern-Kind-Beziehung die bei weitem wichtigste Beziehung eines Kleinkindes, doch seine Beziehung zu seiner ganztägigen Betreuerin ist ebenfalls von sehr großer Bedeutung.

John Bowlbys Bindungstheorie (1969) sagt uns, dass Säuglinge Aspekte ihrer Beziehung zur Betreuungsperson internalisieren. Die von ihnen aufgebauten Modelle sind unbewusst, dienen jedoch als Vorbilder für andere nahe Beziehungen (Honig 1993). Wenn die Beziehung, die die Kinderpflegerin zu dem Kleinkind aufbaut, einen Einfluss darauf hat, wie das Kind an alle zukünftigen Beziehungen herangeht, dann trägt die Betreuerin eine Verantwortung dafür, alles zu tun, was sie vermag, um eine möglichst vertrauensvolle und angenehme Beziehung zu dem Kind aufzubauen.

Kind und Erwachsener lernen durch ihre täglichen Interaktionen die Rhythmen und Reaktionsweisen des jeweils anderen kennen, und beide werden geschickt darin, die Handlungen des anderen zu antizipieren. Zu wissen, was es zu erwarten hat, trägt dazu bei, dass das Kind ein Gefühl von Sicherheit entwickeln kann. Zu wissen, wie es einem Erwachsenen, der sich um es kümmert, bestimmte Reaktionen entlocken kann, gibt ihm ein Gefühl von Kontrolle über seine Welt. All diese Faktoren helfen dem Kind, ein starkes Selbstwertgefühl zu entwickeln.

Eine zuverlässige Betreuerin dient ihren Kindern als „heimische Basis". Ein Säugling oder Kleinkind, das das Vertrauen hat, dass seine Pflegeperson in der Nähe ist und zur Verfügung steht, ist willens, nach außen zu gehen und die Welt auf eigene Faust zu erkunden. Das kann einfach bedeuten, dass sich ein Kind sicher genug fühlt, einen Meter weit weg zu kriechen, um ein neues Spielzeug zu untersuchen, weil es weiß, dass es von einem ihm nahe stehenden Erwachsenen Hilfe bekommen wird, wenn es sie benötigt. Sehr kleine Kinder, die keine besondere, ihnen vertraute Betreuerin haben, entwickeln in manchen

Fällen Aggressionen oder werden übermäßig anhänglich. Kinder jedoch, die sich einem besonderen Erwachsenen nahe fühlen, lernen, dass es sicher ist, sich wegzubewegen, eine Weile zu erforschen und dann zurückzukommen, um „aufzutanken", wie Mahler, Pine und Bergmann (1975, 2) es nennen.

Eine sensible Betreuerin beobachtet die Interaktionen ihrer Kinder und lebt ihnen positive Interaktionen mit anderen vor. Sie ist sich der Tatsache bewusst, dass sich ein kleines Kind mit ihr und ihren Verhaltensweisen identifiziert und dass es sein eigenes Verhalten dem ihren nachbildet. Die Betreuerin kennt ihre Kinder gut genug, um zu wissen, wann sie in einer schwierigen Situation, die zwischen zwei oder mehr Kindern entstanden ist, eingreifen sollte. Sie hilft den Kindern in ihrer Obhut, verhandeln und zusammenarbeiten zu lernen, so wie es ihre jeweilige Entwicklungsebene gerade erlaubt, und sie hilft ihnen auch, sensibel für die Bedürfnisse anderer zu sein.

Emotionale Bindungen schaffen

Sobald ein Säugling Objektpermanenz erreicht hat (das Realisieren dessen, dass ein Objekt nicht deshalb aufhört zu existieren, weil es sich außer Reichweite befindet), wird er oft aus Protest weinen, wenn ihn Vater oder Mutter morgens verlassen. Die Trennung kann sowohl für das Kind wie für die Eltern traurig und schmerzhaft sein. Eine ihm nahe stehende andere Person da zu haben, die es hält, und dem Kind etwas anbietet, das es interessiert, erleichtert den Übergang vom eigenen Zuhause zur Gruppenbetreuung. Das macht die Trennung weniger traumatisch und sie wird häufig so leicht wie ein Abschiedskuss von Mama oder Papa, wenn diese weggehen. Selbst für ein Kind, dem es unweigerlich schwer fällt, sich von seinen Eltern zu trennen, ist die emotionale Unterstützung, die die Primärbetreuerin gibt, von unschätzbarem Wert.

Was ist mit einem Kind, das keine starke emotionale Bindung zu mindestens einem Elternteil oder einem anderen Familienmitglied aufgebaut hat? In einem solchen Fall ist die Betreuerin möglicherweise die einzige Person, der das Kind vollständig vertrauen und auf die es sich verlassen kann. Die emotionale Bindung zu ihr wird für das Wohlergehen des Kindes lebenswichtig und dient als Schutzfaktor in seiner Entwicklung (Wittmer 1995). Für all jene Kinder, bei denen die Gefahr besteht, dass sie von Stressfaktoren überwältigt werden, ist die Betreuung durch einen liebevollen Erwachsenen besonders wichtig. Dies gilt natürlich in besonderem Maße für Kinder, die regelmäßig von ihren Eltern getrennt sind.

In einer Primärbetreuerinnengruppe, in der sich das Kind eine Primärbetreuerin mit zwei oder drei anderen Kindern teilt, baut es häufig nicht nur
zu seiner Betreuerin eine starke Bindung auf, sondern auch zu den anderen
Kindern in der Gruppe. Solche Bindungen ahmen Geschwisterbindungen nach
und könnten besonders für diejenigen Kinder lohnend sein, die zu Hause keine
Geschwister haben. Zwei Babys, die in erster Linie von mir betreut wurden,
haben zum Beispiel schon sehr früh eine enge Bindung zueinander aufgebaut.
Die beiden Mädchen waren selten mehr als einen Meter voneinander entfernt
und verfielen häufig in denselben täglichen Ess- und Schlafrhythmus. Eine Zeit
lang hatte ich sogar beide – das eine in meinem Arm, das andere auf meinem
Schoß –, während sie ihr morgendliches Fläschchen austranken. Die Mädchen
bewegten sich zusammen durch das Betreuungszentrum, unterstützten einander
und sind nach wie vor treue Freundinnen. Die Bindung von Kind zu Kind ist in
einem Programm, in dem Kinder in den ersten drei Lebensjahren nicht durchgängig dieselbe Primärbetreuungsperson haben (was leider in vielen Gruppen-
betreuungseinrichtungen die Norm zu sein scheint), besonders wichtig.

Vorteile nicht nur für das Kind

Das System aus Primärbetreuungspersonen ist nicht nur für das Kind von Vorteil. Häufig wirkt es sich darüber hinaus positiv auf das Selbstwertgefühl der
Betreuerin aus.

Angestellte Betreuerinnen, deren Supervisoren oder Vorgesetzte ihnen helfen,
fachliches Können zu erwerben und allmählich Kontrolle über ihr Arbeitsumfeld
zu gewinnen, sind glücklicher und produktiver. Eine Mitarbeiterin in einem System aus Primärbetreuungspersonen ist für die tägliche Pflege und Betreuung ihrer
Kinder verantwortlich. Sie plant laufend für sie, beobachtet sie und passt ihre
Routinen und ihr Umfeld ihrem Wachstum an. Auf diese Weise entwickelt die
Betreuerin ein Gefühl von Stolz auf das Erreichte sowie ein Gefühl von Wichtigkeit für die Gruppe als Ganzes. Die zusätzliche Verantwortung sowie die Gelegenheiten, enger mit ihrer Supervisorin oder Mentorin zusammenzuarbeiten, die sich
aus der Primärbetreuung ergeben können, sind eine Ausbildung am Arbeitsplatz,
die sie für weiterführende Lehrpositionen qualifizieren.

Ich habe viele Zentrumsleiter sich verzweifelt darum bemühen sehen, die
Arbeitsmoral zu heben und Mittel und Wege zu finden, bei den Mitarbeitern
das Gefühl von Stolz und Eigenverantwortung in der Gruppenbetreuung zu

stärken. Ich habe ebenfalls die Feststellung gemacht, dass sich die Moral der Mitarbeiter durch die Einführung des Primärbetreuungsmodells nahezu augenblicklich verbessert!

Vielleicht ist die tägliche Belohnung in Form der positiven Auswirkungen, die die Betreuerin auf das Leben der von ihr hauptsächlich betreuten Kinder hat, sogar noch wichtiger für sie als ein Gefühl von Kontrolle am Arbeitsplatz. Sie sieht „ihre" Kinder physisch, emotional, intellektuell und sozial wachsen und weiß, dass sie eine äußerst wichtige Rolle in ihrer Entwicklung spielt. Die ultimative Belohnung ist jedoch die, dass das Lächeln der von ihr betreuten Kinder einzig und allein für sie bestimmt ist!

Auch die Eltern werden belohnt

Auch die Eltern werden durch eine vertrauensvolle Beziehung zur Betreuerin ihres Kindes (oder ihrer Kinder) belohnt. Die Tatsache, dass eine erwachsene Person den ganzen Tag lang die Hauptverantwortliche für ihr Kind ist, bedeutet, dass die Eltern eine Primärkontaktperson haben, mit der sie kommunizieren und Informationen austauschen können.

Stellen Sie sich einen Vater vor, der während der Mittagspause im Zentrum anruft, um herauszufinden, wie der Morgen seiner Tochter verlaufen ist. Die Betreuerin, die am Telefon ist, weiß nur, dass seine Tochter gegen 9.00 Uhr morgens Stuhlgang hatte. Diese Mitarbeiterin fragt eine andere in der Nähe, doch jene weiß nur, dass seine Tochter ihre Morgenflasche bekommen hat und dass eine dritte Betreuerin mit ihr gegen 10.30 Uhr eine Weile draußen gespielt hat. Die dritte Betreuerin hat jedoch gerade Mittagspause und wird erst zurückkommen, wenn der Vater sich in einer Nachmittagsbesprechung befindet. Traurigerweise ist dies ein übliches Szenario für Eltern, deren Kinder in einer Einrichtung untergebracht sind, deren Ansatz vorsieht, dass den Betreuerinnen verschiedene Aufgaben zugewiesen werden.

Im Primärbetreuungsmodell wissen die Eltern, nach wem sie fragen können, wenn sie im Zentrum anrufen. Sie kennen auch den Zeitplan der Betreuerin, so dass sie sie vor oder nach ihren Pausen anrufen können. Die Betreuerin kennt wiederum die Eltern gut, denn sie hat sowohl zu ihnen als auch zu ihrem Kind eine Bindung geschaffen. Beide Parteien tauschen Informationen über die Entwicklung und die Bedürfnisse des Kindes aus und arbeiten daran, positive Entscheidungen im Hinblick auf seine Betreuung zu treffen.

Und was am allerbesten ist, die Eltern fühlen sich gut damit, ihr Kind in eine Betreuungseinrichtung zu geben. Als ich erwähnte, dass die Betreuerin die Trennungsangst lindert, die häufig während der Abgabezeiten entsteht, da meinte ich auch die Angst der Eltern!

Eltern, die unsicher und besorgt sind, senden nonverbale – und manchmal auch verbale – Botschaften an die Kinder. Selbst ein ganz kleiner Säugling kann spüren, wenn der Körper seiner Mutter oder seines Vaters steif wird oder eine andere physische Anspannung als Reaktion auf das Ankommen im Betreuungszentrum entsteht. Wenn ein Kind – und sei es ein ganz kleiner Säugling – wiederholt negative Hinweise von seinen Eltern aufnimmt, dann wird es das Gefühl entwickeln, dass dies kein sicherer Ort ist. Auf der anderen Seite vermitteln zuversichtliche, glückliche Eltern dem Kind die Botschaft, dass seine Betreuung gut und sicher ist, und geben dem Kind so ein zusätzliches Gefühl von Behagen und Sicherheit.

Eltern, die eine Beziehung zur Primärbetreuerin ihres Kindes entwickeln, werden auch eher geneigt sein, dieser wichtige Informationen über das Leben ihres Kindes mitzuteilen. Ohne den individuellen und direkten Kontakt, der durch die Primärbetreuung entsteht, wird ein Elternteil so persönliche Informationen vielleicht nicht preisgeben wollen, damit sie dann an das gesamte Personal weitergegeben werden – und natürlich muss die Vertraulichkeit gewährleistet sein! Doch wenn es einen signifikanten Erwachsenen gibt, mit dem die Eltern Informationen austauschen können, dann werden sie vielleicht Informationen weitergeben oder Vorschläge machen, die der Betreuerin helfen, das Kind zu verstehen, adäquater auf es einzugehen und es zu fördern.

Umgekehrt kann eine Primärbetreuerin, die eine starke Bindung zu ihren Familien hat, sich für notwendige Veränderungen einsetzen oder eine neue Wachstumsrichtung bei den Mitarbeitertreffen vorschlagen, die in Zentren mit hohem Qualitätsstandard alle ein bis zwei Wochen unter der Beteiligung von Betreuungspersonen und Verwaltungspersonal abgehalten werden. Als Verfechterin der Rechte des Kindes hat die Betreuerin eine wunderbare Gelegenheit, Veränderungen im gesamten Zentrum zu bewirken, um so die Beziehung zwischen dem Zentrum und allen Familien, die es versorgt, zu verbessern.

Viele Möglichkeiten ergeben sich einfach dadurch, dass in dieser Beziehungstriade Vertrauen aufgebaut wird!

Hindernisse überwinden

Auch wenn eine Kinderbetreuungseinrichtung idealerweise auf sechs Kinder beschränkt ist, wobei ein Erwachsener dann für drei Kinder zuständig wäre, entspricht dies in der Gruppenbetreuung nicht immer der Realität. Bei einer meiner ersten Erfahrungen mit der Gruppenbetreuung habe ich in einem Zentrum gearbeitet, in dem 23 Säuglinge und Kleinkinder in einem einzigen größeren Raum betreut wurden. Das war alles andere als ideal. Es lebten einfach zu viele Menschen in diesem einen Raum, und so kam es häufig zu einer Reizüberflutung, selbst bei mir! Die Verwaltung sorgte schließlich dafür, dass die Zahl der betreuten Kinder auf 16 beschränkt wurde, in einem Verhältnis von 4 Kindern pro Betreuerin, aber die Situation blieb trotzdem schwierig. Ein Primärbetreuungssystem verbessert die Wirkungen einer so großen Gruppenumgebung erheblich.

Wenn die Mitarbeiter derart wenig wünschenswerte Umstände vorfinden, dann ist das Wichtigste, was sie tun können, sich dafür einzusetzen, dass weniger Gruppen von Säuglingen oder Kleinkindern und Betreuungspersonen pro Raum eingeteilt werden. Wenn jedoch jedem Kind eine Primärbetreuungsperson zugeteilt wird, dann kann das allen helfen. Selbst in einem Raum mit sechs Kindern und zwei Betreuungspersonen profitieren noch alle von der Primärbetreuung. Die Kinder werden wahrscheinlich Bindungen zu beiden Betreuerinnen in der Kleingruppe aufbauen, doch Regelmäßigkeit, Kontinuität und das Wissen, was sie von einem speziellen Erwachsenen erwarten können, sind immer noch ausschlaggebend dafür, dass Kinder eine positive Selbstachtung aufbauen können.

In vielen Gruppenumgebungen ist eine ranghöhere Lehrkraft bzw. Betreuungsperson der Vorgesetzte oder Supervisor des anderen Personals im Raum. Durch die Primärbetreuung wird diese Mitarbeiterhierarchie nicht durchbrochen. Der ranghöhere Betreuer kann eine Primärbetreuungsperson sein, wenn die Gruppenzahlen und das Verhältnis zwischen Kindern und Betreuern dies erforderlich machen. Wenn die professionelle Vorbereitung des Mitarbeiterstabs nicht optimal gewesen ist, dann sollte die ranghöhere Lehrkraft jemand sein, der oder die den anderen wirksam dabei helfen kann, Einsichten und Fertigkeiten in Bezug auf die Betreuungstätigkeit zu erwerben.

In einigen Einrichtungen gibt es einen Erwachsenen mehr als erforderlich ist, um ein angemessenes Betreuer-Kinder-Verhältnis in der Gruppe zu gewährleisten. Wenn dieser zusätzliche Erwachsene eine Assistentin oder ein Praktikant ist, dann sollte die ranghöhere Lehrkraft Primärbetreuungsperson bleiben und die zusätzliche Kraft als Helfer bzw. Helferin für alle Mitarbeiter eingesetzt werden, und sie sollte mit allen Kindern interagieren. Wenn jedoch alle Erwachsenen qualifiziert sind und sie die Rolle einer Primärbetreuungsperson effektiv ausüben können, dann sollten alle Mitarbeiter mit Ausnahme der ranghöheren Lehrkraft als Primärbetreuer eingesetzt werden, was dem oder der Vorgesetzten die Möglichkeit gibt, zu helfen, zu überwachen und mehr Flexibilität zu haben, den Betreuungsraum zu verlassen, falls dies notwendig sein sollte.

In jedem Fall hat ein zusätzlicher Erwachsener in der Gruppenbetreuungseinrichtung eine wichtige Rolle inne. Er hilft den anderen Mitarbeitern, wenn mehr Kinder unmittelbare Aufmerksamkeit benötigen, als Primärbetreuer vorhanden sind, und er oder sie ist die vertraute Person, welche die Primärbetreuerrolle einnimmt, wenn die entsprechende Mitarbeiterin abwesend ist. Auf bedürftige Babys und Ein- bis Zweijährige prompt einzugehen, ist ein Kennzeichen guter Betreuung.

Jede Kinderbetreuungseinrichtung sollte es sich zur Aufgabe machen, die Gesamtzahl der Erwachsenen, die sich um Kinder unter drei Jahren kümmern, zu beschränken. Wenn es keine zusätzlichen Mitarbeiter oder Springer im Zentrum gibt, mit denen die Kinder vertraut werden können, dann sollte die Geschäftsführung versuchen, einige wenige Ersatzpersonen einzusetzen, damit die Kinder sie erkennen, und die Ersatzpersonen die Funktionsweise des Zentrums kennen und verstehen lernen. Es ist außerdem wichtig, die Arbeitsstunden der Mitarbeiter zu staffeln, damit nicht alle vertrauten Menschen verschwinden, wenn eine neue Schicht ihren Dienst antritt.

Die Fehler ausbügeln

Einige Vorteile des Primärbetreuungssystems werden erst dann sichtbar, wenn der technische Ablauf reibungslos funktioniert. Die Umstellung auf ein Primärbetreuungssystem ist arbeitsintensiv. Ein wirksames Funktionieren erfordert Hingabe und die Überzeugung, dass die Veränderungen zum Besten sind.

Ich bin mit mehreren Zentren durch diese Veränderung hindurchgegangen und habe festgestellt, dass viel Übung und Kommunikation zwischen allen beteiligten Parteien erforderlich ist, um die Fehler auszubügeln. Doch sobald die Mitarbeiter einmal nach dem Primärbetreuungssystem arbeiten, scheint es zur zweiten Natur zu werden. Es ist für Erwachsene, die Kinder lieben, natürlich, eine Bindung zu ihnen aufbauen und ihnen qualitativ hochwertige Betreuung geben zu wollen.

Zu Beginn weist die verantwortliche Lehr- oder Leitungskraft die Kinder Primärbetreuungspersonen zu. In einem Umfeld, in dem sich alle Erwachsenen gemeinsam um die Kinder gekümmert haben, weist sie die Kinder den Erwachsenen zu, zu denen sie bereits eine Bindung aufgebaut haben. Wenn ein Kind keine Bindung zu einem bestimmten Erwachsenen hat, oder eine Bindung zu mehreren Erwachsenen besteht, dann ist es sinnvoll, die Zeitpläne der Kinder und der Betreuungsperson zu vergleichen und sie soweit wie möglich anzugleichen, damit jedes Kind möglichst viel Zeit in der Obhut eines besonderen Erwachsenen verbringen kann. (Mir ist aufgefallen, dass die natürlichen Bindungen, die vor der Einführung der Primärbetreuung geschaffen werden, häufig zwischen Erwachsenen und Kindern entstehen, die ähnliche Zeitpläne haben.)

Es ist ebenfalls sinnvoll, eine Betreuerin einer Familie der spezifischen Situation entsprechend zuzuweisen. Wenn eine Betreuungsperson vorher eine besondere Bindung zu dem älteren Geschwisterchen eines Kindes aufgebaut hat und die Familie schon gut kennt, dann ist es normalerweise ratsam, das jüngere Kind dieser Betreuungsperson zuzuweisen. Wenn eine Familie derselben Kultur entstammt oder dieselbe Sprache spricht wie eine bestimmte Betreuerin, dann fühlt sich diese Familie möglicherweise bei ihr wohler als bei anderen Betreuerinnen. Die verantwortliche Lehr- oder Leitungskraft sollte auch andere individuelle Umstände in Betracht ziehen.

In einem etablierten Programm besteht manchmal keine Möglichkeit, bestimmte Betreuerinnen für bestimmte Kinder auszuwählen, weil der Platz, den eine Betreuerin frei hat, von dem zuletzt gekommenen Kind ausgefüllt wird. Ein Kind sollte jedoch nur in extrem problematischen Situationen von einer Betreuerin zu einer anderen im selben Raum wechseln, wenn es bereits eine Primärbeziehung etabliert hat. Idealerweise sollte jedes Kind bis zum Alter von drei Jahren bei ein und derselben Betreuungsperson bleiben. In jedem Fall sollte der Wechsel von einer Betreuerin zur nächsten die Ausnahme bleiben.

Häufige Wechsel sind traumatisch und machen einige der Vorteile des Primärbetreuungsmodells *wieder* zunichte.

Wissen, wer verantwortlich ist

Sobald die Kinder eingeteilt sind, sollte jede Mitarbeiterin ein gutes Verständnis ihrer täglichen Pflichten und Verantwortlichkeiten haben. Auch wenn ihre Arbeit hierauf nicht beschränkt ist, gehören hierzu die Begrüßung jedes Kindes, dessen Primärbetreuerin sie ist, den Übergang in und aus der Gruppenumgebung zu erleichtern, soweit es ihr Zeitplan erlaubt, die Essensvorbereitung (unter Beachtung besonderer Diäten oder Nahrungsmittelallergien) und das Füttern der Kinder, das Prüfen und Wechseln der Windeln, die Kinder zum Mittagsschlaf hinlegen, sie zu allen Zeiten im Auge behalten und den ganzen Tag über eine liebevolle Atmosphäre zu schaffen.

Die Betreuerin ist außerdem dafür verantwortlich, diese Aktivitäten in einem schriftlichen Bericht zu dokumentieren, der den Eltern des Kindes am Ende des Tages mit nach Hause gegeben wird.

Die Primärbetreuerin beobachtet und dokumentiert darüber hinaus das Wachstum und die Entwicklung der Kinder. Sie plant geeignete individuelle Aktivitäten und Gruppenaktivitäten und arbeitet mit den anderen Mitarbeitern und Supervisoren zusammen, um Veränderungen in der Umgebung vorzunehmen oder Dinge hinzuzufügen, die den jeweiligen Entwicklungsbedürfnissen des Kindes entsprechen.

Wie vorher dargelegt, bedeutet Primärbetreuung nicht, dass sich eine Person ausschließlich um einen Säugling oder ein Kleinkind kümmert; es ist auch erforderlich, Teams zu bilden (Lally, Torres & Phelps 1994). Jede Mitarbeiterin muss flexibel sein und sich dafür einsetzen, dass jedes Kind im Programm qualitativ hochwertige Pflege und Betreuung bekommt. Vielleicht ist eine Betreuerin drei Kindern zugeteilt; sie muss jedoch auch mit anderen in der Gruppe interagieren. Die Primärbetreuungsbeziehung sollte als primär angesehen werden – was jedoch nicht mit exklusiv gleichzusetzen ist. Das trägt dazu bei, auch andere Beziehungen zu schaffen, auf die ein Säugling zurückgreifen kann, wenn die Primärbetreuerin nicht zur Verfügung steht (Lally 1995).

Den Mitarbeitern sollte auch bewusst sein, was für eine enorme Hilfe sie füreinander sein können. Meesha zum Beispiel, deren drei Kinder jeweils im

Abstand von fünfzehn Minuten gebracht werden, möchte jedes Kind und den Erwachsenen, der es herbringt, einzeln begrüßen, doch das zuerst angekommene Kind wird sehr bald seine erste Flasche haben wollen. Eine zweite Betreuerin namens Paulina ist in der Nähe und zwei ihrer Kinder schlafen gerade. Sie hilft Meesha, indem sie die Flasche für sie wärmt und eines der Kinder hält, dessen Eltern bereits gegangen sind. Dadurch, dass die Betreuerinnen füreinander einspringen und sich gegenseitig helfen, werden die Bedürfnisse aller erfüllt, und die Kinder profitieren davon.

Wenn Mitarbeiter unmittelbare Hilfe benötigen und keine Zeit vorhanden ist, um Fragen zu stellen, dann sollten sie sich nach Möglichkeit mit anderen Mitgliedern des Teams beraten, bevor sie davon ausgehen, dass sie bei ihren Kindern aushelfen können. Vielleicht haben die Eltern wichtige Informationen an die Primärbetreuerin ihres Kindes weitergegeben. Sehen Sie sich zum Beispiel Jeanne an, die Nancy, ein sechs Monate altes Baby, das gerade zwei neue Zähne bekommt, auf dem Arm hält und beruhigt. Ein weiteres, Jeanne zugeteiltes Kind namens Dale ist bereit für sein Frühstück. Sharon, eine Mitarbeiterin, die gerade nichts zu tun hat, beschließt, Jeanne bei der Zubereitung von Dales Essen zu helfen. Sie geht zu seinem Fach, holt zwei Behälter mit Babynahrung heraus, erhitzt sie und fängt an, Dale zu füttern. Sharon möchte helfen, aber sie hat nicht mit Jeanne gesprochen, denn sonst hätte sie erfahren, dass Dales Eltern erwähnt haben, dass sie die Essensbehälter vom vorherigen Tag in seinem Fach gelassen hätten und die neuen sich in seiner Windeltasche befänden. Sharon hätte Jeanne fragen sollen, bevor sie ihr aushalf.

Die schmutzige Arbeit tun

Nur sehr wenige selbst der noch so engagierten professionellen Tagesmütter wollen volle Windeln wechseln! Ein Problem, das sich häufig in Primärbetreuungsumgebungen einschleicht, besteht darin, dass ein Kind solange seine vollen Windeln anbehält, bis seine eigene Betreuerin Zeit hat, sie zu wechseln, weil eine andere Betreuerin erklärt: „Das ist nicht mein Kind!" Eine Primärbetreuerin sollte die Windeln ihres Kindes routinemäßig wechseln, doch es sollte kein Kind seine vollen Windeln anbehalten müssen, solange ein Erwachsener zur Verfügung steht, um sie zu wechseln. Teamwork ist nicht nur eine Notwendigkeit, sondern auch ein Kennzeichen einer professionellen

Kinderbetreuungseinrichtung. Um eine ununterbrochene Pflege in den Pausenzeiten des Personals zu gewährleisten, könnte es eine gute Idee sein, wenn sich Betreuerinnen zu zweit zusammentun. Jede der beiden sorgt dafür, dass sich jemand um die Kinder der anderen kümmert und dass sämtliche Interaktionen auf dem Tagesblatt für das Kind festgehalten werden. Diese Art von Teamwork funktioniert selbst dann, wenn eine Ersatzperson für die Kinder verantwortlich ist. Es hilft der Ersatzperson und dient als Backup-System, um sicherzustellen, dass sämtliche Routinen der Kinder dokumentiert werden.

Jedes Mal, wenn statt der Primärbetreuungsperson des Kindes eine andere Mitarbeiterin eine Routinepflegeaufgabe bei einem Kind ausführt, sollte sie die entsprechenden Informationen auf dem Tagesblatt für das Kind festhalten. Neben die Informationen sollte sie ihre Initialen setzen, so dass die Mitarbeiter und die Eltern wissen, mit wem sie in Kontakt treten können, falls Fragen auftauchen.

Jedes Zentrum muss seine eigenen Probleme durcharbeiten. Aus diesem Grunde sollten Zentren häufig Mitarbeiterbesprechungen durchführen, um die entsprechenden Situationen zu bereden und Lösungen auszuarbeiten.

Eine Kombination aus verschiedenen Pflegestrategien

Angesichts einer gesellschaftlichen Entwicklung, im Zuge derer sehr kleine Kinder immer mehr Zeit in der Betreuung und von ihren Eltern getrennt verbringen, muss eine Betreuungsperson Erfahrungen ermöglichen und für ein Umfeld sorgen, das Vertrauen, Sicherheit und eine positive Selbstachtung fördert. Die Primärbetreuung ist eine gute Möglichkeit, dies zu tun. Die zahlreichen Vorteile dieses Systems können die Auswirkungen von „weniger als vollkommenen" Pflegesituationen verbessern.

Um ein Maximum an hochwertiger Betreuung zu garantieren, sollten über das Primärbetreuungssystem hinaus andere Strategien angewandt werden. Hierzu gehören begrenzte Gruppengrößen und niedrige Betreuer-Kind-Verhältnisse. Darüber hinaus sollten Kinderbetreuungspersonen und die Geschäftsleitung alles in ihrer Macht stehende tun, damit ein Kind möglichst lange in der Obhut seiner Primärbetreuungsperson bleiben kann – idealerweise die ganzen ersten drei Lebensjahre lang. Erst nachdem solche Strategien etabliert worden sind, können wir damit beginnen, sicherzustellen, dass unsere jüngsten Kinder in einem Umfeld aufwachsen, in dem sie sich sicher fühlen und das Gefühl haben, der Welt vertrauen zu können.

Fragen zu Text Nr. 5

1. Wie fühlen Sie sich damit, Primärbetreuerinnen in einem Säuglingszentrum zu haben? Was sind Ihre Gedanken zu diesem Thema?

2. Erinnern Sie sich daran, wie Sie als Kind zu jemandem außerhalb ihrer Familie eine Bindung aufgebaut haben? Wenn ja, lässt sich Ihre Erfahrung auf irgendeine Weise mit der Säuglingsbetreuung vergleichen? Wenn ja, wie?

3. Was ist falsch daran, die Art von Teamarbeit zu etablieren, in der sich Betreuungspersonen kollektiv um alle Kinder kümmern, indem ihnen Aufgaben zugewiesen werden – eine Betreuungsperson wechselt zum Beispiel morgens alle Windeln und eine andere gibt allen Kindern Frühstück?

Kapitel 6

Wahrnehmung

In Kapitel 6 des Hauptbuches geht es um das Phänomen der Wahrnehmung. Obwohl der Begriff in dem nachfolgenden Artikel nie erwähnt wird, ist dennoch die Wahrnehmung über die Sinne das Hauptthema. In dieser Ausgabe von *Zero to Three*, die dem Thema „Die multisensorische Welt des Säuglings" gewidmet ist, beschreibt Sue Tortora, eine Therapeutin in eigener Praxis, das Programm „Ways of Seeing" (Wege des Sehens). Sie erklärt, dass in diesem Programm die Sinneserfahrung des *Sehens* als Metapher gebraucht wird, um hervorzuheben, dass es viele Wege gibt, um hinzuschauen, zu beurteilen und Informationen über sich selbst und andere zu bekommen.

Text Nr. 6
Unsere sich bewegenden Körper erzählen Geschichten, die von unseren Erfahrungen zeugen

Suzi Tortora ist Therapeutin in eigener Praxis in New York

Im „Ways of Seeing"-Programm wird der oder die Praktizierende gebeten, sich mittels Beobachtung und Interaktion bewusst zu werden, wie nonverbale und multisensorische Erfahrungen das Erleben eines Individuums beeinflussen können. Zu diesen Individuen gehört man selbst ebenso wie die Kinder und andere Familienmitglieder, die am Interventions- bzw. Erziehungsprogramm des Kindes teilnehmen.

Die Kernprinzipien dieses Programms lauten:
- Jedes Individuum schafft auf der Grundlage von multisensorischen Erfahrungen und einer einzigartigen Kombination von Bewegungsqualitäten seinen eigenen nonverbalen Bewegungsstil.
- Diese Qualitäten sind der expressive bzw. kommunikative Stil des Kindes, unabhängig davon, wie konventionell oder untypisch dieser Stil sein mag.
- Fertigkeiten und Entwicklungsebenen werden innerhalb des Kontextes der Qualität der nonverbalen Verhaltensweisen des Kindes beobachtet.
- Sogar schwere Bewegungseinschränkungen enthalten ein qualitatives Element – es könnte im Ausmaß an Spannung in der Muskulatur des Kindes liegen, in der Position, die der Körper gewöhnlich einnimmt, oder der Häufigkeit bzw. Seltenheit des Augenkontakts.
- Die Art und Weise, wie diese Qualitäten zum Ausdruck gebracht werden, erzeugt eine Empfindung, eine innere Einstellung und eine Reaktion, die von der sich bewegenden Person auf diejenigen ausstrahlt, die sich in ihrer Umgebung befinden.
- Im Gegenzug erlebt auch die beobachtende Person eine Reaktion, die auf ihren eigenen Erfahrungen beruht.
- Die Aktion und die darauf folgende Reaktion beeinflussen die sich entwickelnde soziale und emotionale Beziehung und wirken sich auch auf therapeutische und pädagogische Interventionen aus.

Durch die Praxis der Authentischen Bewegung beeinflusst, die von Janet Adler[8] entwickelt wurde, wird die *Ways-of-Seeing*-Therapeutin gebeten, eigene multisensorische und nonverbale Reaktionen durch einen spezifischen Selbstbeobachtungsprozess zu kontrollieren (Tortora[9]). Dazu gehört unter anderem: Objektiv und detailliert die Aktionen der sich bewegenden Person zu formulieren (*bezeugen*); sich seiner eigenen Sinnesreaktionen bewusst zu werden und diese zu reflektieren (*kinästhetisches Sehen*); und sich der eigenen emotionalen Reaktionen bewusst zu werden und diese zu reflektieren. Letztere werden aus dem Erleben von Interaktionen abgeleitet, zu denen gehört, die Aktionen des

---

8   Adler, J. (1987, Winter). Who is witness? *Contact Quarterly Dance Journal*, XII (1), 20-29.
9   Tortora, S. (1995, Winter). Seeing ourselves as a way to see young children. *Insights from the Center for Infants and Parents*, 2 (1), 4-7. New York: Teachers College, Columbia University.

sich Bewegenden gleichermaßen „anzuprobieren" (*kinästhetische Empathie*). Wenn der Therapeut auf diese Weise arbeitet, dann nimmt er im Umgang mit dem Kind eine äußerst aktive Rolle ein.

Sich seiner eigenen multisensorischen Reaktionen und Resonanz bewusst zu werden und sich darauf einzustimmen, hat zwei Funktionen. Zunächst einmal wird der Therapeut bzw. die Therapeutin hierdurch befähigt, sich stärker für die möglichen multisensorischen Wege zu öffnen, über die das Kind seine Umgebung erfährt. Kleine Kinder erforschen, entdecken und drücken sich zu Beginn in ihrer Welt hauptsächlich mittels ihrer multisensorischen und nonverbalen Erfahrungen aus. Zum zweiten befähigt die Selbstüberwachung der Therapeuten, sich der Rolle bewusst zu werden, die er oder sie in der sich entwickelnden Beziehung auf einer subtileren Erfahrungsebene spielt. Auch wenn bei Kommunikationsprozessen und im Zuge der Beschäftigung mit anderen nonverbale Aktionen und Reaktionen parallel zur verbalen und kognitiven Verarbeitung ablaufen, neigen wir dazu, solche Reaktionen und Ausdrucksweisen nicht bewusst zu registrieren. Viele Einzelheiten der sensorischen und nonverbalen Kommunikation werden unbewusst erfasst. Es ist sehr wichtig, hervorzuheben, dass die Therapeuten darauf achten sollten, ihre Beobachtungen als ihre eigenen anzusehen und nicht davon auszugehen, dass sie die Erfahrungen des Kindes darstellen, denn man kann das Erleben eines anderen nicht wirklich kennen. Der Selbstbeobachtungsprozess erweitert die Aufmerksamkeit des Therapeuten dergestalt, dass er diese Art und Weise des Sehens mit einschließt, und eröffnet so eine weitere Perspektive, um die Beziehung und die Intervention zu unterstützen.

Prinzipien einer Sitzung

Jede *Ways-of-Seeing*-Therapiesitzung baut auf vier Prinzipien auf:

1. Alle Aktivitäten in der Sitzung sind so strukturiert, dass das Kind die Möglichkeit bekommt, seinen multisensorischen, nonverbalen Bewegungsstil anzuwenden und auf diese Weise dem Therapeuten zu zeigen, wer es ist.
2. Bei allen nonverbalen Aktionen wird davon ausgegangen, dass sie das Potenzial haben, kommunikativ zu sein.
3. Nonverbale Verhaltensweisen sind Ausdrucksformen des Selbst und bergen das Potenzial in sich, für bedeutsame Aussagen verwendet zu werden.

4. Der Therapeut bzw. die Therapeutin muss immer durch nonverbale Verhaltensweisen hindurch, hinter sie, unter sie und über sie hinaus blicken und sich überlegen: „Was versucht mir dieses Kind wohl durch diese Aktionen mitzuteilen?"

Die Fähigkeit, alle nonverbalen Aktionen als potenzielle Mitteilungen anzusehen, ist ein grundlegender Aspekt dieses Programms und gibt dem Therapeuten neue Möglichkeiten an die Hand, Informationen über Kleinkinder zu bekommen, die noch nicht sprechen können. Diese Herangehensweise erkennt die kommunikative Kraft nonverbaler Gesten an, indem sie über „kodifizierte" nonverbale Gesten wie dem Zeigen auf etwas oder dem Kopfnicken hinausgeht, um einzigartige, personalisierte Aspekte im Bewegungsstil eines Kindes zu beobachten. Diese Art, die nonverbale Aktion zu sehen, erfordert es, dass der Beobachter den *qualitativen* Aspekten der Aktion Aufmerksamkeit schenkt.

Fragen zu Text Nr. 6

1. Was sind Ihre Reaktionen zu diesem Artikel?
2. Dieser Artikel verbindet die Themen von drei Kapiteln Ihres Textes: Wahrnehmung, motorische Fähigkeiten und Kommunikation. Wie kommuniziert ein Säugling durch Bewegung?
3. Wenn ein Kind unter gravierenden Bewegungseinschränkungen leidet, wie gelingt es ihm dann, mit Hilfe seines Körpers zu kommunizieren?

Kapitel 7

Motorische Fähigkeiten

In diesem Auszug wird die fortschreitende Entwicklung der Bewegungsfähigkeit thematisiert, die sich in den ersten beiden Lebensjahren eines Kindes vollzieht. Er stellt eine Ergänzung zu dem Material über die grobmotorische Entwicklung dar, das in Kapitel 7 des Hauptbuches zu finden ist, und zeigt im Detail auf, welche Auswirkungen es hat, wenn man Kindern von Geburt an erlaubt, sich frei zu bewegen. Der Auszug ist Piklers erster Buchveröffentlichung *Friedliche Babys, zufriedene Mütter* entnommen, die auf ihren Bahn brechenden Forschungen vor dem Zweiten Weltkrieg beruht. Auch heute noch haben ihre Forschungsergebnisse zur motorischen Entwicklung für die meisten Menschen Neuigkeitswert. Die von ihr entwickelten Methoden unterscheiden sich in erheblichem Maße von solchen, die die Bewegung des Säuglings einschränken. Letztere sind jedoch in den USA sowohl in der häuslichen Säuglingspflege als auch in Kindertagesstätten weit verbreitet. In diesem Artikel beschreibt Pikler aufs Genaueste die Bewegungsentwicklung des Kindes von der Geburt bis zum Laufenlernen. Aufgrund des eingeschränkten Platzes sind für diesen Auszug zahlreiche Details zusammengefasst worden.

Text Nr. 7
Die Entwicklung von Bewegung

von Emmi Pikler

Als Kinderärztin und Forscherin hat Dr. Emmi Pikler ihr Leben der Arbeit mit Säuglingen gewidmet. Sie hat sowohl als Kinderärztin als auch als Institutsgründerin neue Wege beschritten. Ihre heute als Pikler-Institut bekannte Einrichtung in Budapest ist ein stationäres Säuglingsheim für Babys und Kleinkinder, deren Familien sich nicht um sie kümmern können. Ihr sorgfältiges Studium der Bewegungsentwicklung ist eine ihrer Hinterlassenschaften an uns.

Anmerkung: Pikler hat sich dafür eingesetzt, Kinder auf dem Rücken liegen zu lassen, bis sie sich von selbst umdrehen können. Eine solche Praxis war bis zur "Back-to-sleep-Kampagne" [einer Kampagne zur Einführung der Rückenlage als Regelschlafposition in den USA in den neunziger Jahren, Anm .d. Ü.], die die Welt mit den Gefahren des Bauchschlafens (aufgrund des Plötzlichen Kindstods-Risikos) vertraut machte, gänzlich unbekannt. Seit den neunziger Jahren verbringen die meisten Babys in den Vereinigten Staaten und andernorts jetzt zwar einen Großteil ihrer Zeit auf dem Rücken, sie werden jedoch häufig abgestützt und aufgerichtet oder in Apparaturen gesteckt, die sie einschränken. Piklers Ansatz hingegen basiert auf Bewegungsfreiheit, und sie hat zahlreiche Belege für die Vorteile dieses Ansatzes, die sich in der Qualität der Bewegung, der hervorragenden Haltung und dem erstaunlichen Gleichgewicht, das hieraus folgt, zeigen. Im Folgenden finden Sie eine sehr kurze Zusammenfassung der fortschreitenden Bewegungsentwicklung, wie sie sie beschreibt.

Das Kind wird geboren – es liegt auf dem Rücken

Ein neugeborener Säugling liegt auf dem Rücken. Seine Arme und Beine sind abgewinkelt, die Fäuste geschlossen, Rumpf und Wirbelsäule sind in der Regel leicht zu einer Seite geneigt und der Kopf ist ein wenig seitwärts gedreht. So wie das Kind daliegt, ist der Körper ein wenig asymmetrisch, und die beiden Seiten sind häufig nicht gleichmäßig entwickelt. Die Bewegungen des Neugeborenen sind abrupt, ruckartig, zufällig und nicht zweckgerichtet.

Den Kopf drehen

Diese Bewegung verändert sich, wenn ein Säugling beginnt, einem interessanten Objekt mit den Augen zu folgen und er seinen Kopf in eine Richtung dreht, die er zuvor noch nicht geübt hatte. Die chaotischen, hastigen Bewegungen der Hände verändern sich ebenfalls, sobald er mit seinen Augen der Bewegung Aufmerksamkeit zu schenken beginnt. Der Säugling beobachtet seine Hände, ja wir könnten sogar sagen, dass er mit seinen Augen Besitz von ihnen ergreift. – Er entdeckt, dass die Hände, die er da vor sich hat, seine eigenen Hände sind. Unter ständiger Führung seiner Augen lernt er, seine Hände koordiniert und zielgerichtet zu bewegen.

Sich auf die Seite drehen

Wenn ein Säugling in der Lage ist, gut zu greifen, dann nimmt er sich nicht nur das, was ihm zufällig in die Hände fällt, sondern er streckt seine Arme in immer weiterem Radius nach dem aus, was ihn interessiert. Er kommt immer näher an die Seitenteile des Bettes heran und wird so allmählich auf eine Seite gezogen. Das Baby kann jedoch auch auf die Seite gelangen, indem es sein Becken dreht.

Zu Anfang ist es ein riesiges Unterfangen, auf der Seite zu liegen. Es fällt dem Kind schwer, sein Gleichgewicht zu halten. Wir können beobachten, dass es anfangs eine Anstrengung für den Säugling ist, in dieser Position liegen zu bleiben. Er ist ein wenig steif, wenn er sich selbst mit Hilfe seines Kopfes, seiner Schultern, Arme, Hände und Füße hält. Er oder sie kehrt des Öfteren zur Rückenlage zurück, um sich auszuruhen. Nachdem es viel geübt hat, kann das Kind jedoch irgendwann ohne Schwierigkeiten in der Seitenlage spielen. Im Vergleich zur Rückenlage hat es in dieser Position eine vollkommen neue und andere Sicht der Dinge – und das gilt auch für seine Hände. In den folgenden Wochen spielt es die meiste Zeit über in der Seitenlage.

Sich auf den Bauch drehen

Sobald der Säugling sich beim Liegen und Spielen auf der Seite sicher fühlt – so sicher, dass er nicht länger seine Aufmerksamkeit darauf richten muss, sein

Gleichgewicht zu halten –, könnte es sein, dass er genau deshalb das Gleichgewicht verliert, vornüber fällt und auf dem Bauch landet. Dass er auf den Bauch landet, kann jedoch auch passieren, wenn ihn der Schwung bei der seitlichen Drehung zu weit trägt und ihn auf den Magen dreht. Normalerweise wird dabei ein Arm unter dem Rumpf eingeklemmt, was natürlich unangenehm ist. In einer solchen Situation fängt der Säugling dann häufig zu weinen an. Wir wollen ihm helfen und drehen ihn auf den Rücken[10] – und finden ihn einige Minuten später wieder auf dem Bauch liegend vor. Wir können dem Säugling zwar zu Beginn helfen, aber wir drehen ihn nicht jedes Mal wieder herum – nicht einmal, wenn er Tränen vergießt. Wenn wir uns sicher sind, dass er nicht versehentlich auf dem Bauch gelandet ist, dann ist es besser, ihn selbst die Lösung für sein Problem finden zu lassen. Über kurz oder lang wird er sich selbst zu helfen wissen.

Sich strecken

Jetzt ist der Säugling in der Lage, seine Bewegungen zu steuern. So überraschend dies auch sein mag: Ein Säugling, der auf dem Bauch oder Rücken liegt und scheinbar unfähig ist, sich überhaupt in irgendeine Richtung zu bewegen, wird früher oder später in die Nähe des Gegenstandes oder des Laufstallgitters gelangen, das er zu erreichen versucht. Wenn er Kleidung trägt, werden Sie normalerweise nicht in der Lage sein herauszufinden, wie er das geschafft hat. Nur indem Sie die Körperbewegung des nackten Säuglings beobachten, können Sie sehen, was hier tatsächlich passiert. Das Kind krümmt sich, dehnt sich und vollführt minimale Bewegungen, ähnlich denen, die eine Raupe machen würde. Dieses langsame und schrittweise Dehnen und sich Ausstrecken ist eine der wichtigsten Phasen in der motorischen Bewegung des Säuglings. Sie geht über Monate. In dieser Zeit verschwindet die Asymmetrie des Rumpfes, mit der das Kind geboren wurde. Durch diese *natürlichen* Bewegungen wird die Wirbelsäule gerade; der Rumpf wird elastisch, flexibel und muskulös.

---

10 Beachten Sie, dass dem Säugling nicht geholfen wird, auf den Bauch zu kommen, sondern dass er vielmehr wieder auf den Rücken gedreht wird. Diese Vorgehensweise beruht auf dem Prinzip, dass Babys eigenständig und ohne die Hilfe von Erwachsenen lernen sollen. Dem Baby wird nicht geholfen, sich vorwärts zu bewegen, sondern es wird lediglich in seine Ausgangsposition zurückgelegt, damit es seinen eingeklemmten Arm befreien kann.

Ich kann gar nicht genug hervorheben, wie wichtig diese Entwicklungsphase ist. Ein Beweis dafür ist, dass die oben beschriebenen Bewegungen systematisch als spezielle physiotherapeutische Übungen mit Kindern durchgeführt werden, die an Wirbelsäulenverkrümmungen leiden. Wenn Säuglinge nicht gezwungen würden, andere Arten von Bewegungen zu vollführen (zum Beispiel sich aufzusetzen oder zu stehen), und Kindern genügend Zeit und Raum gegeben würde, sich zu bewegen, dann würden sie sich Tag für Tag über viele Monate hinweg dehnen und strecken, sich schütteln und sich vom Rücken auf den Bauch drehen und wieder zurück.

Sich herumrollen

Im Alter zwischen sechs und neun Monaten lernt der Säugling, wie man sich auf die andere Seite rollt, vom Rücken auf den Bauch und dann auch umgekehrt. – Er lernt, sich immer weiter in eine Richtung zu rollen und sich sicher und schnell von einem Ort zum anderen zu bewegen, um nach einem Objekt zu greifen, das sein Interesse geweckt hat. Bald wird er in der Lage sein, seine Rollbewegungen gut genug zu beherrschen, um sich direkt an den Ort zu bewegen, wo er hin möchte. Zu dieser Zeit verbringt der Säugling die meiste Zeit des Tages auf dem Bauch. Mit erstaunlicher Geschicklichkeit findet er eine Haltung, die ihm die vollkommene Bewegungsfreiheit von Kopf, Rücken, Armen und Beinen ermöglicht. Manchmal wird der Rumpf nur an einem Punkt unterstützt. Während er spielt, tritt er, streckt sich langsam und rollt herum – den ganzen Tag lang.

Auf dem Bauch und auf allen Vieren kriechen

Im Alter zwischen neun Monaten und einem Jahr beginnt der Säugling, auf dem Bauch zu kriechen. Zuerst gleitet er normalerweise rückwärts statt vorwärts. Dann gelingt es ihm immer besser, sich vorwärts zu bewegen. Einmal sind bei dieser Aktion die Arme wichtiger, ein anderes Mal sind es die Beine. Viele Kinder bewegen sich vorwärts, indem sie Schwimmbewegungen mit Armen und Beinen vollziehen, so als ob sie kraulen würden. Manchmal bewegen sie sich so schnell und geschickt, dass wir Erwachsenen nicht mit ihnen Schritt halten könnten, wenn wir versuchten, uns mit denselben Bewegungen vorwärts zu bewegen. Die

Kriechbewegungen auf dem Bauch sehen bei jedem Kind anders aus. Das Kind wählt weder zufällig eine bestimmte Form aus, noch hängt diese davon ab, wie lange es verschiedene Variationen einer bestimmten Bewegungsart ausprobiert, um irgendwohin zu gelangen. Sobald es durch die Übung stark genug wird, hebt es sich selbst in eine Hand-Knie-Position hoch. Später beginnt es, auf Händen und Knien zu kriechen, und noch später, irgendwann einmal auf allen Vieren zu gehen oder wie ein Bär auf den Fußballen. All das erfordert mehrere Monate, während derer das Kind zahllose Variationen derselben Bewegungen übt.

Kinder mit schwächeren Rumpfmuskeln bewegen sich über längere Zeit mit dem Bauch auf dem Boden vorwärts. Das stärkt den Rücken und die Rumpfmuskeln. Erst danach krabbeln sie auf allen Vieren, wobei der Rumpf vom Boden weg gehoben wird. Mit der Zeit sitzen und stehen auch diese Kinder eigenständig, ohne dass wir sie haben aufsetzen oder beim Stehen stützen müssen; es passiert einfach nur später als bei den anderen Kindern. Wenn wir genügend Geduld aufbringen, darauf zu warten, dass es passiert, und wir die Kinder nicht drängen, dann werden auch sie irgendwann sitzen und gerade stehen.

Es ist klar, dass ein Kind Platz braucht, um krabbeln zu können, und zwar mehr, als in einem Gitterbett oder einem kleinen Laufstall zur Verfügung steht. Kinder werden sich nur dann wie oben dargelegt entwickeln, wenn wir ihnen die Möglichkeit geben, die beschriebenen Bewegungen auszuprobieren, *wann sie es wollen*.

In die Vertikale hochkommen

Die ersten Versuche, aufzustehen, finden gewöhnlich im Alter von neun Monaten bis zu einem Jahr statt. Ein Kind wird sich *nie* aus der Rückenlage aufsetzen oder aus ihr aufstehen. Die Abfolge ist immer so, wie ich sie beschrieben habe. Zuerst dreht es sich auf den Bauch. Dann beginnt es, seine Knie einzuziehen usw. Normalerweise dauert die Entwicklung vom unabhängigen Sich-auf-den-Bauch-Drehen bis zu den Anfängen des Aufstehens fünf bis sechs Monate. Wenn man in einer sicheren Position beginnt (z. B. auf dem Bauch liegend), dann dreht es sich mit Hilfe eines Arms und des gehobenen Kopfes halb auf die Seite. Auf diese Weise gelangt es in eine halb sitzende Position. Später wird es sich vollständig aufsetzen. Oder es kommt auf seine Knie hoch, verwendet dann eine Fußsohle als Unterstützung und steht auf. Jede Bewegung in diesem Prozess muss jedoch wochen- oder sogar monatelang geübt werden, so wie es für alle anderen hier beschriebenen Abfolgen ebenfalls gilt.

Sitzen

Man könnte lange Artikel über das Sitzen schreiben, über die verschiedenen Arten, sich aufzusetzen, über das richtige und das falsche Sitzen. Doch was ist eigentlich der Unterschied zwischen „gutem" und „schlechtem" Sitzen?

Ein Kind, das gut sitzt, kann sich während des Sitzens bewegen. Es verlagert sein Gewicht auf die Sitzbeinknochen und sein Rumpf richtet sich nahezu vertikal auf dieser Basis auf. Wenn es stillsitzt, dann ist der Kreuzbeinbereich (unterer Rücken) aufrecht. Der Kopf befindet sich in einer Linie mit und in direkter Fortführung der Wirbelsäule. Das ist die einzige Sitzposition, die nicht ermüdet. Wir sind alle mit schlechten Sitzgewohnheiten vertraut. Der gesamte Rumpf fällt in sich zusammen, die Wirbelsäule ist gekrümmt, Bauch und Brust sind zusammengedrückt und folglich auch die inneren Organe, und das Atmen fällt schwer. Es ist typisch für uns, dass wir Angst haben, dass das Kind plötzlich vornüberfallen könnte. Statt sein Gewicht seinen Sitzbeinknochen anzuvertrauen – dem Teil des Beckens, der zum Sitzen gedacht ist –, sitzt es hinter ihnen auf dem Kreuzbein. Um zu verhindern, dass es nach hinten fällt, muss es seinen gesamten Oberkörper sehr weit nach vorne beugen.

Kinder probieren beim Sitzen verschiedene Variationsmöglichkeiten aus, genauso, wie sie es in den anderen Phasen der Bewegungsentwicklung getan haben. Und wenn sie eine Position gefunden haben, in der sie ihr Gleichgewicht gut halten können, und sie das Sitzen beherrschen, dann werden sie in der Sitzposition spielen – mit aufrechtem Rücken und ohne sich zu sehr anzustrengen oder zu ermüden.

Aufstehen

Normalerweise probiert das Kind das Stehen auf dieselbe Weise aus wie das Sitzen. Es kann passieren, dass Kinder zuerst aufstehen und erst später sitzen. In einer knienden Position oder auf den Knien schaukelnd greifen sie nach den Stäben ihres Laufstalls oder nach einem anderen stabilen Gegenstand und ziehen sich hoch. Zuerst ruhen sie kaum auf ihren Füßen, obwohl sie stehen.

Indem sie sich mit ihren Händen an irgendetwas festhalten, halten sie sich selbst in einer vertikalen Position. Um sich selbst zu stützen, lehnen sie sich manchmal mit ihrem Bauch irgendwo an und drücken ihren unteren Rücken nach vorn. In diesem Moment erleben viele Kinder, dass es ihnen unmöglich ist, wieder zurück auf den Boden zu kommen. Wenn sie müde werden, dann lassen sie entweder das los, woran sie sich festgehalten haben und fallen hin, oder sie halten noch stärker fest und fangen schließlich zu weinen an. Manchmal helfen wir ihnen dann, aber nicht immer. Das Kind kann und wird es alleine schaffen. Es kann dem Kind nichts Schlimmes passieren, wenn es hinfällt, selbst wenn es sich leicht den Kopf anstößt. Es gibt auch Kinder, die sich schon beim ersten Mal mit Leichtigkeit wieder hinsetzen können.

Wenn Kinder aufzustehen lernen, dann verteilen sie anfangs wenig Gewicht auf ihre Füße. Sie stehen häufig auf den Zehenspitzen und haben ihre Beine weit gespreizt. Wenn es eine Gelegenheit zum Krabbeln gibt, dann bleiben sie nicht lange in dieser Position. Sie krabbeln weg, stehen irgendwo anders wieder auf, krabbeln wieder zurück usw. Mit der Zeit stehen sie sicherer da; dann lassen sie einen größeren Teil ihres Gewichtes auf ihren Füßen ruhen und brauchen weniger Möbelstücke, um aufzustehen. Die Knie, die anfangs steif waren, beginnen elastischer zu werden. Dann richten sich die Kinder auf; ihr unterer Rücken ist nicht länger nach vorne geschoben. Sie verkrampfen ihre Hände nicht länger, wenn sie sich an etwas festhalten. Ihr Rumpf ist insgesamt beweglicher und geschmeidiger geworden.

Alleine stehen – ohne sich festzuhalten

Kinder üben das Stehen monatelang, bevor sie aufstehen können, ohne sich an irgendetwas festzuhalten. Während des Übens sehen sie wie Vierbeiner aus, die versuchen, auf ihren Hinterbeinen zu stehen. Zu Beginn sind sie sehr unsicher, sie fallen immer wieder auf ihre Hände, bevor es ihnen dann endlich – wenige Momente lang – gelingt, triumphierend auf beiden Beinen stehen zu bleiben, ohne sich irgendwo festzuhalten. Eine Weile später stehen sie mit einem Spielzeug in der Hand da und spielen im Stehen – und sie tun das immer häufiger, ohne es auch nur zu bemerken. Normalerweise dauert es vier bis sechs Monate, bis ein Kind aufzustehen lernt, bis es zu stehen lernt, ohne sich festzuhalten, und schließlich eigenständig geht. Kinder brauchen diese Zeit, um zu lernen, ihr

Körpergewicht auf die Füße zu verlagern, ohne sich zu stabilisieren. Nacheinander lernen sie, ohne Hilfsmittel aufzustehen und alleine zu gehen. In der ganzen Zeit dazwischen – sofern sie nicht versuchen zu stehen – spielen die Kinder, sie liegen auf dem Bauch, sitzen oder krabbeln.

Alleine herumlaufen

Im Allgemeinen beginnt ein Kind *in der ersten Hälfte seines zweiten Lebensjahres* frei herumzulaufen, wenn niemand in seine motorische Entwicklung eingegriffen hat. Es geht jedoch dabei noch sehr darum auszuprobieren. Erst später wird das Kind das Gehen anstelle des Krabbelns einsetzen, um sich von einem Ort zum anderen zu bewegen. Ein Kind, das bereits gut laufen kann, wird über lange Zeit hauptsächlich in der Hocke, im Knien oder Krabbeln spielen. Auch viele Jahre später mögen es Kinder immer noch, beim Spielen zu knien oder sich hinzuhocken, wenn wir es ihnen nicht verbieten.

In der ersten Phase des frei Herumlaufens bewegen sich Kinder normalerweise mit weit auseinander gespreizten Beinen und einwärts gedrehten Füßen. Sie sind unsicher – wie ein Seemann auf einem schwankenden Boot – und halten ihre Arme wie ein Seiltänzer. Sie halten das Gleichgewicht mit den Händen und versuchen, den Boden mit ihren Füßen fest zu umklammern, indem sie kleine Schritte machen und häufig ihre Knie stark anheben. Das dauert nur ein paar Tage. Bald ist die notwendige Sicherheit gewonnen. Es scheint, als ob das Kind mit größerer Leichtigkeit läuft, auch wenn seine Beine noch über Monate, wenn nicht Jahre hinweg gespreizt und die Füße nach innen gedreht bleiben. Wenn Füße, Knie und Hüften schwach und schlecht gebaut sind, dann wird das Kind noch länger auf diese Weise laufen.

Auch das wird sich selbst korrigieren, wenn wir die Geduld aufbringen zu warten. Wir greifen nicht in die Art und Weise ein, wie sich das Kind bewegt, sondern geben ihm jederzeit die Möglichkeit, sich zu bewegen und zu spielen, wie immer es möchte! Wir tun nichts, um seine Beine oder seinen Gang zu korrigieren. Wir lassen es mit weit gespreizten Beinen laufen, solange es sich unsicher fühlt, und mit einwärts gedrehten Füßen, solange seine Fußsohlen noch schwach sind. Wir erlauben einem Kind, sich herumzurollen und zu krabbeln, selbst dann, wenn es schon laufen kann. Wir verlangen nicht von ihm, über große Strecken zu laufen.

Noch viele Jahre lang wird ein Kind, dessen Beine schwach sind, leicht ermüden und seine Füße beim Gehen seltsam positionieren. Wenn wir es jedoch nicht überanstrengen oder zu große Forderungen an es stellen, dann werden seine Beine stärker werden, und ohne dass jemand Korrekturen vornimmt oder eingreift, werden seine Füße ihre Position so anpassen, dass sie stärker nach vorne ausgerichtet sind. Die Beine kommen näher zusammen, das Gehen wird schön und sicher und das Kind hat insgesamt mehr Ausdauer.

Fragen zu Text Nr. 7

1. Emmi Pikler hat fast ihr gesamtes Leben damit verbracht, die Bewegungsentwicklung von Säuglingen und Kleinkindern zu studieren. Sie vertraut ganz eindeutig darauf, dass sich Kinder eigenständig und ohne Hilfe von Erwachsenen (sie hat den Ausdruck „Eingreifen" verwendet) entwickeln. Vielleicht reagieren Sie darauf, wenn Sie etwas über Säuglinge lesen, die ihrer Entwicklung überlassen werden, ohne dass man sie je in eine Position bringt, in die sie selbst nicht gelangen können. Was denken und fühlen Sie, nachdem Sie diesen Artikel gelesen haben?

2. Was in diesem Artikel nicht zu finden ist, ist das, was während der Pflegezeiten passiert. Wenn jemand die Kinder einfach nur ihrer eigenen Entwicklung überließe, ohne jede Beziehung, dann würde das Bild ganz anders aussehen. Bewegungsentwicklung erfolgt im Pikler-Institut nur deshalb, weil die Babys eine enge und vertrauensvolle Beziehung zu einer oder mehreren Betreuungspersonen haben. Sie werden nicht einfach nur die ganze Zeit sich selbst überlassen. Sie haben einen Erwachsenen, auf den sie sich verlassen können, und entwickeln darüber hinaus Beziehungen zu Gleichaltrigen. Den Pikler-Ansatz zu verwenden, bedeutet jedoch, dass Säuglinge sich eigenständig zu bewegen lernen, ohne das Eingreifen von Erwachsenen, so dass die Interaktionen zwischen Säuglingen und Erwachsenen hauptsächlich während der Pflegezeiten stattfinden. Was denken und fühlen Sie in Bezug auf Erwachsene, die die Pflegezeiten als Hauptfokus ihrer Interaktionen mit den Säuglingen nutzen, anstatt vor allem während des Tages mit den Säuglingen zu interagieren?

Kapitel 8

Kognition

In Kapitel 8 des Hauptbuches finden Sie einen Abschnitt über Fiktionsspiele („so-tun-als-ob"). Wenn Kinder auf diese Weise spielen, sind sie in der Lage, mentale Repräsentationen zu schaffen und Symbole zu verwenden, indem sie ein Ding für ein anderes stehen lassen. Karen Miller erklärt in ihrem Artikel, wie Säuglinge Symbole verwenden, lange bevor sie die Phase des Fiktionsspiels erreicht haben. Dies hat nicht nur Bedeutung für die geistige Entwicklung des Kindes, sondern ist darüber hinaus ein Anzeichen dafür, dass es bereits mit einigen der Lernprozesse beschäftigt ist, die in den frühen Phasen der Lese- und Schreibkompetenz bewältigt werden.

Text Nr. 8
Wie Säuglinge und Kleinkinder Symbole verwenden[11]

von Karen Miller

Karen Miller ist die Autorin von (unter anderem) Simple Steps: Developmental Activities for Infants, Toddlers and Twos sowie der überarbeiteten Fassung von Things to Do with Toddlers and Twos.

Es gibt einen Aspekt in der kognitiven Entwicklung, dem wir bei Säuglingen und Kleinkindern normalerweise keine allzu große Beachtung schenken, näm-

---

11 Neuabdruck mit Genehmigung von Child Care Information Exchange, PO Box 3249, Redmond, WA 98073, (800) 221-2864. www.ChildCareExchange.com.

lich der Verwendung von Symbolen. Das Lexikon, das ich auf meinem Schreibtisch stehen habe (*TIME: Webster's New Deal Dictionary*, 1978), definiert den Begriff *Symbol* folgendermaßen:

1. Etwas, das für etwas anderes steht; insbesondere etwas Konkretes, das ein anderes Ding repräsentiert oder auf ein solches hindeutet, das nicht aus sich selbst heraus repräsentiert oder sichtbar gemacht werden kann.
2. Ein Buchstabe, Schriftzeichen oder anderes Zeichen, das anstelle eines Wortes oder einer Gruppe von Wörtern verwendet wird (um eine Menge, Position, Beziehung, Richtung oder etwas, das getan werden soll, zu repräsentieren). Unsere technologische Gesellschaft baut auf Symbolen auf. Disziplinen wie das Lesen und Schreiben, die Mathematik, das Finanzwesen und die Naturwissenschaften erfordern ausnahmslos, dass ein Individuum mit der Verwendung von Symbolen vertraut ist.

In gewisser Hinsicht machen Erzieher häufig den Fehler, dass sie Kinder zu früh zur Verwendung von Symbolen bringen wollen, nämlich bevor diese für abstrakte Konzepte bereit sind. Wir erleben das zum Beispiel, wenn wohlmeinende Eltern viel Zeit darauf verwenden, Kindern Vokabelkarten mit Begriffen zu zeigen, oder wenn Lehrer Kindern das Alphabet einpauken. Auf der anderen Seite sind Symbole jedoch im natürlichen Spiel von Kindern nahezu von Anfang an präsent. Wenn wir verstehen, wie sie Symbole verwenden, dann können wir ihnen gute Möglichkeiten an die Hand geben, diese *Fähigkeit auszubauen*.

Aktionssymbole

Ein Neugeborenes kommt natürlich nicht mit dem Wissen um die Verwendung von Symbolen auf die Welt. Dieser neue Mensch lernt jedoch von einem sehr frühen Zeitpunkt an, wie man Symbole in seiner Umgebung *liest*. Eine bevorstehende Aktion kann durch ein Symbol repräsentiert werden. So ist zum Beispiel eine Sirene ein Symbol, das uns sagt, dass wir bald ein vorbeirasendes Fahrzeug sehen werden und wir aus dem Weg gehen sollten.

Selbst ganz kleine Säuglinge erlernen schnell Symbole dafür, dass etwas gleich passieren wird. Hier ist eines, das leicht zu erkennen ist: Sie strecken die Arme nach Ihrem Kind aus, um es hochzuheben, und das Baby macht seinen

Nacken steif und bewegt sich ein wenig auf Sie zu. Oder es greift sogar mit seinen Ärmchen nach Ihnen, um zu zeigen, dass es das Symbol Ihrer Geste *gelesen* hat. Es gibt noch andere Symbole für tägliche Routineaktionen, die Ihnen möglicherweise einfallen: Einen Mantel anziehen ist gleichbedeutend mit nach draußen gehen; der Geruch von Essen, das gefüttert wird und den Hunger stillt; das Telefon, das zu Hause klingelt und so eine Interaktion mit dem Kind unterbricht.

Was wir tun können:

- Nähern Sie sich dem Kind immer von vorne und verwenden Sie dieselbe Geste des Arme Ausstreckens, wenn Sie dabei sind, das Kind hochzuheben. Verwenden Sie darüber hinaus die Wortsymbole, die zu dieser Geste passen. „Hoch …" oder: „Ich werde dich jetzt hochheben."
- Erschaffen Sie andere gleich bleibende Symbole. Spielen Sie ein bestimmtes beruhigendes Musikstück oder ein Gutenachtlied, wenn Sie das Kind schlafen legen; klopfen Sie auf die Schüssel, wenn Sie das Kind füttern, oder bringen Sie es immer zu demselben Stuhl, wenn Sie vorhaben, ihm die Flasche zu geben.
- Spielen Sie Kleinkindern eine bestimmte Musik vor, wenn Sie sie sauber machen, läuten Sie eine kleine Glocke, wenn die Zeit für eine Zwischenmahlzeit gekommen ist, oder holen Sie eine bestimmte Marionette hervor, wenn es Zeit für eine Geschichte ist.

Was fällt Ihnen sonst noch ein? All diese Symbole helfen dem Kind, seine Umgebung zu lesen und zu wissen, was als Nächstes geschehen wird. Das hilft einem Kind, sich sicher zu fühlen und die Situation zu beherrschen.

Objektsymbole

Bevor wir auch nur über Symbole sprechen, sollten Sie das Kind zunächst einmal viele Erfahrungen damit machen lassen, mit sicheren Objekten jeglicher Art zu spielen. Das Kind muss mit Objekten in allen möglichen Formen und aus allen möglichen Materialien umgehen und sie in den Mund nehmen, einfach, um *ein Gefühl* für die materielle Welt *zu bekommen*. Indem es das tut, lernt das Kind etwas über die Eigenschaften der Formen, Materialien und Strukturen.

Das hilft dem Kind dabei, ein konsistentes geistiges Bild zu entwickeln. Das Phänomen des *Objekthungers* beherrscht das kindliche Spiel vom Alter von etwa sechs Monaten an bis zum Alter von anderthalb Jahren. Das ist die berühmte Phase des *Sich-in-alles-Hineinstürzens*. Die Kinder sind von dem obsessiven Bestreben beherrscht, jedes Objekt in Sichtweite zu berühren und sich mit ihm vertraut zu machen, … und es muss sich nicht unbedingt in unmittelbarer Reichweite befinden!

Ein anderes kognitives Phänomen, welches für diese Zeit charakteristisch ist und das in enger Verbindung zu der Fähigkeit steht, Objekte als Symbole zu sehen, ist die *Objektpermanenz*. Das Kind lernt, ein mentales Bild eines Objektes zu erzeugen und aufrechtzuerhalten, das sich außerhalb seiner Sichtweite befindet, während es nach ihm sucht. Objekte, insbesondere Spielsachen, können Symbole sein, die für etwas anderes stehen. Wenn ein Kind gelernt hat, das Bild eines Objektes in seinem Geist zu bewahren, dann wird es auch besser in der Lage sein, nach einem Spielzeug zu suchen und das größere, reale Dinge zu sehen, für das das Spielzeugobjekt steht.

Zum ersten Mal bin ich mir der Fähigkeit eines Kleinkindes, Spielsachen als Symbole zu sehen, bewusst geworden, als ich ein zwanzig Monate altes Kind dabei beobachtet habe, wie es sich auf einem etwa zehn Zentimeter großen Spielzeugbett niederlegte. Es ist zwar wahr, dass ein Kleinkind nicht wirklich weiß, wie groß sein Körper ist, aber ich glaube nicht, dass dieses Kind dermaßen verwirrt war. Was es eigentlich durch sein Handeln sagen wollte, war: „Ich weiß, wofür dieses kleine Stück Holz steht." Andere Beispiele für dasselbe Phänomen sind Spielzeugtelefone, Spielzeug-Lenkräder, Puppen und verschiedene Accessoires für Puppen. Wir erleben häufig, dass Kinder unter einem Jahr solche Objekte aufnehmen und zeigen, dass sie wissen, wofür das Ding, das es repräsentiert, verwendet wird.

Das sind die ersten Anfänge des dramatischen Spiels, bei dem Objekte als Symbole verwendet werden. Später wird das Kind beginnen, eine Rolle anzunehmen und mit anderen innerhalb dieser Rolle zu interagieren. Doch für den Moment zeigt der simple Gebrauch eines Spielzeugs auf angemessene Weise, dass das Kind begreift, was es symbolisiert.

Was wir tun können:

- Geben Sie Säuglingen genügend freie Zeit auf dem Boden und viele unterschiedliche sichere und interessante Objekte zum Untersuchen.
- Finden Sie Spielsachen, die für Dinge in der Welt des Kindes stehen, und stellen Sie sie ihm zur Verfügung.
- Spielen Sie das Spiel mit. Wenn Ihnen ein Kind das Spielzeugtelefon gibt, dann sprechen Sie zum Beispiel hinein.

Bildsymbole

Ein Bildsymbol ist ein Symbol eines dreidimensionalen Objektes. Wir wissen, dass einer der ersten Schritte beim Lesenlernen darin besteht, die Illustrationen in einem Bilderbuch zu lesen. Das Kind muss sehen, dass die Anordnungen von Linien und Formen auf der Seite etwas Reales symbolisieren. Eine Voraussetzung, die Menschen – sogar diejenigen, die Bücher für diese Altersgruppe schreiben und illustrieren – manchmal vergessen, ist, dass das Kind mit dem Objekt vertraut sein muss, bevor das Bild irgendeine Bedeutung für es haben kann. Wenn ein Kind noch nie einen Elefanten gesehen hat, dann wird die kleine Gestalt auf der Seite dem Kind kein genaues Bild des Dings vermitteln.

Was wir tun können:

- Finden Sie Bilder von Dingen in der Umgebung des Kindes. Sprechen Sie über sie, während Sie sie dem Kind zeigen. Vergleichen Sie sie mit dem Objekt, das sich in der Nähe befindet.
- Kleben Sie Bilder von Objekten in der Umgebung auf einzelne Karten. Geben Sie dem Kind die Karte. Schauen Sie, ob das Kind die Karte zu dem Objekt bringen kann, für das sie steht.
- Stellen Sie Erfahrungsbücher mit Fotografien zusammen. Machen Sie Aufnahmen, wenn die Kinder mit etwas beschäftigt sind, an das zu erinnern sich lohnt, zum Beispiel mit Seifenblasen zu spielen oder spazieren zu gehen. Kleben Sie diese Bilder in ein kleines Buch oder auf ein Stück Karton. Dann schauen Sie sich die Fotos zusammen an und sprechen Sie darüber. Die Kinder werden lernen, die Bilder mit realen Dingen und Ereignissen zu verbinden.

- Kreieren Sie ein Poster, das der visuellen Unterscheidung dient. Kleben Sie Bilder von vielen der Spielsachen, die Sie im Raum haben, auf ein Stück Karton. (Abgelaufene Lieferantenkataloge sind eine gute Quelle für die Bilder.) Dann bringen Sie das Spielzeug zu dem Poster herüber und fragen das Kind: „Wo ist das Bild von diesem Spielzeug? Kannst du es finden?"

Bücher

Bücher sind natürlich ein umfangreiches System von Bild- und Wortsymbolen, die für Objekte, Aktionen und Erfahrungen stehen. Wenn Sie Bücher für Ihr Programm aussuchen, dann achten Sie genau auf die Qualität der Abbildungen und deren Relevanz für das Leben des Kindes. Wenn Sie sehr kleinen Kindern etwas vorlesen, dann helfen Sie ihnen in erster Linie dabei, Bilder zu identifizieren. Sie folgen Ihrer Führung und erlauben ihnen, auf die Bilder zu zeigen und sie zu benennen. Den Kindern macht es auch großen Spaß, ein Objekt zu finden, das Sie ihnen auf der Seite, die sich vor ihnen befindet, genannt haben.

Was wir tun können:

- Sammeln Sie einige der Objekte, die in dem Buch, mit dem Sie arbeiten wollen, dargestellt sind. Lassen Sie das Kind zunächst die Bilder ansehen und es dann mit den realen Objekten spielen. Nachdem Sie dem Kind zum Beispiel aus Pots and Pans von Patricia Hubbell (Harper Growing Tree) vorgelesen haben, geben Sie ihm Holzlöffel, mit denen es dann auf einen richtigen Topf schlagen kann.
- Machen Sie mit den Kindern einige der Dinge, die in einem Buch dargestellt werden. Wenn es zum Beispiel in einem Buch um das Kochen geht, dann kochen Sie mit den Kindern.

Sprachentwicklung und Symbole

Worte sind natürlich Symbole. Je mehr Worte ein Kind erwirbt, umso geschickter wird es in der Verwendung von Symbolen. Worte stellen „Griffe" oder „Anker" für Gedanken zur Verfügung. Folglich fördert alles, was Sie tun, um die Sprachentwicklung zu fördern, auch die kognitive Entwicklung. Sprechen Sie mit den Kindern. Lesen Sie ihnen etwas vor. Beschreiben Sie das, was die Kinder sehen und tun. Hören Sie ihnen zu und bringen Sie Geduld für ihre Bemühungen beim Sprechen auf. Lassen Sie sie wissen, dass ihre Sprache Macht besitzt.

Warum sollten wir über Altersgruppen und Phasen der Verwendung von Symbolen nachdenken?

Im Hinblick auf das Erlernen der Verwendung von Symbolen verbringen viele Kinder ihre ersten drei Lebensjahre in einer verarmten Umgebung. In der modernen Zeit trägt die Hauptverantwortung dafür – und das ist beileibe nichts Neues – das Fernsehen. Man könnte zu Recht sagen, dass das Fernsehen im Grunde genommen aus nichts anderem als Symbolen besteht. Es ist jedoch die falsche Art von Symbolen zur falschen Zeit. Sie sind zu schnell und zu abstrakt. Statt eine Verbindung zum realen Leben aufzuzeigen, haben sie häufig nur eine hypnotisierende Wirkung auf das Kind, das auf bewegende Muster starrt. Sorgen Sie dafür, dass die Kinder in Ihrem Programm nicht unter Langeweile leiden, dass sie nicht auf Schaukeln o. ä. gefangen sind oder willkürlich spielen, ohne dass die Erwachsenen wesentliche Inputs geben.

Mit ein wenig mehr Aufmerksamkeit und Bewusstheit könnte dieser Aspekt Ihres Programms entscheidend verbessert werden. Freuen Sie sich, wenn Sie sehen, wie Kinder ein subtiles Symbol interpretieren. Erzählen Sie den Eltern davon. Erfinden Sie neue Symbole und bauen Sie auf dem auf was Sie ohnehin schon tun.

Fragen zu Text Nr. 8

1. Beschreibt Karen Miller das Curriculum und die Lektionen so, wie Lally sie sieht? Oder wie Sie sie sehen? Erläutern Sie.
2. Können Sie einige „Mini-Lektionen" in Millers Artikel ausmachen? Wenn ja, dann beschreiben Sie sie.
3. Können Sie sich ein „Aktionssymbol" vorstellen, das sich von den Beispielen unterscheidet, die Miller gibt? Schreiben Sie es unten auf.
4. Einige Kleinkinder mögen informelle und spontane „Matching"-Spiele, also Spiele, bei denen zwei Dinge zueinander passen sollen. Können Sie in Millers Artikel Beispiele für solche so genannten „Matching"-Spiele finden? Welche Intention verfolgt sie Ihrer Meinung nach, wenn sie einem Kind hilft herauszufinden, was zu einem anderen Ding passt?

Kapitel 9

Sprache

Die frühe Lese- und Schreibkompetenz ist ein Teil von Kapitel 9. In diesem Kapitel geht es jedoch mehr um Sprache als um die Fähigkeiten des Lesens und Schreibens, denn die Botschaft des Kapitels lautet, dass die sprachliche Entwicklung die Grundlage für diese Fähigkeiten bildet. Es gibt keine Lese- und Schreibkompetenz ohne Sprache, wie Ruth Anne Hammond herausstellt. Anschließend geht sie auf die Kernpunkte der Philosophie ein, auf denen der untenstehende Text basiert, etwa, dass das Kind in Pflege- und Betreuungsroutinen einbezogen werden sollte, dass ein langsames Tempo beibehalten werden sollte und dass man dem Kind Bewegungsfreiheit erlauben sollte. Beobachten Sie, wie weit sie über das einfache Sprechen mit Kindern hinausgeht, wenn sie Sprache als Grundlage für die Lese- und Schreibkompetenz behandelt.

Text Nr. 9
Auf die Lese- und Schreibkompetenz vorbereiten:
Die Kommunikation steht an erster Stelle

von Ruth Anne Hammond

Ruth Anne Hammond ist die Leiterin des Pacific Oaks Infant/Toddler-Parent-Center in Pasadena im Bundesstaat Kalifornien. Im Jahre 2005 wurde sie zur Präsidentin des Verwaltungsrats des RIE gewählt.

Es ist nicht unüblich, dass man frischgebackene Eltern über ihre 20-Monate alte Tochter stolz erklären hört: „Sie kann sogar schon das ABC." Es stimmt, dass

Eltern das Recht haben, stolz zu sein … aber nicht aus dem Grund, aus dem sie meinen. Im Allgemeinen demonstrieren Kleinkinder, die das ABC „beherrschen", einfach nur, dass man ihnen das ABC so oft vorgebetet hat, dass sie sich eine lange Reihe von – zumindest erscheint ihnen das so – keinerlei Sinn ergebenden Silben eingeprägt haben. Häufig kann man Kinder, die weit über das Kleinkindstadium hinaus sind, fragen hören: „Was ist ein *El-em-en-o*?" Das beweist, dass ein Kind, nur weil es die Laute des Alphabets wiederholen kann, noch lange nicht versteht, dass diese Laute für Buchstaben stehen, die ihrerseits für die Laute in Wörtern stehen. Für die meisten Kinder kommt dieses Verständnis mit Ende des zweiten oder sogar dritten Lebensjahres.

Wozu man die Eltern im obigen Beispiel jedoch beglückwünschen sollte, ist, dass sie viel Zeit mit dem Kind verbracht und möglicherweise mit ihm zusammen gesungen haben. Die interaktive Wiederholung von einfachen Liedern und Kinderreimen in der frühen Kindheit ist ein wichtiges Mittel, um kleinen Kindern beim Erkennen neuer Wörter zu helfen und die getrennten Laute innerhalb eines Wortes zu identifizieren. Nur um ein Beispiel zu nennen: „The Eeensy Weensy Spider" ist genauso nützlich zum Erwerb grundlegender Lese- und Schreibkompetenzen wie „Das Lied vom Alphabet".

Es gibt noch eine Reihe von anderen Möglichkeiten, um Kindern bei der Schaffung einer guten Grundlage für die Lese- und Schreibkompetenz zu helfen (und das sind dieselben Methoden, die wir im *Pacific Oaks Infant/Toddler Parent Center* Eltern empfehlen). Wir sprechen mit den Kindern über das, was sie beschäftigt, und hören geduldig ihren Antworten zu. Die mündliche Sprache ist der erste Schritt auf dem Weg zur symbolischen Repräsentation; ein gesprochenes (oder mit Zeichensprache verdeutlichtes) Wort ist ein Symbol für ein Objekt, eine Eigenschaft oder eine Handlung.

Folglich ist ein geschriebenes Wort ein Symbol eines Symbols. Was einer solch komplexen Abstraktion vorausgeht, ist sinnvolle und bedeutsame Kommunikation. Von liebevollen Menschen umgeben zu sein, die deutlich sprechen und respektvoll zuhören, hilft kleinen Kindern, ihren Wunsch nach Kommunikation zu entwickeln.

Genügend Geduld dafür aufzubringen, dass die Reaktionszeit eines Kleinkindes langsamer ist als die eines Erwachsenen, ist überaus wichtig. Der Schlüssel für eine effektive Kommunikation mit Babys und Kleinkindern besteht darin, *sein Tempo zu verlangsamen* und sie an allen Pflegeroutinen wie an dem

Wickeln oder Füttern zu beteiligen. Die Botschaften, die während 5000-maligem Windelwechseln oder 3000 Fütterungszeiten ausgetauscht werden, läppern sich definitiv zusammen! Wir schenken dem Aufmerksamkeit, was die Kinder interessiert, und sprechen mit ihnen über diese Dinge.

Die besten Lernerfahrungen sind diejenigen, die mit einem positiven emotionalen Umfeld in Verbindung gebracht werden. Für ein Kleinkind lässt sich „positives emotionales Umfeld" mit Spaß übersetzen. Kinder in ihren Interessen zu begegnen, ist daher der Schlüssel dafür, ein sinnvolles Vokabular aufzubauen. Wodurch wird dieses positive emotionale Umfeld wohl im *Pacific Oaks Infant/Toddler Program* geschaffen? Sie haben richtig geraten! Wasser und Sand, Klettern und Müllfahrzeuge und Babypuppen und abladen, wegwerfen oder auffüllen. Verstehen Sie, was ich meine? Es gibt viele Wahlmöglichkeiten, viele sensorische Erfahrungen, viel Wahlfreiheit.

Wir geben Kleinkindern außerdem die Freiheit, sich aus eigenem Antrieb zu bewegen. Die grobmotorische Entwicklung spielt eine wichtige Rolle für die Entwicklung des Gehirns. Einem Kind, das zu viel Zeit damit verbringt, mit Gurten an einen Kindersitz, Autositz, einem Laufgestell oder anderen es einschränkenden Apparaten festgeschnallt zu sein, wird die Möglichkeit genommen, zweiseitige Verbindungen im Gehirn zu entwickeln, was wiederum andere Arten des Lernens beeinträchtigen könnte. Und trotz der Tatsache, dass Eltern oft der Meinung sind, dass Babys in aufrechter Haltung hinzusetzen (wie in einem Laufgestell oder einem Babysitz) die visuelle Anregung, die diese erhalten, erhöhe, hat diese Maßnahme bei Babys de facto den gegenteiligen Effekt zur Folge. Forschungen aus jüngerer Zeit zeigen, dass Kleinkinder, die viel Zeit im Laufgestell verbringen, bei Intelligenztests in der späteren Kindheit schlechter abschneiden als andere. Ein Baby braucht den Zugang zu seiner gesamten Bandbreite an Haltungen und Übergangsbewegungen, wenn sich sein Gehirn optimal entwickeln soll. An diesem Punkt ist es wichtig, darauf hinzuweisen, dass Kinder, die aufgrund besonderer Bedürfnisse eingeschränkte Bewegungsmöglichkeiten haben, das Lesen gewiss ebenfalls gut erlernen können. Worum es jedoch geht, ist, dass alle Kinder von der Freiheit profitieren können, sich im Rahmen ihrer eigenen Fähigkeiten zu bewegen.

Wir bieten den Kindern darüber hinaus die Möglichkeit, sich Bücher anzusehen, die eine Bedeutung für ihr Leben haben. Wenn wir die Spielbereiche einrichten, dann stellen wir ein Spielzeug wie einen grünen Traktor heraus und platzieren ihn neben einem Buch über Traktoren. Das gibt jedem Kind eine Chance, auf die nächste Abstraktionsebene des symbolischen Denkens zu gelangen (realer Traktor, Spielzeugtraktor, Bild eines Traktors und später der Begriff „Traktor"), ebenso wie mit dem Erwachsenen zu kommunizieren (verbal und nonverbal), der gerade da ist, um zusammen mit dem Kind etwas zu lesen.

Wir streben nicht so sehr an, dass Kinder spezifische gedruckte Wörter erkennen sollen (auch wenn viele Kleinkinder zu lesen scheinen, wenn sie das nachplappern, was man ihnen wiederholte Male vorgelesen hat), sondern dass sie sich daran gewöhnen, Bücher mit warmherzigen, engen Interaktionen mit Erwachsenen zu assoziieren und dass sie ihre Wissensgrundlage über die Welt erweitern. Uns geht es viel weniger darum, dass Kinder ein Buch zu Ende lesen, als um die Unterhaltung, die durch das Buch angeregt wird. Es ist ein reines Vergnügen, auf diese Weise mit einem Kind zusammen zu lesen – selbst wenn es zum fünfundzwanzigsten Mal passiert! Wiederholung ist in diesem Alter *sehr* wichtig!

Die Entdeckerfreude zu unterstützen, ist unser Hauptziel, denn die wichtigste Grundlage für jede Art von akademischem Erfolg ist die Liebe zum Lernen. Ein Kleinkind, das damit beschäftigt ist, die Welt neu zu entdecken und sich selbst zu erfinden, ist auf dem Weg zu einer lebenslangen Ausweitung der eigenen Möglichkeiten. Und dazu wird schließlich zweifelsohne auch eine umfangreiche Leseaktivität gehören, sowohl, um etwas zu lernen, als auch zum reinen Vergnügen.

Fragen zu Text Nr. 9

1. Was ist nach Meinung der Autorin dieses Artikels gut daran, wenn ein Kleinkind das ABC kennt? Stimmen Sie den Aussagen dieses Artikels zu?

2. Woran erinnern Sie sich im Zusammenhang mit dem Lesenlernen? Was glauben Sie, ist Ihnen in Ihren ersten Lebensjahren passiert, das die Grundlage für Ihr Lesenlernen geschaffen hat? Steht Ihre Erfahrung in irgendeiner Beziehung zu diesem Text?

3. Was bedeutet die Aussage, dass Lernerfahrungen für Babys und Kleinkinder in einem positiven emotionalen Umfeld stattfinden sollten? Fallen Ihnen Lernerfahrungen aus Ihrem eigenen Leben ein, die in einem solchen Umfeld stattgefunden haben?

Kapitel 10

Emotionen

In Kapitel 10 über Emotionen wird über den starken Sog gesprochen, den die Emotionen von Säuglingen auf die Gefühle Erwachsener haben können. In diesem Artikel geht es darum, einem Baby zu helfen, sich an die Betreuung in einem Zentrum zu gewöhnen. Darüber hinaus wird besprochen, wie die Autorin Enid Elliot alles über Bord werfen musste, was sie aus jahrelanger Erfahrung bereits wusste, um sich ausschließlich auf dieses Baby in dieser Situation zu konzentrieren. In diesem Artikel beschreibt sie, was sie gelernt hat. Vielleicht erinnern Sie sich daran, dass in Kapitel 5 des Hauptbuches das Thema Bindung untersucht wurde – diese Untersuchung schloss auch die Trennungsproblematik ein, die das Thema dieses Artikels ist.

Text Nr. 10
Einem Baby helfen,
sich an die Betreuung in einem Zentrum zu gewöhnen[12]

Enic Elliot

Dr. phil. Enid Elliot ist Lehrkraft für Früherziehung am Pacific Rim Early Childhood Institute in Victoria im kanadischen Bundesstaat British Columbia. Außerdem ist sie wissenschaftliche Mitarbeiterin an der School of Child and Youth Care der Universität von Victoria, Kanada. Sie hat bei der Einrichtung und Durchführung eines Säuglingsprogramms geholfen, das in ein Schulprogramm für junge Frauen eingegliedert war.

Ab und zu überfällt mich ein falsches Gefühl von Sicherheit. Das Leben im Baby- und Kleinkinder-Betreuungsprogramm fließt ruhig vor sich hin, und sämtliche Probleme, die auftauchen, lassen sich leicht lösen. Ich fange sogar schon an, Babys und Mütter in Kategorien einzuteilen: Jede neue Familie erinnert mich an eine frühere Familie. Ich fange an, mich wie eine Expertin zu fühlen. Dann kommt ein Baby, das sich keiner Kategorie zuordnen lässt.

Vor einigen Jahren hatten wir ein solches Baby in einer Tagespflegeeinrichtung, die von mir geleitet wurde. Unsere normalen professionellen Tricks zeigten keinerlei Wirkung. Erst als wir unsere Annahmen darüber, wie die Betreuung drei Monate alter Säuglinge auszusehen habe, in Frage stellten, gelangten wir schließlich zu einer erfolgreichen Lösung. Dazu waren Beobachtung, Überlegung und Engagement für das Baby und seine Mutter erforderlich.

Seitdem habe ich häufig über Serena und ihre Mutter Krista nachgedacht. Serena schien den Texten über kindliche Entwicklung, mit denen ich mich beschäftigt hatte, zu widersprechen. Theoretiker sagen uns, dass Babys frühestens mit sechs Monaten Angst vor Fremden entwickeln. Wie Barton und Williams schreiben: „Die Daten aus den wenigen Studien, die sich mit dem Registrierungsalter beschäftigen, scheinen darauf hinzuweisen, dass Säuglinge, die in den ersten sechs Monaten in eine Betreuungseinrichtung kommen, weniger anfällig für Störungen in der Bindungsbeziehung sind als Säuglinge, die in der zweiten Hälfte ihres ersten Lebensjahres in solche Einrichtungen kommen" (1993, S. 452).

In meiner Arbeit bin ich mir der Nützlichkeit von Theorien ebenso bewusst wie ihrer Beschränkungen. Serenas Geschichte hat mich wieder einmal daran erinnert, vorsichtig damit zu sein, zu viele Vermutungen über Babys anzustellen. Theorien treffen auf die meisten Kinder zu, aber es ist auch wichtig, sich daran zu erinnern, dass jedes Kind ein Individuum ist.

Ein alternatives Programm für junge Mütter und Babys

Options Daycare ist Bestandteil des alternativen Programms für Mädchen (GAP) im staatlichen Schulsystem von Victoria im kanadischen Bundesstaat British Columbia. GAP ist für schwangere Teenager und jüngere Mütter gedacht, die eine Alternative zum regulären Schulsystem brauchen. Die Schule und die Kinderbetreuerinnen arbeiten als Team zusammen, um jungen Müttern zu helfen, ein Gleichgewicht zwischen ihrer akademischen Verantwortung und ihren elterlichen Pflichten zu finden. GAP bietet den jungen Müttern ein auf ihre individuellen Bedürfnisse zugeschnittenes Unterrichtsprogramm, so dass eine Schülerin nicht benachteiligt wird, wenn ihr Baby krank ist und sie sich frei nehmen muss.

Options kümmert sich um zwölf Babys: Vier Betreuerinnen kümmern sich um die Babys, während ihre Supervisorin sie in vielfacher Weise unterstützt. Gewöhnlich sind sechs jüngere Säuglinge in der einen Gruppe untergebracht und sechs ältere von neun bis achtzehn Monaten und mehr in der anderen. Wir führen über jedes Baby einzeln Tagebuch und machen Fotos und Videos. Das Tagebuch wird dazu verwendet, um mit der Mutter über den Tagesverlauf ihres Babys zu kommunizieren. Es ist informell und gibt verständliche, positive Resonanz.

Unsere Erfahrung mit einem Baby – eine Fallstudie

Als ich mich an meine Erfahrungen mit Serena zu erinnern begann, standen mir als Arbeitsmaterial Einzelaufzeichnungen und ein Video von ihr zur Verfügung. Zusätzlich interviewte ich Serenas Mutter und ihre frühere Betreuerin, um mir ein umfassenderes Bild zu machen. Diese Fallstudie basiert auf Interviews und der Durchsicht der informellen schriftlichen Notizen und Videoaufzeichnungen, die einen Zeitraum von zehn Monaten von September bis Juni abdecken. Die Namen aller Beteiligten sind geändert worden.

Serenas Ankunft

Options befand sich im dritten Betriebsjahr mit derselben Gruppe von Betreuerinnen, als die drei Monate alte Serena in unser Zentrum gebracht wurde. Wir arbeiteten als Team gut zusammen und wandten konsequent eine Haltung sensibler und auf das Kind eingehender Betreuung an. Jedes Baby bekam eine Primärbetreuerin zugewiesen, die die Hauptbeziehung sowohl zu der Mutter als auch zu dem Kind herstellen sollte. Sofern dies irgendwie möglich war, blieben die Kinder für die gesamte Programmdauer von zwei Jahren bei ihren Betreuerinnen.

Die Betreuungspersonen arbeiteten als Primärbetreuerin innerhalb eines Teamrahmens zusammen. Unser Team hatte eine Reihe von Problemen zusammen gelöst, und wir hatten das Gefühl, dass die Babys in unserem Programm dabei waren, ein Gefühl von Sicherheit und Wohlbefinden zu entwickeln. Unser Ansatz bestand darin, jedes Baby zu beobachten und sensibel auf es einzugehen. Wir arbeiteten daran, eine ruhige und gelassene Atmosphäre zu schaffen.

Ihre Familie

Krista war während ihrer Schwangerschaft im GAP gewesen. Als ihr Baby geboren wurde, machte sie mit der Schule weiter und brachte Serena in der Kindertagesstätte unter. Krista war eine äußerst kontaktfreudige Achtzehnjährige, die gerne zur Schule ging und eine gute Schülerin war.

Krista bekam Serena am 12. Juni, zwei Wochen vor dem geplanten Geburtstermin. Sie wog fünf Pfund und 228 Gramm. Krista lebte mit Serena und anderen jungen Müttern und ihren Babys in einer Gruppenunterkunft. Serenas Vater Don kümmerte sich intensiv um die beiden und hatte von Anfang an Anteil an ihrem Leben. Im November zogen Don und Krista zusammen (und heirateten später). Beide Eltern hingen sehr an Serena. Ihr Vater verbrachte in der Kindertagesstätte regelmäßig Zeit mit ihr.

Harriet – Serenas Primärbetreuerin

Mit drei Monaten, zu Beginn des Schuljahres im September, stieg Serena in unser Programm ein. Ihre Primärbetreuerin Harriet hatte Serena bei einem Programm kennen gelernt, das wir während der Sommerferien durchgeführt hatten und bei dem man einfach vorbeischauen konnte. Harriet erinnert sich, dass sich die sechs Wochen alte Serena zunächst nicht wohl gefühlt hatte, als Harriet sie damals im Arm gehalten hatte. Sie hatte sich erst dann entspannt, als sie ihrer Mutter zurückgegeben worden war.

Serena zog schon sehr früh ihre Mutter allen anderen vor und war häufig unruhig, wenn sie von ihr getrennt war. Die Erfahrung hatte uns gezeigt, dass Babys, die im Alter von drei Monaten in die Kindertagesstätte kommen, eine Anpassungsfrist haben, in der sie sich an ihre Umgebung und die ihnen zugewiesene Betreuerin gewöhnen müssen. Doch diese Übergangsphase scheint für drei Monate alte Säuglinge glatter zu verlaufen als für ältere Babys, die häufig eher an eine häusliche Routine und Umgebung gewöhnt sind. Jüngere Babys scheinen in der Lage zu sein, auf die sensible Pflege, die wir in unserem Programm zur Verfügung stellen, zu reagieren. Serena brauchte jedoch mehr als sechs Monate, um sich einzugewöhnen und sich mit Harriet wohl zu fühlen.

Unsere Nachbearbeitung und Reflexionen des Geschehenen

Von Anfang an wird Serena in Harriets Notizen im Kommunikationstagebuch als „Zappelkind" beschrieben. Als wir uns das Videoband noch einmal ansehen, sehen wir ein zierliches Baby mit schönen Pausbäckchen. Serena bewegt sich ruhig, ihre Beine gehen nach oben und sie winkt mit den Armen. Doch in ihrem Gesicht zeichnet sich ein sorgenvoller Ausdruck ab. Sie beobachtet die Menschen und Ereignisse um sie herum mit konzentrierter Aufmerksamkeit.

Harriet erinnert sich an Serena als ein angespanntes Baby, das sehr wachsam war. Sowohl sie als auch Krista erwähnten einen Laut – *ging* –, den die vier Monate alte Serena immer von sich gab, wenn sie unglücklich war. Sie erinnern sich, dass es Krista immer sehr gut gelang, Serena zu beruhigen, wenn sie aufgebracht war – ja, sie war sogar die Einzige, der das gelang.

Den ganzen Herbst lang warteten wir darauf, dass sich Serena einlebte. Wir fragten uns, warum Serena nicht auf die Trennungsangststrategien reagierte, die so gut bei den anderen Babys funktionieren? Die Mütter befanden sich in erreichbarer Nähe am anderen Ende des Korridors und ihre Lehrer waren daran gewöhnt, dass die Betreuerinnen sie baten herauszukommen, um ihre Babys zu stillen, zu füttern oder zu beruhigen. Krista stillte Serena, aber wir fütterten sie auch mit der Flasche. Wir holten Krista häufig, wenn Serena unruhig war. Sie zog das Bruststillen und ihre Mutter vor.

Verschiedene Strategien ausprobieren

Krista fühlte sich angesichts der häufigen Unterbrechungen frustriert. Wir bemühten uns, sie zu schonen, indem wir verschiedene Dinge ausprobierten, von denen wir meinten, sie könnten Serena helfen, sich zu entspannen, und es uns erlauben, sich um ihre Bedürfnisse zu kümmern. Wir versuchten, das Stimulationsniveau zu reduzieren, indem wir sie fest wickelten und sogar ihren Kopf mit einer Decke zudeckten, wenn sie müde war und schlafen sollte. Wir stellten einen Luftbefeuchter in den Schlafraum, der auch weißes Rauschen produzierte, das den störenden Lärm aus der Schule und dem Kinderbetreuungsprogramm ausblenden sollte. Wir hofften, dass sie auf diese Weise durchschlafen konnte, wenn sie einmal eingeschlafen war.

Krista gab Serena den Schnuller. Obwohl Serena den Schnuller von ihrer Mutter annahm, mochte sie es nicht, ihn von Harriet zu nehmen. Wir probierten eine Reihe von Dingen aus: Da wir jedoch kein Baby haben wollten, das über längere Zeit litt, holten wir am Ende gewöhnlich doch ihre Mutter. Wie sich Krista erinnert, konnte es sein, dass Serena hyperventilierte, als sie kam, doch sobald sie das Baby hochnahm, hörte es auf und entspannte sich. Serena fand nur in der Gegenwart ihrer Mutter Trost.

Krista war eine sehr fürsorgliche Mutter, aber sie konnte sehen, dass sich andere Babys im Zentrum eingewöhnten, und sie fühlte sich schlecht, weil der Übergang bei Serena nicht so leicht war. Sie empfand eine starke Verpflichtung gegenüber ihrer Tochter, und die Situation war für sie und alle anderen frustrierend. Wir waren jedoch optimistisch, dass sich Serena schließlich einleben und gut fühlen würde.

Gegen Ende September schaute Serena, wenn sie morgens mit ihrer Mutter zu uns kam, glücklich auf die anderen Kinder und die vorhandenen Spielsachen. Auf einem Video sieht man sie, wie sie ein einjähriges Kind mit großem Interesse ansieht. Doch obwohl Serena gerne zu uns zu kommen schien, wurde sie unruhig, sobald ihre Mutter wegging. An einigen Tagen wurde sie damit fertig, indem sie Unruhe verbreitete, doch normalerweise verlor sie vollkommen die Beherrschung und schrie los. „Sie geriet in Panik", sagt Harriet. Wenn sie einschlief, dann war das gewöhnlich nur ein leichter Schlaf, bei dem sie sich nicht wirklich erholte.

Die Weiterführung unserer Bemühungen, Trost zu spenden

Gegen Ende Oktober beschlossen wir, die Zeit zu verlängern, in der wir auf Serena eingingen, bevor wir Krista holten. Wir verwendeten Techniken wie das Wickeln, Reizreduktion, Schaukeln und leises Singen. Wir nahmen Serena mit nach draußen in der Hoffnung, dass die frische Luft sie beruhigen würde. Jede Strategie funktionierte eine Zeit lang, erwies sich dann aber längerfristig doch als unwirksam. Wir hofften, dass Serena die Botschaft aufnehmen würde, dass wir zuverlässig waren, und versuchten, ihr zu helfen, selbst wenn wir nicht immer den richtigen Weg dazu fanden. Wenn sie unglücklich war, versuchten wir zuzuhören und zu verstehen.

Der Prozess war ermüdend. Serena schrie manchmal 45 Minuten lang ohne Unterbrechung. Sie hatte zwar auch gute Tage, konnte jedoch immer noch in so große Panik geraten, dass nur ihre Mutter etwas dagegen tun konnte. Es war ein Balanceakt. Harriet erinnert sich daran, dass sie Höllenqualen ausstand, weil sie nie genau wusste, wann Serena anfangen würde zu schreien. Und dann gab es kein Halten – sie schrie so lange, bis sie erschöpft war oder wir Krista holten.

Als der Dezember kam, waren wir alle unglücklich mit der Situation. Krista war der Meinung, sie würde Serenas Bedürfnisse nicht erfüllen, und fühlte sich verwirrt, weil sie nicht wusste, worin diese Bedürfnisse bestanden. Harriet, die sich als Versagerin empfand, dachte: „Dieser Job ist nicht das Richtige für mich."

Ich war ebenfalls verwirrt. Warum funktionierte einfach gar nichts? Wir waren ein organisiertes, nicht überfülltes Zentrum mit sehr gut ausgebildetem Personal, aber dennoch hatten wir keine Lösung für Serena gefunden. Wir zogen medizinische Probleme in Betracht, doch der Arzt versicherte uns, dass Serena gesund sei. Wir fragten uns, ob sie genug zu essen bekäme. Sie nahm nur für kürzere Zeit, aber ziemlich häufig die Brust ihrer Mutter und sie nahm nicht gerade eifrig die Flasche an. Sie war klein, aber nicht dürr.

Als die Ferien kamen, planten Krista und Don wegzufahren, um sich eine ruhige Zeit mit Serena zu machen.

Eine Pause würde willkommen sein! Wir hofften, dass sich nach den Ferien die Probleme von selbst erledigen würden, wie es häufig passiert. Dann starb Kristas Großmutter und Krista und Serena reisten für die Beerdigung in den Osten der USA, um mit ihrer Familie zusammen zu sein.

Krista sagt, dass die Reise für Serena traumatisch gewesen sei. Sie hat eine große Familie, in der großes Spektakel herrscht und jeder das Baby halten wollte. Ohne Don und in einer fremden Umgebung, so glaubt Krista, fühlte sich Serena überwältigt. Sie litt außerdem an einer Erkältung, die sich zu einer Bronchitis ausweitete.

Endlich – Der Plan, der funktioniert hat!

Als Serena und Krista im Januar zurückkamen, hatte sich die Situation im Zentrum in keiner Weise verbessert. Wir entwickelten einen neuen Plan. Dieses Mal nahmen wir den Rat Magda Gerbers an. Aufgrund ihrer Arbeit mit Säuglingen im Loczy-Institut sagt Gerber (1979), dass wenn Abläufe konsequent durchgeführt werden, Säuglinge mit der Zeit lernen, dass sie zum Beispiel immer als dritte gefüttert werden, und können deshalb die Wartezeit ertragen.

Wir beschlossen, neu anzufangen, und baten Krista, einen Großteil ihrer Zeit für eine bestimmte Dauer im Zentrum zu verbringen. Wir hatten die Hoffnung, dass wir Serena dazu bringen konnten, mit der Gegenwart ihrer Mutter als sicherer Grundlage zu rechnen, und dass sich dieses Gefühl dann auch auf die Betreuungszeit ohne ihre Mutter ausdehnen würde.

Jeden Morgen kam Krista um neun Uhr und brachte eine Stunde damit zu, Serena fertig zu machen – ihre Windel zu wechseln, ihr etwas zu essen zu geben, sie zu stillen und in der Nähe zu sitzen, während ihr Baby spielte. Dann ging Krista für eine Stunde weg. Sie traf sich mit ihrem Lehrer, kam dann zurück und blieb bis ein Uhr. Dann hatte sie eine weitere halbe Stunde Pause. Dieser Zeitplan war möglich, weil unser Programm im Rahmen eines alternativen Bildungsprogramms stattfindet. Jede junge Frau arbeitet in ihrem eigenen Tempo. Die Schule unterstützte unser Kinderbetreuungsprogramm in seinem Ablauf, und wir besprachen unsere Sorgen und Pläne miteinander.

Was passierte?

Im Tagebuch hatte Harriet festgehalten: „Es ist zwei Tage her, dass unser Plan in Kraft ist, und ich kann schon jetzt Veränderungen an Serena sehen. Sie scheint viel glücklicher zu sein; ihr Schreien scheint weniger panisch zu sein als sonst."

Einen Monat später, nachdem sowohl Krista als auch ihre Tochter eine Woche lang krank und daher nicht im Zentrum gewesen waren, schrieb Harriet: „Willkommen zurück, ihr Lieben. Ich freue mich, dass es euch beiden besser geht. Serena hatte heute einen guten Tag. Sie scheint recht froh darüber zu sein, dass sie zurück ist, und hat den ganzen Tag lang glücklich gespielt. Und sie ist definitiv gewachsen, seit ich sie zum letzten Mal gesehen habe... Es scheint mir, dass sich Serena jetzt viel sicherer fühlt. Wir können also morgen mit dem neuen Zeitplan beginnen, der dir Krista, mehr Zeit für die Schule lassen wird." Ganz allmählich nahm sich Krista mehr Zeit außerhalb des Zentrums.

Während Krista Zeit mit Serena in der Babyecke verbrachte, knüpfte Harriet eine engere Beziehung zu Krista. Sie spielten zusammen mit dem Baby. Harriet saß nahe bei Krista, so dass Serena sie zusammen sehen konnte. Sie spielten Versteckspiele und ermutigten Serena, von einem Schoß auf den anderen zu wandern. Harriets Ziel bestand darin, in Serenas Vorstellung mit Krista verbunden zu werden.

Fortschritte sind offensichtlich

Am 2. März schrieb Harriet: „Serena hatte heute einen wunderbaren Tag. Sie schien den ganzen Tag recht aufgeräumt und zufrieden zu sein. Es ist so wunderbar zu sehen, wie sicher sie sich hier fühlt. Sie spielt und ist glücklich dabei, und sie erforscht jede mögliche kleine Ecke auf der Babyseite des Säuglings- und Kleinkinderraumes. Hin und wieder, wenn sie anfängt, unruhig zu werden, kommt sie zu mir herüber, um sich eine beruhigende Umarmung geben zu lassen, und dann zieht sie wieder ab. Sie ist wirklich ein wunderbares kleines Mädchen. Ich muss dich noch einmal loben, Krista. All deine harte Arbeit hat sich ausgezahlt."

Ab Mai bemerkte Harriet, dass Serena sogar anfing, zu anderen Mitarbeiterinnen zu gehen. Sie konnte eine „Brücke" von ihrer Mutter zu Harriet schlagen und dann zu anderen Betreuerinnen. Von diesem Zeitpunkt an war unser Bild das eines Babys, welches sich gut entwickelte und sich in seiner Umgebung entspannt und sicher fühlte.

Es dauerte von September bis März, bis wir sagen konnten, dass Serena sich eingelebt hatte. Mit drei Monaten hatte sie ihre Mutter gewollt und nicht leicht eine Ersatzperson akzeptiert. Doch gegen Ende März, nach sieben Monaten, war unsere zehn Monate alte Serena ein Teil des Programms. Sie erinnerte uns daran, dass wir für jedes Baby und jede Situation aufmerksam bleiben mussten. Einige Situationen sind vertraut und lassen sich leicht lösen, während andere es erfordern, dass man sich Gedanken macht und kreativ ist.

Harriet blieb weiterhin Serenas Primärbetreuerin. Sie erinnert sich an Serena als ein Kind, das „sensibel für alles war". Harriet führt diese Beschreibung noch weiter aus, indem sie einen Vorfall aus Serenas Kleinkinderzeit erzählt, als sie sich glücklich in der Kinderbetreuung eingerichtet hatte. Eines Nachmittags, während Serena ihren Nachmittagsschlaf hielt, stellte das Personal ein Regal an einen günstigeren Platz. Nach dem Aufwachen kam Serena aus dem Zimmer, in dem sie geschlafen hatte, und hielt mitten im Raum inne. Sie sah sich um und Tränen begannen ihr die Wangen hinunterzuströmen. Harriet fragte sie, was sie denn habe, aber Serena antwortete nicht. Sie hörte nicht auf zu weinen und sah besorgt aus. Schließlich begriff Harriet, dass es die Veränderungen im Raum waren, die Serena beunruhigt hatten. Harriet und das Personal stellten das Regal wieder an seinen ursprünglichen Platz zurück und stellten es erst später um, als Serena wach und am Geschehen beteiligt war.

Erörterung und Schlussfolgerungen

Ich hatte nicht erwartet, dass ein drei Monate altes Baby auf die Abwesenheit seiner Mutter mit solcher Hartnäckigkeit reagieren würde. Es schien, dass Serena mit ihrem Lärmen und Weinen aktiv nach ihrer Mutter suchte und dass unsere Bemühungen, sie zu trösten, nur ihre Entschlossenheit verstärkten, zu ihrer Mutter zu gelangen. Wir mussten sehr beharrlich sein, um eine Lösung zu finden, die es Serena erleichterte, eine Bindung zu Harriet, ihrer Betreuerin, aufzubauen.

Unsere Unterstützung dieses Babys, der Betreuerin und der Mutter erforderte Zeit und Energie, und glücklicherweise ist unser Programm so organisiert, dass wir viel Zeit und individuelle Betreuung geben können. Diese Erfahrung hat mich davon überzeugt, dass einige Babys auf sehr behutsame Weise genährt werden müssen, wenn sie den Übergang in die Kinderbetreuung machen.

Ich mache mir Sorgen um die Babys, die in Zentren gebracht werden, in denen mehr Unruhe herrscht und weniger Erwachsene für ein Kind zur Verfügung stehen. Wie reagiert überarbeitetes Zentrumspersonal auf Säuglinge wie Serena? Wie werden Babys, die aufgeweckt, sensibel und langsam darin sind, die Betreuungsperson in ihr Bindungssystem einzubeziehen, mit Betreuerinnen fertig, die nicht die Zeit haben, auf ihre Botschaften zu hören?

Greta Fein merkt an, dass „einige Säuglinge in die Kinderbetreuung kommen, deren Zustand die mangelnden Entwicklungsmöglichkeiten zu Hause widerspiegelt... Die Qualität der Interaktion, die durch die Betreuerinnen gewährleistet wird, ist jedoch entscheidend. Wie man sich denken kann, vermögen gut ausgebildete und interaktive Betreuerinnen die Not, die die meisten Säuglinge erleben, wenn sie in die Kinderbetreuung kommen, lindern. Gehemmte, sich selbst beruhigende Säuglinge sind wahrscheinlich besonders gefährdet, weil sie sogar in Kinderbetreuungseinrichtungen von relativ hoher Qualität leicht zu übersehen sind" (1995,274). Harriet hatte bei Serenas Anpassung an das Zentrum eine Schlüsselrolle inne; dennoch benötigte sie wie die meisten Betreuerinnen auch Unterstützung, um aktiv an dem Prozess beteiligt zu bleiben.

Kagan und Snidman schätzen, dass zehn Prozent der Säuglinge „anfällig für eine spezifische Form von Angst sind, die durch nicht vertraute Menschen, Umgebungen oder Herausforderungen erzeugt wird" (1991, S. 858). Diese

Kinder, die sie gehemmt nennen, zeigen starke motorische Aktivität und fangen als Reaktion auf Neues im Alter von vier Monaten an zu weinen. Ihnen sind weder Veränderungen noch neue Menschen oder ihnen fremde Situationen willkommen.

Forschungsergebnisse zeigen, dass Säuglinge genau wie Erwachsene unterschiedliche Temperamente haben (Thomas & Chess 1977). Als Betreuerinnen haben wir eine Verantwortung dafür, auf jedes Kind als Individuum einzugehen. Wir müssen uns Zeit nehmen, um zu beobachten, um die Bedeutung dessen, was wir sehen, zu überdenken und die bestmögliche Herangehensweise für jedes Baby und jede Familie zu finden.

Die wissenschaftlichen Beweise zeigen durchgängig, dass eine qualitativ hochwertige Betreuung die optimale Entwicklung des Kindes fördert (Howes & Olenick 1986; Howes, Phillips & Whitebook 1992). Die nationale Tagesbetreuungsstudie (National Day Care Study) (Ruopp et al. 1979) hat die Gruppengröße, das Kind-Betreuungsperson-Verhältnis und die Ausbildung der Betreuerinnen als signifikante Indikatoren für das Verhalten von Betreuungspersonen und die Ergebnisse bei den Kindern identifiziert. „Größere Gruppengrößen und höhere Kind-zu-Personal-Quoten wurden mit restriktiverem und auf das Management fokussiertem Mitarbeiterverhalten assoziiert, mit Folgen wie verringerter sozialer Interaktion und sprachlicher Stimulation zwischen Mitarbeitern und Kindern, erhöhter Apathie und offensichtlichem Leiden bei den Säuglingen" (Barton & Williams 1993, 456).

Da wir die Gruppengröße und das Kind-zu-Personal-Verhältnis bei *Options* klein halten, können wir uns auf die Babys und ihre Mütter konzentrieren. Innerhalb einer kleinen Gruppe wird ein Maß an Intimität und Vertrauen erreicht, das in einer größeren Gruppe nicht möglich ist. Betreuerinnen müssen sensibel und involviert sein; insbesondere müssen sie „über sich selbst reflektieren und Fachleute auf ihrem Gebiet sein" (Howes & Hamilton 1993, S. 30). Wir müssen unsere Betreuungspersonen schützen und unterstützen, damit sie die Zeit und Energie haben, die Säuglinge in ihrer Betreuung zu reflektieren und sensibel auf sie einzugehen. Harriet hat von unseren häufigen täglichen Treffen profitiert, und diese waren ausschlaggebend dafür, dass sie ihr Gefühl von Kompetenz aufrechterhalten konnte. Die Situation mit Serena war dergestalt, dass sie jedermanns Gefühl von Effizienz in Frage gestellt hätte. Das andere Personal arbeitete mit Harriet zusammen, um Strategien zu entwickeln. Eine

Zusammenarbeit wie diese sollte – neben der entscheidenden Förderung und Unterstützung der Mitarbeiter am Arbeitsplatz – in den täglichen Betrieb eines jeden Qualitätsprogramms einbezogen werden (Hopkins 1990).

Es ist darüber hinaus wichtig, die Säuglinge konsequent zu betreuen. Im Bereich der Kleinkindpädagogik gibt es eine hohe Fluktuation. Unter Umständen braucht es Zeit, bis sich ein Säugling wie Serena in einem Programm eingelebt hat, und dieser Prozess wird durch einen Wechsel der Betreuungsperson gravierend beeinträchtigt (Raikes 1993). Sich zu vergewissern, dass Betreuerinnen das Wissen, die Fähigkeiten und die Unterstützung haben, die sie benötigen, um ihre Tätigkeit auszuüben, sollte die Wahrscheinlichkeit erhöhen, dass Säuglinge in nicht-familiärer Betreuung aufblühen.

Epilog

Es waren vier Jahre vergangen, als ich mit Krista an diesem Bericht über Serenas Eingewöhnung im Zentrum arbeitete. Sie sagte, ihr sei nicht bewusst gewesen, dass es von Anfang an so schwierig gewesen sei. Später, als sie mit einer Freundin sprach, die Serena von Geburt an gekannt hatte, hörte sie eine neue Geschichte. Die Freundin hatte auf die fünf Monate alte Serena aufgepasst, als Don und Krista am Abend ausgegangen waren. Serena war aufgebracht und untröstlich gewesen. Die Freundin hatte ihre eigene Mutter, die Krankenschwester war, angerufen. Diese hatte den Vorschlag gemacht, sie solle etwas tragen, das wie Krista roch. Sie legte daraufhin Kristas Make-up auf, damit Serena den vertrauten Duft riechen konnte, während sie gehalten wurde. Erst dann schlief Serena ein.

Es war schön für mich, Serena im Alter von fünf Jahren zu treffen, ein kleines Mädchen mit einem offenen, sonnigen Gemüt. Das kleine Baby mit dem kahlen Kopf – auf dem nur langsam Haare wuchsen – war jetzt zu einem hübschen Kind mit schönem, kastanienbraunem Haar herangewachsen. Sie begrüßte mich neugierig und warmherzig und zeigte mir ein zerfleddertes Kinderbetreuungsbuch. Während ich mit ihrer Mutter sprach, hörte sie mit großem Interesse den Geschichten über ihre Babyzeit zu.

Als ich ging, gab mir Serena ein großes Babyfoto von ihr, das ich Harriet zeigen sollte. Als ich einige Zeit später das Foto zurückgab und ihr sagte, dass Harriet sie grüßen ließe, grinste sie und wand sich vor Entzücken.

Fragen zu Text Nr. 10

1. Serena war in der Kindertagesstätte sechs Monate lang unglücklich. Mit welchen Methoden haben die Primärbetreuerin und das übrige Personal versucht, sie zu beruhigen? Gab es irgendjemanden, der es nicht versucht hat?

2. Sind Sie je in einer Situation gewesen, in der ein Baby, mit dem Sie gerade zusammen waren, nicht beruhigt werden konnte? Was haben Sie in dieser Situation getan? Was haben Sie gedacht?

3. Was in dem Artikel hat Ihnen gesagt, dass es bei Serenas Gefühlen um Trennungsangst ging und nicht nur darum, in einer neuen Umgebung zu sein?

Kapitel 11

Soziale Fertigkeiten

In Kapitel 11, das die Sozialisierung zum Thema hat, geht es viel um Klein-kinder, denn wenn Babys anfangen umherzukrabbeln, dann vergrößert sich ihre Welt und Sozialisierung wird wichtig. Dieser Artikel ist im Begriff, ein Klassiker zu werden – einer der Texte, den Erzieher und Direktoren in ihren Aktenmap-pen aufbewahren und jedes Jahr hervorziehen, um ihn als Informationsmaterial im Unterricht oder bei Mitarbeiterversammlungen zu verteilen.

Text Nr. 11
Kleinkinder:
Was man erwarten kann[13]

von Janet Gonzalez-Mena

Zum Zeitpunkt der Veröffentlichung dieses Artikels war Janet Gonzalez-Mena, M.A., Lehrkraft im Early Childhood Program im Napa Valley College in Napa im US-Bundesstaat Kalifornien.

Welche dieser beiden Aussagen beschreibt Kleinkinder am besten?
- Kleinkinder sitzen keine Minute lang still. Sie können sich nur für kurze Zeit konzentrieren bzw. ihre Aufmerksamkeit auf ein Ding richten und lassen sich sehr schnell ablenken. Sie wollen immer ihren eigenen Willen

13 Neuabdruck mit Genehmigung der National Association for the Education of Young Children. Copy-right. © 1986 National Association for the Education of Young Children.

haben, sie teilen nicht und wechseln sich nicht mit anderen Kindern ab. Spielsachen gehen ständig verloren oder werden zerbrochen, wenn Kleinkinder mit ihnen spielen.

• Kleinkinder sind aktive Forscher. Sie probieren eifrig Neues aus und verwenden Materialien auf unterschiedliche Weise. Kleinkinder möchten unabhängig sein und haben ein starkes Gefühl für Besitz.

Die erste Beschreibung vergleicht Kleinkinder mit älteren Kindern und betrachtet typisches Kleinkindverhalten auf negative Weise. Die zweite vermittelt eine positive Perspektive, die Kleinkinder und ihre natürlichen Verhaltensweisen respektiert.

Wenn Erzieher oder Eltern Kleinkinder als kleine Vorschüler ansehen, dann bekommen wir Probleme, weil unsere Erwartungen nicht angemessen sind. Unangemessene Erwartungen können zum Beispiel die Sauberkeitserziehung in einen Willenskampf zwischen Erwachsenem und Kind ausarten lassen. Die Mahlzeiten können chaotisch sein, weil Kleinkinder mit ihrem Essen spielen. Zeit in der Gesellschaft anderer kann ein Albtraum sein, weil Kleinkinder immer wieder herumwandern oder einen unterbrechen. Von Erwachsenen gelenkte Aktivitäten werden unterbrochen, wenn Kleinkinder ihre eigenen Wege wählen, statt dem zu folgen, was der Erzieher oder die Erzieherin im Sinn hat. Puzzles werden fallen gelassen, Spielsachen werden von Regalen gezogen und in eine andere Ecke des Raums geschleudert und verbale Interventionsversuche werden ignoriert, wenn Kleinkinder ihren Belangen nachgehen.

Was können Eltern oder Erzieherinnen von Kleinkindern tun, sei es zu Hause oder in Gruppenprogrammen, um effektiv mit Kleinkindern zu arbeiten? Nur wenige Eltern verfügen über Hintergrundwissen in Bezug auf die kindliche Entwicklung und viele Erzieher sind darauf vorbereitet worden, mit älteren Kindern zu arbeiten. Welche Unterschiede gibt es zwischen Kleinkindern und Vorschulkindern, und wie können wir diese viel geschmähten Monate der frühen Kindheit auf bestmögliche Weise nutzen?

Wie Kleinkinder sind

Kleinkinder lernen mit ihrem gesamten Körper – nicht nur mit ihrem Kopf. Sie lernen mehr durch ihre Hände als durch ihre Ohren. Sie lernen, indem sie

Bitte informieren Sie mich*

○ über Ihre Bücher.

○ über Ihre Veranstaltungen und Seminare.

○ über die Verlagsaktivitäten zum Thema „Mit Kindern wachsen".

Hiermit bestelle ich**

Anzahl   Autor   Titel

_____   _____   _____

_____   _____   _____

_____   _____   _____

○ Ich habe noch Fragen, bitte rufen Sie mich an. Tel.: _____

* Kundeninformationen werden via Email ca. vierteljährlich, per Post ca. jährlich verschickt.

** Die Bücher werden innerhalb Deutschlands mit beiliegender Rechnung versandkostenfrei zugesandt.

arbor

etwas tun, nicht nur, indem sie es einfach denken. Sie lernen durch Berührung, dadurch, dass sie etwas in den Mund nehmen, und dadurch, dass sie etwas ausprobieren und nicht dadurch, dass man es ihnen sagt.

Kleinkinder lösen Probleme auf einer physischen Ebene. Beobachten Sie Kleinkinder nur fünf Minuten lang beim Spielen, und Sie werden sie gehen (was wie herumwandern aussieht) und klettern sehen. Sie werden sehen, wie sie Dinge herumtragen, Dinge fallen lassen und ständig alles wieder wegwerfen, was sie finden. Diese Aktivitäten, bei denen die großen Muskeln zum Einsatz kommen, werden nicht ausgeführt, um Erwachsene zu reizen; sie sind vielmehr die legitime Aktivität von Kleinkindern. Piaget bezeichnet diese Phase als sensumotorisches Stadium (1952 1954).

Kleinkinder können sich darein vertiefen, die Welt um sie herum zu entdecken. Wenn Sie davon überzeugt sind, dass sich Kleinkinder nur für kurze Zeit konzentrieren können, dann beobachten Sie sie nur einmal mit fließendem Wasser und einem Stück Seife. Das Händewaschen kann zur Hauptaktivität des Morgens werden! Das Essen ist eine weitere wichtige Aktivität, bei der viele Kleinkinder in kurzer Zeit von ordentlich zu sehr chaotisch wechseln. Das Füllen und Wegwerfen sind großartige Fertigkeiten, die man mit Essen oder Wasser zur Anwendung bringen kann. Natürlich stecken Kleinkinder Dinge als Teil eines Prozesses hinein, doch mit noch größerer Wahrscheinlichkeit werfen sie sie am Ende weg! Andere Kleinkinder sind abgeneigt, mit ihrem Essen herumzuspielen, sobald sie einmal gut mit Besteck umgehen können.

Über diese primär kognitiven und physischen Fähigkeiten hinaus arbeiten Kleinkinder auch an einer Reihe sozio-emotionaler Herausforderungen. Sie sind immer noch dabei, Vertrauen in die Erwachsenen zu entwickeln, die sich um sie kümmern. Deshalb sollten Eltern und Erzieher eng zusammenarbeiten, um die Kinder dabei zu unterstützen, zu lernen, wie man mit wichtigen Ereignissen wie einer Trennung umgeht.

Kleinkinder befinden sich in Eriksons zweiter Phase – der Autonomie (1963). Ihr schnell sich weiterentwickelndes Sprechvermögen zeigt deutlich, was es bedeutet, autonom zu sein: „Ich selber tun" zeigt den Drang nach Unabhängigkeit. „Ich" und „meins" weist darauf hin, dass Kleinkinder beginnen, sich selbst als Individuen mit Besitztümern zu sehen. Und natürlich sind die NEIN!"-Kinder deshalb so bekannt, weil diese Phase ein weiterer Schlüssel für ihren Drang nach Getrenntsein und Unabhängigkeit ist.

Einige der wichtigsten Errungenschaften dieser Phase wachsender Unabhängigkeit sind Selbsthilfekompetenzen wie das Anziehen, Füttern, Waschen und das Auf-die-Toilette-Gehen. Zu all diesen Kompetenzen gehört ein großes Maß an Übung – ebenso wie die unvermeidlichen Missgeschicke. Zu lernen, die Toilette zu benutzen, ist wie all die anderen Selbsthilfekompetenzen eine physische und zugleich intellektuelle und emotionale Leistung. Das Kind braucht Zeit, um physische Kontrolle zu erlangen, um zu verstehen, was es zu tun hat, und um bereit zu sein, es auch tatsächlich zu tun.

Wenn all diese wichtigen Errungenschaften im Kleinkindalter erworben werden – vom Alter von etwa vierzehn Monaten an bis zum Alter von drei Jahren –, was sollten Kleinkinder dann den ganzen Tag lang tun, sei es zu Hause oder in einem Gruppenprogramm?

Einige häufige Fallen

Eltern wie Kinder sind durch den Druck beeinflusst worden, zu demonstrieren, dass Kinder wirklich etwas *lernen*. Diejenigen, die nicht mit den bemerkenswerten natürlichen Lernprozessen der Kleinkindphase vertraut sind, sehen sich häufig gezwungen, so genannte Lernaktivitäten zu schaffen, um zu beweisen, dass der Erwachsene dem Kind etwas beibringt.

Diese Aktivitäten werden häufig zu einem Teil des Curriculums – wie etwa zu jenem, das ich beobachtet habe. In den ersten fünfundvierzig Minuten half die Erzieherin den Kindern, mit der Trennung fertig zu werden, während sich die Eltern verabschiedeten. Man half den Kindern, die Jacke auszuziehen und sie aufzuhängen, es wurden Windeln gewechselt, und einige Kinder gingen zur Toilette. Auch wenn die Kinder Schwierigkeiten mit Spielsachen hatten, wurden sie von den Erwachsenen begleitet. Was für eine Freude war es, ein Programm zu erleben, das auf eine Reihe von Lernprozessen einging, die ein so wesentlicher Teil des Kleinkinddaseins sind – Trennung und Vertrauen, Selbsthilfekompetenzen und Autonomie sowie Problemlösung durch praktische Spielerfahrungen.

Genau dann ertönte eine Klingel und die Kinder wurden in einer Gruppe versammelt, organisiert, in kleinere Gruppen aufgetrennt, an Tische gesetzt und mit so genannten Lernaktivitäten versorgt.

Später entschuldigte sich die Leiterin: „Wir haben spät angefangen", erklärte sie. Für sie war die wertvolle Zeit die organisierte Spielzeit und nicht die fünfundvierzig Minuten, in denen die Kleinkinder damit beschäftigt waren, Schritte auf dem Weg zu den wichtigsten Errungenschaften des Kleinkindalters zu tun!

Natürlich lernen Kleinkinder aus Aktivitäten, genauso wie sie aus jeder Erfahrung lernen – doch Aktivitäten sind *nicht* wertvoller als das, was sonst noch an einem typischen Tag zu Hause oder in einem Programm passiert. Und was am Allerwichtigsten ist, *Aktivitäten sind nur in dem Maße wertvoll, wie sie für die jeweilige Altersgruppe angemessen sind.*

Wenn die Aktivitäten zu weit fortgeschritten sind – und vielleicht den Kleinen abverlangen, dass sie an einem Tisch sitzen sollen, dass sie zehn Minuten darauf warten sollen, an die Reihe zu kommen, oder dass sie eine Zeichnung ausmalen sollen, die ein Erwachsener angefertigt hat –, dann werden die Kinder lernen, sich selbst einzuschränken, sich erfolglos zu fühlen und ein Gefühl von Mangel an Respekt für sich selbst als Individuen zu empfinden. So ist eine Gelegenheit für die Kinder, sich mit ihren Sinnen auf kreativere Weise zu erforschen, verpasst worden.

Manchmal können traditionelle Vorschulaktivitäten für Kleinkinder modifiziert werden. Zum Beispiel werden viele Kleinkinder, wenn man ihnen Collage-Materialien gibt, damit experimentieren, an dem Kleber zu lecken, die Klebeschnipsel zu essen oder sich diese in die Haare zu schmieren. Der Erwachsene wird mehr Zeit damit verbringen, solches Verhalten zu unterbinden, als die Kreativität des Kindes zu fördern, was der eigentliche Sinn des Herstellens einer Collage ist.

Eine Möglichkeit, um Collagen für Kleinkinder passend zu machen, besteht darin, Contact™-Papier mit der Klebeseite nach oben zu verwenden und den Kindern eine Reihe von sicheren Objekten zu geben, die sie dort aufkleben können. Eine Gruppe von 12 bis 14 Monate alten Kindern im *Nappa Village College Child Development Center* arbeitete mehrere Wochen lang an einer Collage, wobei sie immer wieder Dinge entdeckten, die sie auf das Contact™-Papier kleben konnten, das sich auf einer Wand auf ihrer Ebene befand. Die dauernde Neuanordnung der Collageelemente zeigte, um wie vieles wichtiger in diesem Alter der Prozess ist als das fertige Produkt.

Einige andere Aktivitäten, die sich leicht modifizieren lassen, werden in Tabelle 1 vorgestellt.

Tabelle 1 Vorschulaktivitäten, die für Kleinkinder modifiziert werden können	
Vorschulaktivität	Modifizierte Kleinkindaktivität
Malen auf der Staffelei	Wasser auf Kreidetafeln
Malen und Papier	Dicke Seifenlauge mit Nahrungsmittelfarbe auf Plexiglas™
Malen mit einem Schwamm	Drücken Sie die Schwämme in Becher und sorgen Sie dafür, dass sich am Boden ein wenig Wasser befindet
Kochen mit Rezepten	Schneiden oder zerdrücken Sie Bananen, oder sorgen Sie für ähnliche Ein-Schritte-Erfahrungen mit Nahrung
Seidenpapier verkleben	Zerknittern Sie weißes Seidenpapier (um zu verhindern, dass Farben auslaufen, wenn auf ihnen herumgekaut wird).

Wie man Programme an Kleinkinder anpasst

Erwachsene, die die besonderen Bedürfnisse von Kleinkindern erkennen, wie etwa das sensumotorische Lernen bzw. die Entwicklung von Autonomie, tolerieren diese Altersgruppe nicht nur, sondern sie mögen Kleinkinder aufrichtig! Was tun diese klugen Erwachsenen also, um zu Hause oder in einer Gruppe ein Umfeld zu schaffen, das Kleinkindern entspricht?

I. **Strukturieren Sie die Umgebung**   (statt sich auf Erwachsenenregeln zu verlassen). Legen Sie nur so viele Dinge bereit, wie Sie ertragen können, wieder aufzuheben, wenn sie hingeworfen werden. Eine Erzieherin hat einen Eimer von der Decke herunterhängen lassen, der mit Dingen gefüllt war, die nur zum Wegwerfen bestimmt waren. Achten Sie darauf, dass alles berührt werden kann (und in den Mund genommen werden kann, je nachdem, wie klein die Kinder sind). Bieten Sie Raum und Gerätschaften für grobmotorische Aktivitäten (Klettern, Springen) für drinnen und draußen. Sorgen Sie für ausreichend weiche Materialien (eine Matte zum Springen, Kissen zum Herumzappeln). Geben Sie den Kindern Spielsachen, die in vielfältiger Weise verwendet werden können, wie zum Beispiel Bauklötze, und geben Sie ihnen Spielsachen, die realistisch sind (McLoyd, 1986). Denken Sie daran, dass Kleinkinder, die zu aufgeregt oder gelangweilt sind, dazu neigen, sich selbst und alle anderen unglücklich zu machen; also halten Sie die Aktivitäten und Materialien auf einem Niveau, das sie bewältigen können. Beobachten Sie das Verhalten der Kinder, um festzustellen, wann die angemessene Menge an Spielzeug zur Verfügung steht. Ihre Bedürfnisse können sich von Tag zu Tag ändern.

2 . **Gehen Sie davon aus, dass Kleinkinder Grenzen austesten.** Das ist ihre Aufgabe. Je enger also die Grenzen von der Umgebung gesetzt werden, umso leichter wird es für Sie sein. Beurteilen Sie erneut, ob die Grenzen genau richtig sind, statt zu strikt oder zu nachlässig, indem Sie das Verhalten der Kinder beobachten. Wenn Kinder zum Beispiel darauf bestehen, auf den Tisch klettern zu dürfen, dann wird vielleicht eine andere Konstruktion zum Klettern, ein Tunnel zum Durchkriechen oder ein Stapel großer Kissen benötigt. Laufen Kinder ziellos herum, ohne sich an den Aktivitäten der anderen zu beteiligen? Vielleicht werden dann mehr Mitarbeiter oder mehr aufmerksame Mitarbeiter als Anker für die Kinder benötigt, während diese sich neue Aktivitäten erschließen. Oder vielleicht sollten mehr Vielfalt und einige neue Materialien angeboten werden. Legen Sie Spielsachen abwechselnd heraus – selbst nach ein oder zwei Wochen werden einige dann neuen Reiz haben. Seien Sie jedoch konsequent in Bezug auf die von Ihnen gesetzten Grenzen. Sonst werden die Kinder verwirrt sein und ihre Grenzen noch weit über das Kleinkindalter hinaus austesten.

3. **Halten Sie sich aus Machtkämpfen heraus.** Kleinkinder können sehr stur sein; deshalb ist es eine Energieverschwendung, ständig mit ihnen aneinander zu geraten, um den gesetzten Grenzen Nachdruck zu verleihen. Bieten Sie Alternativen an, um Machtkämpfe zu vermeiden: „Du darfst nicht herumlaufen, während du isst, aber du kannst dich entweder auf den blauen oder auf den roten Stuhl setzen." Geben Sie Kleinkindern häufig verschiedene Wahlmöglichkeiten, aber vergewissern Sie sich, dass das, was Sie anbieten, wirklich passende Alternativen sind. Normalerweise ist die Auswahl zwischen zwei Möglichkeiten ausreichend.

4. **Lenken Sie das Verhalten der Kinder sanft, aber physisch.** Verlassen Sie sich nicht allein auf Worte. Verhindern Sie gefährliches Verhalten, bevor es auftritt – halten Sie einen drohenden Arm fest, bevor er die Möglichkeit hat,

loszuschlagen. Führen Sie ein Kind an der Hand zurück an den Tisch, um eine Mahlzeit zu beenden. Lassen Sie Kinder nicht zuerst in Schwierigkeiten geraten, um sie dann anzuschreien. Wenn Sie sich selbst sagen hören: „Ich wusste, dass das passieren würde", dann sagen Sie es beim nächsten Mal nicht hinterher, sondern verhindern Sie es.

5. **Erwarten Sie viele sensumotorische Verhaltensweisen.**   Sämtliche Möbelstücke, Geräte, Spielsachen und andere Materialien sollten robust und sicher genug sein, um fallen gelassen, in den Mund genommen oder beklettert zu werden. Puzzleteile durch den Raum zu werfen, macht genauso viel Spaß, wie an einem Puzzle zu arbeiten. Der Laut, der entsteht, wenn die Puzzleteile auf dem Boden auftreffen, scheint in den Ohren von Kleinkindern Musik zu sein. Sie können Kindern helfen, Spaß daran zu entwickeln, Puzzle wieder zusammenzusetzen, aber erwarten Sie nicht, sie sofort davon überzeugen zu können, dass das Zusammensetzen mehr Spaß macht als das Kaputtmachen.

6. **Beschränken Sie Gruppenaktivitäten auf Essen und vielleicht Musik oder das Vorlesen einer kurzen Geschichte.**   Selbst dann sollten Sie kleine Gruppen bilden und davon ausgehen, dass Kinder weggehen, um etwas Aufregenderes zu tun, wenn sie das Interesse verlieren. Schließlich werden sie in größere und längere Gruppenaktivitäten eingebunden werden wollen, doch Kleinkinder sind eher auf individuelles Tun ausgerichtet als darauf, in einer Gruppe anderen zuzuhören.

7. **Teilen Sie, warten Sie und verwenden Sie freundliche Worte, um Probleme zu lösen.**   Doch gehen Sie nicht davon aus, dass Kinder immer dem Verhalten folgen werden, das Sie ihnen vorleben. Kleinkinder können erst dann teilen, wenn sie vorher vollständig das Gefühl erlebt haben, etwas zu besitzen. Sie müssen immer wieder erfahren, dass sie darauf vertrauen können, dass ihnen ein Lieblingsgegenstand nicht weggenommen wird, oder feststellen, dass es genügend Snacks für alle gibt, so dass Grapschen und Horten nicht notwendig sind. Stellen Sie mehrere derselben Lieblingsspielsachen zur Verfügung.

Warten ist für Erwachsene und Kinder gleichermaßen schwierig – erinnern Sie sich nur an das letzte Mal, als Sie in der Schlange standen und warten mussten! Richten Sie Routinen ein, damit das Warten für das Kind nicht den größten Teil des Tages einnimmt. Wenn eine Wartezeit unvermeidlich ist, dann halten Sie die Kinder zum Beispiel mit Fingerspielen oder Liedern beschäftigt, damit sie etwas zu tun haben, während sie warten.

Selbst wenn Kleinkinder die Kontrolle verlieren, müssen die Erwachsenen sie behalten, indem sie Worte verwenden, statt die Kinder zu schlagen oder barsch zu bestrafen, um das Problem zu lösen. Wählen Sie Worte, die Kinder respektieren und ihre Bedürfnisse unterstützen, anstelle von solchen, die sie lächerlich machen oder beschämen. Reagieren Sie zum Beispiel auf einen Unfall in der Sauberkeitserziehung mit: „Oh Rosita, deine Kleidung ist ganz nass. Sie ist dir wahrscheinlich auch unangenehm. Wir suchen dir also trockene Kleidung und dann wischen wir die Pfütze auf", statt zu sagen: „Schau dir die Schweinerei an, die du hinterlassen hast! Müssen wir dich etwa wieder in Windeln stecken?"

8. Seien Sie sanft und helfen Sie Kindern, über ihre Probleme zu sprechen. Streitereien und Kämpfe werden unweigerlich auftreten, doch Kinder werden lernen, Probleme schneller miteinander zu lösen, wenn sie das tun, was Gerber (1979) *Sportankündigung* nennt – „ich sehe, wie sehr du das willst, Jason", statt *als Schiedsrichter zu fungieren* – „Amanda hatte es als Erste, also gib es ihr." Achten Sie auch darauf, Kindern gegenüber keine willkürlichen Entscheidungen zu treffen, sondern helfen Sie ihnen stattdessen, nach konstruktiven Lösungen zu suchen.

9. Erwarten Sie schwieriges Verhalten.   Widerstand gegenüber Aktivitäten (in der Mitte eines Liedes wegzugehen), Ablehnung („NEIN!") und Weinen, wenn sich Kinder von ihren Eltern verabschieden, sind ausnahmslos gute Verhaltensweisen – genau das sollten Kleinkinder tun. Diese Verhaltensweisen zeigen deutlich, dass die Kinder sich in Eriksons Autonomiephase befinden. Kleinkinder, die sich nicht gut entwickeln, können unter Umständen depressiv erscheinen, ein geringes Selbstbewusstsein besitzen, eine mangelnde Bindung an ihre Familie haben oder in jeder Situation ein und dieselbe Verhaltensweise an den Tag legen. Es werden nicht alle Klein-

kinder schwieriges Verhalten zeigen, aber es ist wichtig, solche Verhaltensweisen als normal und natürlich anzusehen.

10. **Definieren Sie ein Curriculum mit realistischen Bedingungen.**   Ein geeignetes Curriculum für Kleinkinder sollte folgende Kernpunkte aufweisen:

* Aktivitäten der Selbstfürsorge (wie essen, schlafen, auf die Toilette gehen und sich anziehen),
* Lernen, mit Trennung umzugehen
* Neue Bindungen mit anderen Kindern und Erwachsenen einzugehen und
* Freies Spiel in einer sicheren und interessanten Umgebung.

Alle geeigneten physischen, kognitiven und sozio-emotionalen Ziele für Kleinkinder lassen sich leicht in diese Aktivitäten integrieren.

11. **Lassen Sie Kleinkinder Kleinkinder sein.**   Strukturieren Sie Ihr Curriculum nicht darum herum, Kleinkinder auf die Vorschule vorzubereiten, indem Sie sie drängen, so zu handeln, als befänden sie sich in einer fortgeschritteneren Entwicklungsphase. Wenn Sie das, was sie als Eineinhalbjährige, als Zweijährige oder fast Dreijährige zu tun haben, sehr gründlich getan haben, dann werden sie bereit sein, die Aufgaben einer fortgeschritteneren Phase anzugehen.

Wenn wir das Kleinkindalter als besondere und eigenständige Entwicklungsphase mit einer eigenen Reihe von Aufgaben und Verhaltensweisen ansehen, dann wird das Verhalten von Kleinkindern verständlicher und handhabbarer. Dann sind wir nicht versucht, ihnen verwässerte (oder schlimmer noch nicht verwässerte) Vorschulaktivitäten aufzuzwingen. Wenn wir aufhören, Kleinkinder mit älteren Kindern zu vergleichen, und sie als das wertschätzen, was sie sind, werden kleine Kinder zu sehr liebenswerten Individuen. Sie werden sich besser in Bezug auf sich selbst fühlen, weil die Erwachsenen, die sich um sie kümmern, sie als das respektieren, was sie sind – Kleinkinder.

Literaturhinweise

Erikson, Erik H. ([14]2005). *Kindheit und Gesellschaft.* Stuttgart: Klett-Kotta.

Gerber, M. (1969). *Resources for infant educarers.* Los Angeles: Resources for Infant Educarers.

McLoyd, V.C. (1985). Scaffolds or shackles? The role of toys in preschool children's pretend play. In G. Fein & M. Rivkin (Eds.), *The young child at play: Review of research* (Vol. 4). Washington, DC: NAEYC.

Piaget, Jean ([5]2003). *Das Erwachen der Intelligenz beim Kinde.* Stuttgart: Klett-Kotta.

Piaget, Jean (1974). *Der Aufbau der Wirklichkeit beim Kinde.* Stuttgart: Klett-Kotta.

Fragen zu Text Nr. 11

1. Haben Sie durch das Lesen dieses Artikels etwas über Kleinkinder gelernt, das sie vorher nicht wussten?

2. Wie können Sie die Informationen in diesem Artikel auf die 10 Prinzipien in *Säuglinge, Kleinkinder und ihre Betreuung, Erziehung und Pflege – Ein Curriculum für respektvolle Pflege und Erziehung* anwenden?

3. Einige Menschen meinen, dass der Begriff *toddler* „Krabbelkinder" [abgeleitet von dem Verb *toddle*, das „schwanken" oder „watscheln" bedeutet, Anm. d Ü.] Kinder diskriminiert, die sich in jener Phase befinden, aber aufgrund einer Behinderung nicht „watscheln" können. Fällt Ihnen ein besserer Name für diese Phase ein, der nicht unbedingt auf physische Fähigkeiten abhebt?

Kapitel 12

Das physische Umfeld

Louis Torelli ist eine Autorität auf dem Gebiet der Schaffung von Umgebungen für Säuglinge und Kleinkinder. Zusammen mit seinem Partner Charles Durret ist er sehr bekannt dafür geworden, schöne Umgebungen zu kreieren, die auch ihren Zweck erfüllen. Wie weit stimmt dieser Artikel mit den Informationen in Kapitel zwölf Ihres Buches überein?

Text Nr. 12
Eine Lernumgebung gestalten[14]

von Louis Torelli und Charles Durret

Eine Kleinkind-Lernumgebung sollte in höchstem Maße funktional, ästhetisch ansprechend und dem Alter des Kindes angemessen sein. Das Kind sollte führen, während die Betreuerin oder der Betreuer es unterstützt. Bei der Umgestaltung Ihres Gruppenraums verschiedene Ebenen einzubeziehen, ist eine Möglichkeit, um ein solches Umfeld zu schaffen. Durch die Verwendung von Plattformen, Spieletagen, versenkten Flächen, niedrigen Wänden und Baldachinen, die entlang der Peripherie des Raumes angebracht werden, ist es möglich, Ihren Gruppenraum in unterschiedliche Aktivitätsbereiche einzuteilen.

Die Wände rahmen die verschiedenen Aktivitätsbereiche ein, während das Zentrum des Raumes relativ offen bleibt, damit Kinder und Erwachsene sich

14 Neuabdruck mit Genehmigung von www.spacesforchildren.com

dort frei bewegen können und flexibler Raum zur Verfügung steht, der je nach den Beobachtungen der Erwachsenen, wo die momentanen Interessen der Kinder angesiedelt sind, verändert werden kann.

Ähnlich wie ein Haus, das über eine ganze Reihe von Zimmern verfügt, von denen jedes eine andere Funktion hat, bietet eine Umgebung auf mehreren Ebenen Plätze für verschiedene Arten von individuellem Spiel und Spiel in kleinen Gruppen, wie zum Beispiel Lesen, das Spiel mit Bauklötzen, dramatisches Spiel und motorische Erkundungen.

Raumaufteilung

Aktivitätsbereiche entlang der Peripherie bilden

Wir haben festgestellt, dass der effektivste und effizienteste Gebrauch von Gruppenräumen, in denen es typischerweise immer an Platz fehlt, darin besteht, kindgerechte Winkel für spezifische Aktivitätsbereiche entlang des Zimmerrandes abzustecken. Diese Aufteilung macht es der Betreuerin leicht, die Kinder zu beaufsichtigen; sie erlaubt es den Kindern, sich an ausgedehnten individuellen Spielaktivitäten oder dem Spiel in Kleingruppen zu beteiligen, während die Kinderbetreuerin zwei oder drei dieser Aktivitätsbereiche gleichzeitig überwacht. Aktivitätsbereiche entlang der Peripherie des Raums zu platzieren, erlaubt es den Kindern, in der Nähe der Fenster bei natürlichem Sonnenlicht zu spielen, und nach draußen zu schauen, um auf diese Weise eine visuelle Verbindung mit der äußeren Umgebung aufrechtzuerhalten, während sie sich drinnen aufhalten.

Ihr Gruppenzimmer kann auch mittels niedriger Wände oder mittels der Verwendung von Spielzeugregalen, die als Wände fungieren, in unterschiedliche Aktivitätsbereiche aufgeteilt werden. Eine andere Möglichkeit ist die strategische Platzierung einer Torelli/Durett-Säuglings- oder Kleinkinder-Spieletage. Niedrige Trennwände geben den Kindern das Gefühl, sich in einem abgegrenzten Raum zu befinden, auch wenn sie dort leicht von einer Betreuungsperson beaufsichtigt werden können. Selbst wenn die meisten Aktivitätsbereiche am besten funktionieren, wenn sie auf eine spezifische Aktivität hin gestaltet werden, können einige Aktivitätsbereiche auch so eingerichtet werden, dass sie flexibler für Gruppenaktivitäten wie etwa Musik und Bewegung gebraucht werden können.

Eine Reihe von Ebenen integrieren

Durch die variable Gestaltung der Boden- und Deckenebenen innerhalb eines Gruppenraums kann selbst ein relativ kleiner Raum in mehrere unterschiedliche Umgebungen verwandelt werden und sich auch so anfühlen. Sie können die Bodenebenen variieren, indem Sie Plattformen und Spieletagen verwenden und die Deckenebenen variieren, indem sie Baldachine aufhängen oder kindgerechte Winkel schaffen. Um festzulegen, wo Sie die Ebenen verändern, sollten Sie sich zunächst überlegen, wie sich jeder einzelne Aktivitätsbereich entsprechend der spezifischen Aktivität, die dort stattfindet, anfühlen sollte. Eine intime Aktivität wie zum Beispiel das Lesen sollte sich privat anfühlen und von aufregenden Aktivitäten wie dem Spiel mit Wasser entfernt sein, die sich „offener" anfühlen sollten. Ein Lesebereich funktioniert daher gut auf einer erhöhten Plattform, während ein Wasserspielbereich am besten keine Plattform haben sollte, damit noch viel Platz übrig ist, um sich um ihn herum zu bewegen. Unsere Torelli/Durett-Spieletagen schaffen flexible Aktivitätsbereiche auf verschiedenen Ebenen. Sie schaffen einen speziellen Raum für Kinder, damit sie sich oberhalb des übrigen Gruppenraums von dem anderen Geschehen getrennt fühlen können, sie aber dennoch sicher und deutlich sichtbar für die Betreuerin sind. Gleichzeitig erzeugt der Raum unterhalb der Spieletage einen intimen Winkel für eine andere Art von Spiel, wie dem Rollenspiels.

Eine Plattform zu bauen, ist insbesondere für die Aktivitäten von Nutzen, die am besten funktionieren, wenn sie nur innerhalb des dafür vorgesehenen Bereiches stattfinden, wie etwa das Spiel mit Bauklötzen oder kleinen Lernhilfen. Wenn ein Kind auf einer erhöhten Plattform mit Bauklötzen spielt, dann beschränkt sich durch die klare Definition des Raums das Errichten der Bauklötze ganz von selbst auf seinen eigenen Bereich, statt es in den Aktivitätsbereich oder auf den Raum zum Herumlaufen daneben überschwappen zu lassen, wo auf den Bauklötzen herumgetrampelt und das gesamte Gebilde umgestoßen würde.

Einen klaren Weg zum Herumlaufen schaffen

Sowohl Kinder als auch Betreuungspersonen profitieren davon, wenn die Bereiche, die für Aktivitäten verwendet werden, deutlich von denjenigen zu unterscheiden sind, die für das Herumlaufen verwendet werden. Die Kinder können sicher und über längere Zeit innerhalb eines Aktivitätsbereiches spielen, und sie wissen, dass die Bausteine, die sie aufeinander häufen, nicht von anderen Kindern umgeworfen und Erwachsene nicht durch ihren Raum laufen werden. Wenn genügend Platz zum Herumlaufen vorhanden ist, dann können die Betreuerinnen darauf vertrauen, dass sie nicht unabsichtlich auf ein Kind treten werden. Bauen Sie, um Aktivitätsbereiche zu unterscheiden, niedrige Wände und Plattformen mit sinnvoll platzierten Gegenständen, oder versuchen Sie, das Bodenmaterial zu verändern, indem Sie zum Beispiel Linoleum auf die Flächen zum Herumlaufen und Teppichboden auf die Aktivitätsbereiche auf der anderen Seite legen.

Sorgfältig geplanter Speicherraum

Ein Ziel eines effektiven Gruppenraums besteht darin, die Betreuungsperson darin zu unterstützen, ihren Job zu machen. Sie sollte in der Lage sein, ihre Zeit damit zu verbringen, sich um die Kinder zu kümmern, und nicht durch den Raum oder sogar in einen anderen Raum hasten zu müssen, um herauszufinden, welche Aktivität ein Kind gerade braucht. Aus diesem Grunde empfehlen wir, reichlich Speicherraum vorzusehen, der von jedem Aktivitätsbereich im Klassenzimmer aus leicht erreichbar ist. Ein angemessener und vielfältiger Vorrat an Kinderspielmaterialien, der in Spielzeugregalen aufbewahrt wird, macht das Herausnehmen und Weglegen von Spielsachen zu einer von Kindern gelenkten Aktivität. Wir schlagen außerdem vor, geschlossene Wandschränke zu installieren, zu denen nur die Erwachsenen Zugang haben.

Ihre Beleuchtung maximieren

Die Beleuchtung eines Klassenzimmers sollte die Entwicklungsbedürfnisse von Säuglingen und Kleinkindern auf spezielle Weise unterstützen. Die visuelle Wahrnehmung hat direkten Einfluss auf die Lernfähigkeit eines Kindes und seine Fähigkeit, mit seiner Umgebung zu interagieren. Eine Beleuchtung, die zu hell oder zu trübe ist, strengt die Augen an, schadet der visuellen Entwicklung und führt zu Erschöpfung und schlechter Laune. Wenn die Beleuchtung nicht mit dem Umfeld harmoniert, um bestimmte Aktivitäten zu fördern, dann werden sich Kinder wie Betreuerinnen frustriert fühlen. Die schlechte Beleuchtung kann die allgemeine Atmosphäre eines Klassenzimmers negativ beeinflussen, doch wenn die Beleuchtung gut durchdacht ist, dann kann sie die in einem Raum vorgesehenen Aktivitäten harmonisch ergänzen.

Künstliche Beleuchtung verbessern

Wir empfehlen Glühlampen anstelle von Neonbeleuchtung, denn die Qualität der Beleuchtung trägt zur visuellen Entwicklung eines Kindes bei. Fast jedes Klassenzimmer, das wir neu gestalten, ist anfangs durch eine Flut von Neonlicht an der Decke viel zu stark beleuchtet, was dem Raum dann eher das Aussehen eines Krankenhauses oder eines Büros verleiht. Und er fühlt sich dann auch so an – und nicht wie ein Ort, an dem Kinder spielen. Glühlampen werden Ihrem Klassenraum eher die Atmosphäre eines Zuhauses geben, was insbesondere für die Kinder wichtig ist, die bis zu zehn Stunden in Ihrer Betreuung verbringen. So könnte zum Beispiel ein typischer 65 Quadratmeter großer Gruppenraum vier Reihen von Glühlampen haben, fünf Lampen pro Reihe und vier Vierzig-Watt-Birnen pro Lampe. Das ergibt 4,6 Watt pro Quadratmeter, und die Beleuchtung bleibt hauptsächlich auf die Deckenebene beschränkt. Zwei Watt pro Quadratmeter sind jedoch ausreichend, wenn sie sich dort befinden, wo sie benötigt werden. Kleine Kinder brauchen ausreichende Beleuchtung auf Bodenniveau, wo sie sich die meiste Zeit aufhalten.

Wenn Ihr Gruppenraum mit Neondeckenleuchten beleuchtet ist, dann schlagen wir als minimale Verbesserung vor, dass sie sie durch Halogenschienensysteme ersetzen. Halogenschienensysteme geben ein wärmeres Licht, das Sie in Spots lenken können, um den Boden oder den Aufgabenbereich zu beleuchten, wo die Kinder spielen werden. Neonröhren durch Halogenschienensysteme zu ersetzen, ist eine recht einfache Aufgabe, doch ein Elektriker kann Ihnen ebenfalls gute Dienste leisten.

Um die Bodenebene zu beleuchten, können Sie „Licht-Pools" mit Hilfe von Hängeleuchten und Schienensystemen erzeugen. Indirekte Beleuchtung können Sie zusätzlich erzeugen, indem Sie Lampen in Vertiefungen oder Wandleuchten verwenden. Dimmer ermöglichen es Ihnen, die Beleuchtung der Helligkeit anzupassen, die Sie zu verschiedenen Tageszeiten und zur Unterstützung verschiedener Aktivitäten benötigen. Für Säuglinge und Kleinkinder sollte sich Licht auf der Bodenebene oder auf der Arbeitsoberfläche befinden, wie etwa einer Staffelei oder einem Tisch.

Menschen im Allgemeinen und Kinder im Besonderen fühlen sich von Licht angezogen. Daher sollte die Beleuchtung dazu verwendet werden, sie zu bestimmten Aktivitätsbereichen hinzulocken, sei es durch den Gebrauch von natürlichem Licht oder durch Pools von warmem Licht, das auf eine kindgerechte Fläche gerichtet ist. Indem man Licht-Pools an jedem Aktivitätsbereich anbringt, wird ein Gefühl von Geborgenheit und Zweckbestimmung verstärkt, das den Kindern subtile Grenzen für ihre Aktivitäten gibt.

Die Unterscheidung von Aktivitätsbereichen und Bereichen zum Herumlaufen kann ebenfalls durch die Beleuchtung erreicht werden und dazu beitragen, dass Kinder beim Spielen nicht angerempelt werden.

Fragen zu Text Nr. 12

1. Auch wenn in diesem Text der Begriff „Curriculum" nicht verwendet wird, können Sie sehen, wie er mit den Ideen des Curriculums in anderen Texten und in Ihrem Lehrbuch zusammenhängt? Nennen Sie zwei Stellen, wo die Umgebung und das Curriculum in Verbindung miteinander stehen.

2. Warum sollten Sie in einem Raum für Säuglinge und Kleinkinder unterschiedliche Ebenen schaffen wollen?

3. Torelli und Durrett widmen einen Großteil ihres Kapitels der Beleuchtung. Warum könnte die Beleuchtung etwas ausmachen?

Kapitel 13

Die soziale Umgebung

Wie in Kapitel 13 dargelegt, tritt die Entwicklung einer positiven Identität mit größerer Wahrscheinlichkeit ein, wenn Sorgfalt und Aufmerksamkeit in die soziale Umgebung eingebracht werden. Die physische Umgebung kann man sehen, die soziale hingegen ist weniger greifbar. Es geht dabei auch nicht nur darum, zu wissen, was benötigt wird, und es dann bereit zu stellen. Ganz gleich, wie stark sich die Verantwortlichen dafür engagieren, eine positives soziale Umgebung zu schaffen, manchmal wird es durch institutionalisierte Maßnahmen und damit zusammenhängende Praktiken schwer, wenn nicht unmöglich gemacht, Verbesserungen vorzunehmen. In diesem Artikel geht es um solche sozialen Maßnahmen. Er bekräftigt die Themen, die in den verschiedenen Texten immer wieder im Vordergrund standen – die Primärbetreuung, kleine Gruppen, Kontinität in der Betreuung, auf die Kinder eingehende Curricula und kulturelle Kontinität.

Text Nr. 13
Die Auswirkungen von Kinderbetreuungsstrategien und -praktiken auf die Identitätsbildung von Säuglingen und Kleinkindern[15]

Von J. Ronald Lally

Dr. Ronald Lally ist Leiter des WestEd Center for Child and Family Studies in Sausalito im US-Bundesstaat Kalifornien. Er ist darüber hinaus Leiter des Programms für Säuglings- und Kleinkinderbetreuerinnen, das ein Video-Ausbildungsprogramm ist. Lally ist eines der Gründungsmitglieder von Zero To Three.

---

15 Adaptiert aus J. Ronald Lally (1995), "The Impact of Child Care Policies and Practices on Infant/Toddler Identity Formation", in: *Young Children*, November-Ausgabe, S. 58-67.

Ein wichtiger Unterschied zwischen der Säuglings- und Kleinkinderbetreuung und der Betreuung von Vorschulkindern ist im Wesentlichen ignoriert worden, wenn man einmal von den besten Programmen und Familienbetreuungseinrichtungen absieht. Vorschulkinder haben bereits eine recht gut entwickelte „Arbeitsdefinition des Selbst" herausgebildet, mit Vorlieben und Abneigungen, Einstellungen und Neigungen. Säuglinge und Kleinkinder sind erst dabei, dieses vorläufige Selbstgefühl zu formieren. Ein Teil dessen, was Säuglinge und Kleinkinder von Betreuungspersonen bekommen, besteht aus Wahrnehmungen, wie Menschen sich zu verschiedenen Zeiten und in verschiedenen Situationen verhalten (wahrgenommen als die Art und Weise, wie sich der Säugling verhalten sollte), wie Menschen sich ihnen und anderen gegenüber verhalten (wahrgenommen als die Art und Weise, wie sie und andere behandelt werden sollten), und wie Emotionen zum Ausdruck gebracht werden (wahrgenommen als die Art und Weise, wie Säuglinge sich fühlen sollten). Der Säugling nutzt diese Eindrücke und gliedert sie in vielen Fällen in das Selbst ein, zu dem er oder sie wird. Diese Vorstellung von dem tagtäglichen Einfluss der Betreuungsperson auf die sich entwickelnde Identität des Kindes ist in Säuglings- und Kleinkinderprogrammen häufig übersehen worden. Es geschieht mehr, als dass Streicheleinheiten verabreicht und Spiele erlernt werden – Werte und Überzeugungen werden beobachtet und verinnerlicht.

Botschaften über angemessenes und unangemessenes Verhalten sind von der Kinderbetreuungspolitik beeinflusst. Einige der Lektionen, die in das Selbstgefühl des Kindes eingegliedert werden könnten, sind:

- Wovor man Angst haben sollte;
- Welche der eigenen Verhaltensweisen als angemessen angesehen werden;
- Wie die eigenen Botschaften empfangen werden und wie man danach handelt;
- Wie erfolgreich man darin ist, die eigenen Bedürfnisse von anderen erfüllt zu bekommen;
- Welche Emotionen und welche Intensitätsebene von Emotionen man sicher zum Ausdruck bringen kann; und
- Wie interessant man ist.

Die Kultur ist der grundlegende Baustein der Identität. Durch kulturelles Lernen erwerben die Kinder ein Gefühl von Zugehörigkeit, einen Sinn für ihre persönliche Geschichte und Sicherheit in dem Wissen, wer sie sind und wo sie herkommen. Wenn Säuglinge von Betreuungspersonen mit einem anderen kulturellen Hintergrund betreut werden, dann wird der Hintergrund des Kindes entweder auf subtile oder krasse Weise in Frage gestellt. Dies geschieht häufig in bester Absicht. Andere Vorgehensweisen werden häufig als seltsam angesehen. Ein Kind kann zerrissen sein in Bezug darauf, wie es sich zu Hause verhalten soll – nicht so ein Theater veranstalten – und wie es sich in der Betreuung verhalten soll – nahezu alles zu berühren und zu fühlen.

Die Betreuungserfahrung des Kindes sollte sich im Einklang mit der Kultur befinden, aus der es kommt. Daher sollten Betreuerinnen sehr darauf achten, dass sie Praktiken, die das Kind von zu Hause kennt, in die Betreuungstätigkeit einfließen lassen. Betreuungsgewohnheiten sollten dem Kind ein Gefühl der Verbindung zu seinem Zuhause vermitteln und – was noch wichtiger ist – dem Kind das Gefühl geben, dass seine Herkunft respektiert und geschätzt wird. Die Mitarbeiter sollten die Kultur der Familien widerspiegeln, für die sie arbeiten. Diese Verbindungen sind für den Säugling wichtig. Wenn die Betreuerinnen denselben kulturellen Hintergrund haben wie die Familien, für die sie arbeiten, dann wird es den Kindern leicht fallen, ihre eigene Kultur, ihre Wertvorstellungen und Überzeugungen in ihre sich entwickelnde Selbstdefinition einzubeziehen. Es ist besonders wichtig, dass Betreuungspersonen und Familien dieselbe Sprache sprechen.

Wenn Betreuerinnen Themen der Identitätsbildung zumindest ein wenig Aufmerksamkeit schenken, dann können sie die Säuglingsbetreuung außerhalb des eigenen Heims verbessern. Die Anerkennung der Rolle, die die Betreuerin für die Identitätsbildung des Säuglings spielt, rückt den Säugling und die Säuglingsarbeit in ein angemessenes Licht. Es macht deutlich, dass diejenigen, die sich um Säuglinge und Kleinkinder kümmern, an der Schaffung eines Selbstgefühls teilhaben, und dass dieser einzigartigen Verantwortung Aufmerksamkeit geschenkt werden muss.

Fragen zu Text Nr. 13

1. Lallys Ziel ist es, dass jeder Säugling und jedes Kleinkind ein „solides Selbstgefühl" hat. Was bedeutet dieses Konzept für Sie?

2. Lally hat diesen Artikel Mitte der neunziger Jahre geschrieben. Haben sich Ihrem Wissen nach die Dinge seitdem verändert? Er sagt zum Beispiel, dass die Identitätsbildung von Säuglingen und Kleinkindern unter anderem von denjenigen, die Programme entwerfen, und von denjenigen, die für die Ausbildung von Erzieherinnen zuständig sind, aus zwei Gründen vernachlässigt worden ist: 1. Die meisten Säuglings- und Kleinkinderbetreuungsprogramme basieren auf Vorschulmodellen, was unangemessen ist. 2. Die Säuglings- und Kleinkinderbetreuung wird nicht als ernst zu nehmendes Thema angesehen. Was ist Ihr Eindruck? Wie weit hat sich dieser Bereich entwickelt, seit dieser Artikel geschrieben wurde?

3. Lally sagt, dass Betreuungspersonen die Identitätsbildung von Säuglingen beeinflussen. Das geschieht dann, wenn signifikante Aspekte in der Art und Weise, wie die Betreuungspersonen handeln, von den Säuglingen wahrgenommen und interpretiert werden und sie diese Wahrnehmungen und Interpretationen automatisch in ihr eigenes Selbstgefühl einbeziehen. Er gibt Beispiele aus der Forschung, um diese Behauptung zu stützen. Was ist ein solches Beispiel?

Kapitel 14

Erwachsenenbeziehungen in den Programmen der Säuglings- und Kleinkinderbetreuung

Säuglinge und Kleinkinder befinden sich immer in einem bestimmten Kontext. Das bedeutet, dass alles, was mit ihrer Pflege und Erziehung zu tun hat, auch mit ihrer Familie zu tun hat, so dass die Kommunikation sehr große Bedeutung gewinnt. Auch wenn ein Großteil der Kommunikation zwischen Betreuerinnen und den Familien der betreuten Kinder sozusagen „im Laufschritt" zu Beginn und am Ende des Tages stattfindet, taucht zuweilen das Bedürfnis auf, sich hinzusetzen und auf formellere Weise miteinander zu sprechen. Was müssen Sie in Betracht ziehen, wenn Sie eine Besprechung mit Eltern, anderen Familienmitgliedern oder Erziehungsberechtigten planen und durchführen, die aus einer anderen Kultur als Sie selbst stammen?

Text Nr. 14
Interkulturelle Besprechungen[16]

von Janet Gonzalez-Mena

Janet Gonzalez-Mena unterrichtet, schreibt und widmet sich in der übrigen Zeit dem Familienleben. Sie hat 15 Jahre lang am Nappa Valley College in Kalifornien unterrichtet. Sie ist Autorin mehrerer Bücher über die frühe Kindheit und schreibt darüber hinaus Artikel über die Pflege und Erziehung kleiner Kinder.

---

16 Neuabdruck mit Genehmigung von Child Care Information Exchange, PO Box 3249, Redmond, WA 98073, USA, 001- 800-221-2864, www.ChildCareExchange.com.

Stellen Sie sich vor, Sie warten darauf, sich mit einer Mutter oder einem Vater zu treffen, die einer anderen Kultur entstammen als sie selbst. Sie wissen, dass es möglicherweise einige kulturelle Barrieren zu überwinden gilt, sind sich aber nicht sicher, worin diese bestehen. Der Sinn und Zweck dieses Artikels ist es, Sie durch eine Elternbesprechung zu führen und darauf hinzuweisen, wo Sie auf Schwierigkeiten stoßen könnten.

Sie stehen also da und warten. Sie warten und warten. Die Mutter taucht nicht auf. Schließlich kommt sie doch noch, entschuldigt sich aber nicht einmal für ihre Verspätung. Handelt es sich dabei um ein Missverständnis, um Unhöflichkeit, einen Mangel an Organisation – oder um etwas anderes?

Es ist gut möglich, dass Sie beide eine ganz andere Vorstellung davon haben, was „zu spät kommen" bedeutet. Es gibt enorme kulturelle Unterschiede in der Auffassung von Zeit, und was für den einen „zu spät" ist, könnte für einen anderen „pünktlich" sein. Einige Kulturen haken Minuten ab, und jedes „Minütchen" nach der verabredeten Zeit lässt einen Menschen noch später dran sein. Andere Leute kommen möglicherweise Stunden oder Tage nach der verabredeten Zeit und sehen sich innerhalb der Grenzen der Höflichkeit immer noch als pünktlich an.

Und dann ist da noch das Begrüßungsritual. Schüttelt man einander die Hand oder nicht? Und wenn ja, wie? Ein fester Handschlag könnte bedeuten, dass man ein geradliniger, zuversichtlicher und ehrlicher Mensch ist – so, als sähe man einem Menschen direkt in die Augen, wenn man mit ihm spricht. Eine Person, die diesen Standpunkt vertritt, könnte eine kaum merkliche Berührung der Hände als Zeichen ansehen, dass der betreffende Mensch unsicher, schwach oder zwielichtig ist. In einigen Kulturen wird jedoch ein fester Handgriff als unhöflich und unsensibel angesehen. Und dann gibt es da noch Menschen, die einem bei der Begrüßung weder in die Augen sehen noch einen berühren.

In vielen Kulturen gibt es dahingehend Unterschiede, ob Männer einander begrüßen oder Frauen, und auch wie die beiden Geschlechter einander begrüßen. Woher können Sie das wissen? Sie können es nicht. Sie müssen improvisieren und für äußere Zeichen sensibel sein.

Sind Sie ein Mensch, der immer mit dem Vornamen angesprochen werden möchte? Tun Sie das, um warmherzig und freundlich zu sein und sich für Gleichheit einzusetzen? Das könnte ein Fehler sein. Für einige Eltern könnte es sich unangenehm oder respektlos anfühlen, einander mit dem Vornamen anzusprechen. Wenn Sie das nicht wissen, ist es am besten, nachzufragen. Zu fragen, „Wie möchten Sie angesprochen werden?", gibt den Eltern die Möglichkeit, zu bestimmen.

Sind Sie bereit, umzublättern und weiterzugehen? Mache ich Ihnen Angst? Es gibt so viel zu lernen – wie kann ein Mensch sich je auf jemanden aus einer anderen Kultur beziehen und nicht eine Million Fehler machen? Diese Frage ist leicht zu beantworten. Sie können es nicht. Sie werden Fehler machen – und die andere Person auch. Man kann von Ihnen nicht erwarten, dass Sie alles wissen, was es über jede andere Kultur zu wissen gibt. Über Kulturen hinweg zu kommunizieren, ist eine Lernerfahrung. Das ist die richtige Art und Weise, diese Thematik anzugehen.

Die beste Vorbereitung für kulturübergreifende Begegnungen besteht darin, so viel Sensibilität zu zeigen wie möglich. Es geschieht immer viel mehr, als es den Anschein hat – selbst bei einer einfachen Begegnung zwischen zwei Menschen derselben Kultur.

Die Bedeutung von Verhaltensweisen und Worten ist für jeden Menschen anders. Einige dieser Unterschiede sind kulturell und können erlernt werden. Andere sind individuell und können ebenfalls erlernt werden. Sehen Sie sich selbst als lebenslang Lernenden und das Ganze wird nicht so überwältigend sein.

Schließlich sind Sie mit sämtlichen Begrüßungen fertig und bereit, sich um die Besprechung selbst zu kümmern. Vielleicht sind die Eltern daran gewöhnt, sich zunächst einmal locker zu unterhalten, bevor sie dann zum Kern der Sache kommen. Haben Sie Zeit dafür eingeplant? Für einen Menschen, der nach einem strengen Zeitplan arbeitet und sofort zum Eigentlichen kommen möchte, kann müßige Unterhaltung eine frustrierende Sache sein. Doch wenn Sie bemerken, dass es in Ordnung ist, ein wenig zu plaudern, dann könnte es sich lohnen, dafür trotzdem einige Minuten zu investieren, einfach, um die richtige Stimmung für die Besprechung zu schaffen.

In Ordnung, Sie sind also schließlich bereit, darüber zu reden, worum es bei der Besprechung eigentlich geht. Verwenden Sie keine Fachsprache. Bereiten Sie sich rechtzeitig vor, indem Sie alle Fachausdrücke in simples und verständliches Deutsch übersetzen. Sonst erhöhen Sie die Wahrscheinlichkeit, dass Ihnen die Eltern nicht werden folgen können. Und was noch schlimmer ist, Sie werden ein Machtungleichgewicht schaffen. Wenn Fachleute Dinge auf eine Weise erklären, die nicht leicht verständlich ist, dann erheben Sie sich über andere. Dieser Gebrauch von Fachsprache kann von einigen Eltern sogar so aufgefasst werden, als wollten Sie „sich wie ein Pfau aufplustern" – das heißt, sein prachtvolles Federkleid ausbreiten zu wollen, um den Betrachter in Erstaunen zu versetzen oder ihn vielleicht für sich zu gewinnen.

Machtgehabe im Austausch zwischen Eltern und Fachleuten ist ein großes Problem und man sollte es selbst für sich klären. Wenn Sie persönlich mit Eltern in einem Spiel konfrontiert sind, bei dem es darum geht, immer eine Nasenlänge voraus zu sein, wer gewinnt dann normalerweise? Wie sehr sind Sie darum bemüht, Macht zu teilen? Wie viel wissen Sie darüber, wie Ihnen das gelingen kann? Machtspiele stehen echter Kommunikation im Wege, und schließlich streben Sie nach echter Kommunikation, oder etwa nicht?

Und dann gibt es da noch die Frage der kulturellen Sichtweisen. Wie stark entsprechen die Vorstellungen der Eltern darüber, was gut für die Kinder ist, den Ihrigen? Das Bild, das Eltern von ihrem Kind haben, könnte dem Bild des Programms diametral entgegengesetzt sein. Es ist leicht, eine Mutter oder einen Vater zu kritisieren, die ihr Kind „wie ein Baby behandeln" oder es zum Beispiel zu sehr beschützen. Doch verstehen Sie ihre Prioritäten wirklich? Die Ziele des Programms könnten zum Beispiel Unabhängigkeit und Individualität sein, während die Eltern diese Ziele als Hindernis dahingehend ansehen, dass das Kind fest mit seiner Familie verbunden bleibt. Ein anderes Beispiel: Sie fördern vielleicht die Selbstachtung der Kinder, während die Eltern den Stolz auf das Erreichte als größte Sünde überhaupt ansehen.

Ach, du meine Güte! Vielleicht wollen Sie angesichts der Sachlage diesen Artikel in die Ecke werfen. Geben Sie nicht auf. Die Lösung besteht darin, sich in die Lage der Eltern zu versetzen und zu fühlen, wie es wäre, „in ihren Schuhen zu gehen". Bringen Sie, soweit wie möglich, Ihre Fähigkeit des Zuhörens zur Anwendung – derart, wie Sie sie für Kinder verwenden würden, die mit Ihnen zu kommunizieren versuchen, aber Probleme damit haben.

Sobald Sie feststellen, dass Sie, statt zuzuhören, versuchen, sich eine eigene Meinung zu bilden, halten Sie inne. Es ist nicht leicht, das zu tun. Wenn Sie einer Durchschnittsunterredung zwischen zwei Menschen zuhören, dann werden Sie feststellen, dass sich das Gespräch häufig zwischen den Vorstellungen und Zielen des einen Sprechers und denjenigen des anderen hin- und herbewegt und nur der Hauch einer Verbindung zwischen den beiden besteht.

Geben Sie es auf, sich um Ihre Ziele zu kümmern, und hören Sie den

Eltern wirklich zu – und zwar nicht nur ihren Worten, sondern auch den Gefühlen, die dahinter stehen. Hören Sie solange zu, bis der andere zu reden aufhört. Unterbrechen Sie nicht. Wenn Sie an der Reihe sind, dann sollten Sie, statt argumentieren, erziehen oder aus Ihrer eigenen Perspektive antworten zu wollen, versuchen, die Sichtweise der anderen Person darzulegen. Fassen Sie die Essenz oder den Geist dessen, was Sie gehört haben, in Worte, indem Sie eine Aussage über die Gefühle, Erfahrungen, Wahrnehmungen, Überzeugungen und Konzepte der anderen Person machen. Schauen Sie, ob Sie zu der tieferen Botschaft vordringen können.

Die meisten Menschen üben diese Art des Zuhörens und Antwortens nur wenig. In einer Unterhaltung, in der es eine Meinungsverschiedenheit gibt, stellen die meisten Menschen ständig ihre eigene Sichtweise der Dinge in den Vordergrund.

Die Fähigkeit des Zuhörens kann jedoch erlernt werden. Und am besten dafür ist das Feedback, das Sie bekommen, wenn Sie die Botschaft empfangen haben, die jemand zu senden versucht hat. Es ist wie mit einem Basketball zu üben; Sie wissen, wann Sie einen Korb geworfen haben. Sie wissen, dass Sie eine Kommunikation geöffnet haben, weil der Ball durch den Ring fällt und die Unterhaltung weitergeht.

In einer Situation zu kommunizieren, in der sich verschiedene Kulturen verständigen wollen, kann eine lohnenswerte Erfahrung sein. Fehler werden normalerweise vergeben, sobald die Eltern sehen, dass Sie sich sehr darum bemühen, ihnen auf gleicher Ebene zu begegnen.

Stellen Sie sich vor, Sie beobachten nach einer erfolgreichen Besprechung, wie sich die Tür schließt. Stellen Sie sich vor, dass Sie nach der letzten Verabschiedung zufrieden dasitzen, weil Sie und die Eltern gut miteinander kommuniziert haben. Die Mühe hat sich gelohnt; es hat sich gelohnt, Fehler zu riskieren. Beide Parteien haben etwas gelernt. Können Sie noch mehr verlangen?

Fragen zu Text Nr. 14

1. Welche Erfahrungen haben Sie mit Menschen gemacht, die eine andere Vorstellung von Pünktlichkeit als Sie selbst hatten?

2. Was wissen Sie darüber, wie man Menschen aus Kulturen begrüßt, die sich von Ihrer eigenen unterscheiden?

3. Reden Sie einen Menschen automatisch mit seinem Vornamen an? Wenn ja, warum? Wenn nicht, warum nicht?

Teil 2

Übergeordnete Themen

Texte zu Gesundheit und Sicherheit

Ein Hauptanliegen besteht darin, Säuglingen, Kleinkindern und ihren Familien ein Gefühl von Sicherheit zu vermitteln. In den folgenden Artikeln geht es um Risikofaktoren für Säuglinge während des Schlafens; darum, wie man sich um ein Kind kümmert, dessen Entwicklung durch ein gesundheitliches Problem beeinträchtigt ist, sowie um die Förderung des Stillens in Kinderbetreuungseinrichtungen.

Text 15

Lesen Sie, was Susan Aronson darüber zu sagen hat, wie Säuglinge sicher in Kindertagesstätten schlafen können. Erinnern Sie sich daran, was Sie über die Schlafpositionen für Säuglinge wissen bzw. gehört haben.

Text Nr. 15
Das Syndrom des Plötzlichen Säuglingstodes[17]

Dr. Sue beantwortet Ihre Fragen zu Gesundheit und Sicherheit

von Susan S. Aronson, MD

In der Kinderbetreuung kommt es zu Fällen
von Plötzlichem Säuglingstod, die zu verhindern gewesen wären
In der Kinderbetreuung sterben immer noch zu viele Säuglinge an Plötzlichem Säuglingstod (SIDS) – zum Teil deshalb, weil Kinderbetreuer Babys auf dem Bauch schlafen lassen. Über dieses überraschende Ergebnis wurde in der Juli-Ausgabe von *Pediatrics* im Jahre 1997 berichtet. In dem betreffenden Artikel haben Forscher die Ergebnisse einer Telefonumfrage zusammengefasst, in der sie danach gefragt hatten, wie Betreuungseinrichtungen für Kinder in Washington, DC. und zwei benachbarten Distrikten Säuglinge schlafen legten. Sie erhielten Antworten von 131 der 137 staatlich anerkannten Einrichtungen, das sind 96 Prozent der anerkannten Einrichtungen, die sich im Großraum Washington um Säuglinge und Kleinkinder kümmern.

---

17 Neuabdruck mit Genehmigung von Child Care Information Exchange, PO Box 3249, Redmond, WA 98073, USA, (800) 221-2864, www.ChildCareExchange.com

Die Bekanntmachung der Tatsache, dass der Plötzliche Säuglingstod dadurch verhindert werden kann, dass man Babys auf dem Rücken schlafen lässt, hat zu einer erheblichen Verringerung der Bauch-Schlaflage und einem steilen Rückgang der SIDS-Todesfälle geführt. 1992 legten noch mehr als 70 Prozent der US-amerikanischen Eltern ihre Babys auf dem Bauch schlafen. Drei Jahre später waren es nur noch 30 Prozent.

Es wird jedoch berichtet, dass 1996 in 50% der Kindertagesstätten im Großraum Washington die aktuelle nationale Empfehlung, dass alle Säuglinge zum Schlafen auf den Rücken gelegt werden sollten, nicht bekannt war. Etwa derselbe Prozentsatz gab an, dass sie zumindest einige Säuglinge zum Schlafen auf den Bauch legten. In 20% der Zentren sagten die Befragten, dass alle Säuglinge in dieser gefährlichen Position schlafen gelegt würden.

Dieses Problem ist nicht auf die Bundeshauptstadt beschränkt. In zwei Staaten sind Daten vorhanden, die zeigen, dass es in Kindertagesstätten einen unverhältnismäßig hohen Prozentsatz an Todesfällen durch SIDS gibt. Das SIDS-Zentrum in Minnesota meldet, dass die Todesrate durch SIS in der organisierten Kinderbetreuung sogar 35,4% betragen könnte. In Kalifornien kommen über 40% der SIDS-Todesfälle in der Kinderbetreuung vor. Diese Raten von Plötzlichem Säuglingstod in der Kinderbetreuung sind höher als erwartet. Der amerikanischen Behörde für Bevölkerungsstatistik zufolge befanden sich im Jahre 1993 nur 17% der Säuglinge in den Vereinigten Staaten in Kindertagesstätten (8%) beziehungsweise bei Tagesmüttern (9%).

In der Washingtoner Studie praktizierten weniger als 50% selbst derjenigen Zentren, denen die Gefahr des Schlafens auf dem Bauch bekannt war, eine sichere Positionierung. Diese Zentren gaben unter anderem folgende Gründe für die Verwendung der gefährlichen Schlafposition auf dem Bauch an: die Annehmlichkeit des Kindes, entsprechende Instruktionen vonseiten der Eltern, die irrige Überzeugung, dass das Schlafen auf dem Rücken weniger wichtig sei, wenn das Kind mehr als drei Monate alt ist, und die allgemeine, irrige Annahme, dass Kinder mit größerer Wahrscheinlichkeit erstickten, wenn man sie auf dem Rücken schlafen ließe.

SIDS in einer Kinderbetreuungseinrichtung ist ein verheerendes Vorkommnis. Der Tod eines Kindes ist für die Familie des Kindes, die Mitarbeiter und die Gesellschaft als Ganzes ein Verlust von enormer Bedeutung. Die rechtlichen und finanziellen Kosten können die betroffene Einrichtung in den Ruin treiben.

Wenn mindestens die Hälfte der Fälle von Plötzlichem Säuglingstod dadurch verhindert werden könnte, dass man Säuglinge auf dem Rücken schlafen lässt, warum sollten dann Kinderbetreuerinnen je etwas anderes tun?

Fragen zu Text Nr. 15

1. Was kann man tun, um die Risikofaktoren der Todesfälle durch Plötzlichen Säuglingstod (SIDS) in der Kinderbetreuung möglichst gering zu halten?

2. Wie sind Ihre Erfahrungen damit, Babys schlafen zu legen?

3. Was würden Sie mit Babys tun, die sich anscheinend wohler fühlen, wenn man sie auf dem Bauch schlafen legt?

Text 16

Cynthia Huffman zufolge stehen Betreuerinnen vor einzigartigen Herausforderungen, wenn sich ein Kind mit besonderen Bedürfnissen anmeldet, einschließlich der Entwicklung von Plänen für die medizinische Versorgung und Notfallplänen sowie angemessenen Anpassungen an Aktivitäten und das Umfeld. Säuglinge und Kleinkinder sind für die Auswirkungen von Krankenhausaufenthalten und Krisen in der gesundheitlichen Versorgung besonders anfällig.

Text Nr. 16
Die Entwicklung von Säuglingen und Kleinkindern mit besonderen medizinischen Bedürfnissen unterstützen[18]

Von Cynthia Huffman, MS, CCLS[19]
Herausgegeben von Susan S. Aronson MD FAAP

18 Neuabdruck mit Genehmigung von *Child Care Information Exchange*, PO Box 3249, Redmond, WA 98073, USA, (800) 221-2864, www.ChildCareExchange.com

19 Geprüfte *Child-Life*-Spezialistin – *Child-Life*-Spezialistin ist ein Beruf, der sich auf die emotionalen und entwicklungsbezogenen Bedürfnisse von Kindern im Rahmen der Gesundheitsfürsorge beschäftigt. Eine *Child-Life*-Spezialistin muss spezifische akademische Standards erreichen. Hierzu gehört als Mindestanforderung ein Hochschulreifeabschluss in *Child-Life*-Studien, Psychologie, kindlicher Entwicklung, menschlichen und Familienstudien oder einer eng verwandten Disziplin. Für die Zertifizierung muss eine *Child-Life*-Spezialistin ein 480-Stunden-Praktikum in einem *Child-Life*-Programm und unter der direkten Supervision einer geprüften *Child-Life*-Spezialistin durchlaufen, gefolgt von einer umfangreichen schriftlichen Prüfung, die das *Child Life Council* abhält. Die Anforderungen, um die Zertifizierung zu behalten, beinhalten Fortbildungsaktivitäten. Hierzu gehören: Vorlesungen, College-Kurse und Seminare über die direkte und indirekte Patientenbetreuung, ebenso wie die vorgeschriebene Neuprüfung durch das *Child Life Council* in regelmäßigen Abständen.

Dr. Sue Aronson, MD, Mitglied der Amerikanischen Akademie für Kinderärzte (FAAP), ist Klinische Professorin für Pädiatrie an der Universität von Pennsylvania sowie Kinderärztin in Philadelphia im US-Bundesstaat Pennsylvania.

Cynthia Huffman ist Trainerin im Rahmen des Projekts „Einbeziehung durch Spielen" des The National Lekotek Center, das Erzieher darin unterstützt, Kinder mit Behinderungen in frühe Kindheitsumgebungen einzubeziehen. Davor arbeitete sie als Child-Life-Spezialistin am Kinderkrankenhaus von Los Angeles. Sie führt Weiterbildungsmaßnahmen für Berufstätige durch, in denen es darum geht, Kleinkinder und junge Familien zu unterstützen, mit besonderen medizinischen Bedürfnissen sowie mit Verlust und Trauer umzugehen. Sie hat ihren Master-Abschluss im Säuglings- und Elternbildungsprogramm sowie im Frühförderungsprogamm des Bank Street College of Education erhalten.

An einem bestimmten Punkt in ihrer beruflichen Laufbahn werden sich nahezu all diejenigen, die Kinder betreuen, um ein Kind kümmern, dessen Entwicklung durch ein besonderes gesundheitliches Problem beeinträchtigt ist. Durch medizinische Fortschritte in der jüngeren Vergangenheit, gegenwärtige Trends in *Managed Care*, eine erhöhte Nachfrage nach Kinderbetreuung und die gesetzlich vorgeschriebene Integration hat sich die Zahl der Kinder in Kindertagesstätten erhöht, die unter chronischen Krankheiten leiden und besondere medizinische Bedürfnisse haben. Auch wenn unterschiedliche Definitionen zu unterschiedlichen Ergebnissen führen, gehen die meisten Schätzungen davon aus, dass zwischen 18% und 30% der Kinder unter 18 Jahren in den USA unter chronischen Entwicklungs- oder Verhaltensstörungen bzw. physischen Beeinträchtigungen leiden (USHHS, 1996). Folgendes wissen wir sicher:

- Die emotionalen, physischen und intellektuellen Erfahrungen in den ersten drei Lebensjahren eines Kindes sind entscheidend, da sie die Grundlage für die Entwicklung jenes Kindes in der Zukunft legen.
- Nahezu 40 Prozent der Kinder im Alter von vier Jahren und darunter müssen mindestens einmal im Jahr ins Krankenhaus (National Health Care Survey, 1999). Jedes Kleinkind sollte regelmäßige Vorsorgeuntersuchungen bekommen, bei denen akute und chronische gesundheitliche Probleme zu einem möglichst frühen Zeitpunkt im Leben des Kindes entdeckt und gemanagt werden sollten.

- Forschungen haben wiederholt gezeigt, dass ältere Säuglinge und Kleinkinder (zwischen sechs Monaten und drei Jahren) am anfälligsten für die Auswirkungen von Krankenhausaufenthalten und Krisen in der gesundheitlichen Versorgung sind (Vernon, Foley, Sipowicz & Schulman, 1965).
- Fortschritte in der Medizin und gegenwärtige Trends im Rahmen von *Managed Care* haben zu kürzeren Krankenhausaufenthalten für Kinder geführt. Häufig sind solche Krankenhausaufenthalte heftig und mit beträchtlichem Stress verbunden. Nach einem Krankenhausaufenthalt kann es bei Kindern zu Hause und in Kinderbetreuungsprogrammen zu Verhaltens- und Schlafproblemen oder zu Regressionen in Bezug auf vorher bereits erfolgte Entwicklungsschritte kommen.

Betreuerinnen stehen vor einzigartigen Herausforderungen, wenn ein Kind mit besonderen Bedürfnissen angemeldet wird oder in ihre Obhut zurückkehrt. Abgesehen davon, dass sie sich genaue und aktuelle Informationen verschaffen müssen, dass sie Pläne für die medizinische Versorgung und für Notfälle entwickeln müssen und dass sie geeignete Anpassungen bei Aktivitäten und in der Umgebung vornehmen müssen, muss das Betreuungspersonal darauf vorbereitet sein, diesen Kindern unmittelbare, sensible Unterstützung für ihre emotionalen und entwicklungsbezogenen Bedürfnisse zu geben.

Die Rolle der *Child-Life*-Spezialistin hat sich als Reaktion auf zunehmende Hinweise ergeben, dass Krankheiten, chronische Leiden und Krankenhausaufenthalte die Entwicklung von Kindern und das effektive Funktionieren von Familien stören können. Die Forschung hat immer wieder gezeigt, dass die negativen Folgen von Krankheit und Krankenhausaufenthalten durch spezifische Interventionen aufgefangen werden können (Thompson, 1985). Während sich andere Angehörige des medizinischen Versorgungsteams normalerweise auf medizinische Belange konzentrieren, sind *Child-Life*-Spezialisten damit befasst, die Stärken des Kindes zu unterstützen, um Stress und Angstgefühle möglichst gering zu halten und so ein optimales Wachstum und eine bestmögliche Entwicklung zu fördern.

Als Fürsprecher der Kinder und ihrer Familien bieten *Child-Life*-Spezialisten den Kindern Gelegenheiten zum Lernen, sich selbst zum Ausdruck zu bringen und ein Gefühl für die eigene Leistung zu entwickeln. Darüber hinaus erleichtern sie die Sozialisation und die Beteiligung der Familie an der Betreuung ihres sich im Krankenhaus befindlichen Kindes. Indem das Betreuungspersonal mit der *Child-Life*-Spezialistin, die sie beraten kann, wie sie Kindern, die aufgrund ihres Krankenhausaufenthaltes unter Stress leiden, unterstützen können, vermögen Betreuer, ihr Wissen um die kindliche Entwicklung mit der *Child-Life*-Theorie und Praxis zu verbinden und auf diese Weise Kinder mit besonderen medizinischen Bedürfnissen angemessen zu unterstützen.

Die Auswirkungen von chronischen Krankheiten und Krankenhausaufenthalten

Kinder und Erwachsene erleben Krankenhausaufenthalte als große Belastung. Wenn sie wiederholt Erfahrungen mit medizinischen Behandlungen und Krankenhausaufenthalten machen und man ihnen Gelegenheiten gibt, verbal zum Ausdruck zu bringen, was solche Aufenthalte für sie bedeuten, dann lernen sie, besser damit umzugehen. Viele Erwachsene erzählen Freunden und Verwandten während des Genesungsprozesses wiederholt von ihren Krankenhausaufenthalten und durchleben sie auf diese Weise erneut. Für Säuglinge und Kleinkinder ist es besonders schwierig, mit der Belastung einer Behandlung oder eines Krankenhausaufenthaltes umzugehen, da sie das Erlebte nicht dadurch verarbeiten können, dass sie darüber reden.

Für Säuglinge: Eine der Hauptaufgaben eines Kindes in seinem ersten Lebensjahr besteht darin, Vertrauen darein zu entwickeln, dass seine Grundbedürfnisse von den Erwachsenen erfüllt werden, die sich um es kümmern. Für einen Säugling kann eine Krankheit eine Durchbrechung der normalen Routine und der Rhythmen bedeuten, die es ihm erlauben, sich sicher und behütet zu fühlen. Vielleicht hat er oder sie zu viel Anregung bekommen und ist nicht kontinuierlich genährt worden. Ein Baby, das eine schwere Krankheit durchlebt hat, hat möglicherweise eine begrenzte Fähigkeit, angemessen Nahrung aufzunehmen und die Welt zu erforschen. Beides könnte seine physische, soziale und kognitive Entwicklung beeinträchtigen. Des Weiteren könnten die belastenden Folgen der Krankheit die Eltern des Babys veranlassen, sich emotional zurückzuziehen. Wenn Eltern emotional zurückgezogen oder erschöpft sind, ist das Baby möglicherweise unfähig, eine sichere Bindung zu ihnen zu entwickeln.

Während eines Krankenhausaufenthaltes werden die sensorischen Erfahrungen eines Babys anders sein, als es bei ihm zu Hause der Fall ist. Von dem, was ein Baby im Krankenhaus sieht, hört und riecht, fühlt es sich häufig überwältigt. Wenn Babys im Krankenhaus in erster Linie in einem Gitterbettchen liegen, dann werden sie wenig Gelegenheit haben, die Welt um sie herum erforschen zu lernen. Im Krankhaus erfolgen soziale Interaktionen häufig auf aufdringliche und abrupte Weise. Das medizinische Personal hat ständig wechselnde Schichten. Unter diesen Umständen könnte es für ein sehr kleines Kind sehr schwierig sein, Vertrauen zu entwickeln oder aufrechtzuerhalten und normale Bindungen aufzubauen.

Für Kleinkinder: Krankheit und Krankenhausaufenthalte stellen eine Bedrohung für die sich entwickelnde Autonomie eines Kleinkindes dar. Einige Kleinkinder kämpfen darum, die Kontrolle aufrechtzuerhalten, andere geben jegliche Kontrolle auf. Die Krankheitssymptome können zu einer Einschränkung bei Aktivitäten führen, die Übungsmöglichkeiten bieten, um typische Aufgaben des Kleinkindalters zu bewältigen, wie etwa motorische und sprachliche Kompetenzen sowie die Fähigkeit, sich selbst zu helfen. Kleinkinder verstehen nicht, was Krankheit ist. Ihr magisches und egozentrisches Denken kann sie veranlassen zu glauben, dass sie ihre Krankheit selbst verursacht haben oder dass ihre Krankheit eine Bestrafung für schlechtes Verhalten sei.

Während des Krankenhausaufenthaltes ist die Trennung von den Eltern die größte Sorge, selbst für ein kleines Kind, das gelernt hat, mit regelmäßigen Trennungen umzugehen. Eine solche Trennung kann als Im-Stich-gelassen-worden-Sein angesehen werden, als Zeichen für verlorene Liebe oder als Bestrafung. Es könnte sein, dass das Krankenhaus nur wenige Gelegenheiten für eine normale Sozialisation und für Erfolge bei der Bewältigung einfacher Aufgaben bietet. Angesichts begrenzter Möglichkeiten, Selbstvertrauen zu entwickeln, werden Kleinkinder im Krankenhaus möglicherweise zurückhaltend, wenn es darum geht, neuen Erfahrungen nachzugehen, und sie brauchen dafür mehr Bestätigung von Erwachsenen.

Für Kleinkinder sind eine unvertraute Umgebung und zudringliche Maßnahmen vonseiten fremder Menschen beängstigend. Kinder, die sich im Krankenhaus befinden, zeigen unter Umständen eine erhöhte Intensität in ihren Reaktionen und Verhaltensweisen gegenüber Belastungen und Veränderungen in den täglichen Gewohnheiten, wie dem Essen, dem zur Toilette gehen und dem Schlafen. Es können Regressionen in einem oder allen Entwicklungsbereichen auftreten. Eine solche Regression kann durch physische und emotionale Störungen in der elterlichen Unterstützung verstärkt werden.

Säuglingen und Kleinkindern helfen, mit der Situation fertig zu werden

Auch ein Kind mit besonderen medizinischen Bedürfnissen ist zuallererst ein Kind. Wie es bei allen Kindern der Fall ist, erfordert seine Betreuung einen ständigen Prozess der Bewertung von Bedürfnissen, der Planung und Durchführung eines Handlungsverlaufs. Dann erfolgt die Bewertung der Resultate, die Neubewertung der Bedürfnisse und, falls notwendig, die Korrektur des Handlungsablaufs. Dabei sind die Strategien maßgeblich, die das Wachstum und die Entwicklung aller Kinder fördern, doch einige Kinder brauchen möglicherweise zusätzliche Hilfe. Einige benötigen vielleicht mehr Zeit, um neue Aufgaben einzuüben und sich an die Umgebung, an Aktivitäten oder Materialien anzupassen.

Die Abfolge der Meilensteine in der Entwicklung sind für alle Kinder dieselben, unabhängig davon, ob sie unter einer chronischen Krankheit leiden oder nicht. Doch Krankheit und die daraus resultierenden Symptome können die Entwicklung verzögern. Einige Kinder mit chronischen Krankheiten oder solche, die häufige oder lang andauernde Krankenhausaufenthalte erdulden mussten, haben vielleicht die Entwicklungsaufgaben des Säuglingsstadiums noch nicht bewältigt. Vielleicht müssen Sie einem eineinhalbjährigen Kind helfen, Vertrauen zu entwickeln und sich sicher zu fühlen, oder Sie müssen einer Dreijährigen helfen, alleine zu essen.

Nachdem ein Säugling oder Kleinkind eine gesundheitliche Krise oder einen Krankenhausaufenthalt erlebt hat, sollten Betreuungspersonen darauf vorbereitet sein, dass das Kind das Bedürfnis haben wird, das Vertrauen wiederherzustellen, ganz gleich, wie stark die frühere Beziehung war. Beruhigen und trösten Sie den Säugling und reagieren Sie unmittelbar, wenn er ein Bedürfnis oder Unbehagen ausdrückt. Unternehmen Sie zusätzliche Anstrengungen, um Zeitpläne aufrechtzuerhalten, die den Rhythmen des Babys entsprechen. Achten Sie genau auf die Körpersprache, die darauf hindeuten könnte, dass das Kind bereit zur Interaktion ist. Sorgen Sie innerhalb der Grenzen, die durch medizinische Notwendigkeiten gesteckt sind, für ein angemessenes Maß an Stimulation und Freiheit für den Säugling, damit er forschen und neue Erfahrungen meistern kann.

Kleinkinder brauchen möglicherweise häufig die Bestätigung, dass sie von Erwachsenen, denen sie vertrauen, geliebt und umsorgt werden. Versichern Sie ihnen, dass die Krankheit oder der Krankenhausaufenthalt weder ihre Schuld noch eine Bestrafung für schlimmes Verhalten ist. Halten Sie, um Beständigkeit zu gewährleisten, Zeitpläne aufrecht, und bieten Sie gleichzeitig Wahlmöglichkeiten, die dem Kleinkind so viel Kontrolle wie möglich über seine Umgebung erlauben. Fördern Sie die Bewältigung von Selbsthilfekompetenzen und Sozialisationsaufgaben, aber seien Sie geduldig. Das Kind braucht Zeit, um sich vorher bereits gemeisterte Fähigkeiten von neuem anzueignen. Unterstützen Sie jegliches Vertrauen des Kindes in Gegenstände, die ihm Sicherheit vermitteln, und in andere erfolgreiche Strategien, selbst mit der Situation fertig zu werden. Fördern Sie das Unabhängigkeitsstreben des Kindes, aber denken Sie gleichzeitig daran, dass alle Kinder ihrem Alter entsprechende Disziplin und Grenzen benötigen.

Wie alle Kleinkinder, so werden auch diejenigen mit besonderen medizinischen Bedürfnissen darum kämpfen, ihre Emotionen zu sortieren und auszudrücken. Sein begrenztes Vokabular kann ein kleines Kind davon abhalten, unterschiedliche Emotionen zu beschreiben. Einigen Kindern stehen vielleicht die sprachlichen Fähigkeiten zur Verfügung, aber sie sind nicht willens, über Gefühle zu sprechen, was insbesondere dann geschieht, wenn das Kind Angst hat, dass seine Gefühle als inakzeptabel angesehen werden könnten. Fördern und bestätigen Sie jeglichen emotionalen Ausdruck.

Auch wenn Sie in einigen Entwicklungsbereichen wahrscheinlich Rückschritte feststellen werden, so kann es doch genauso gut sein, dass Sie als Folge des Erwachsenen-Wissens und der Erfahrungen, die Krankheiten und deren Behandlung bringen können, eine unverhältnismäßige Reife in anderen Bereichen feststellen werden. Während also die Betreuungspersonen ein der Entwicklung angemessenes Verhalten unterstützen sollten, sollten Sie auch Kinder anerkennen, die eine unerwartete Reife dabei an den Tag legen, sich selbst auszudrücken und mit ihrer Welt zurechtzukommen.

Seien Sie in Ihren Beobachtungen aufmerksam. Es werden sich nicht alle Kinder mit chronischen Krankheiten auf eine bestimmte Weise verhalten. Kinder verhalten sich häufig gemäß den Erwartungen der Erwachsenen. Wenn die Krankheit schwerwiegend war, dann besteht die Neigung zu einer Konzentration auf medizinische Belange und den sich möglicherweise ergebenden Entwicklungsverzögerungen. Ein solcher Fokus könnte es schwer machen, die Stärken eines Kindes zu sehen, die die Grundlage für weiteres Wachstum bilden. Wenn Probleme auftauchen, dann denken Sie daran, dass sie aus unterschiedlichen Faktoren resultieren können und nicht zur Gänze eine Folge der Krankheit sind.

Spiel

Wie in der gesamten Kleinkindpädagogik, so besteht das Zentrum des kindlichen Lebens darin, Erfahrungen mit dem Spiel zu machen. Das Spielen fördert Fortschritte, so dass die Meilensteine der Entwicklung leichter erreicht werden können. Es ist ein Mittel, über das Kinder lernen, Kontakte knüpfen und Gefühle ausdrücken.

Das Spiel ist für kleine Kinder ein Weg, um schwierige Erlebnisse zu verarbeiten. Ein angemessen sicheres physisches Spiel wie Aktivitäten des auf etwas Einschlagens, Einhämmerns und Werfens bieten die Möglichkeit, die Energie, Wut und Frustration freizusetzen, die Krankheit und Krankenhausaufenthalte aufbauen können. Musik und Bewegung bieten Säuglingen und Kleinkindern ebenfalls Gelegenheiten, um Emotionen auszudrücken und Energie freizusetzen. Über das Spiel hinaus, dass bei allen Kindern, die sich in der Obhut von Betreuern befinden, die Entwicklung unterstützt, sollten diese das medizinische Spiel fördern, das sich auf emotionale Themen im Zusammenhang mit der medizinischen Versorgung stützt. Kleinkinder, deren Krankenhausaufenthalt noch nicht lange zurückliegt, werden in dramatischem Spiel häufig Trennungsängste oder medizinische Behandlungsmethoden ausagieren, die ihre Ängste in Bezug auf das, was geschehen ist oder als Nächstes geschehen könnte, zeigen. Vielleicht können Sie dieses Spiel fördern, indem Sie die Rolle des Kleinkinds übernehmen und es diesem erlauben, sich als Herr der Lage zu fühlen, indem es die Rolle des Erwachsenen übernimmt.

Ängstlich und wütend über die Spritzen, die sie bekommen haben, rennen Kleinkinder möglicherweise herum und tun so, als ob sie anderen Spritzen geben, während sie versuchen, ihre Gefühle hinsichtlich dieser medizinischen Erfahrung zu sortieren. Wenn es weh tut oder anderen Angst macht, dann bestärken Sie den

Ausdruck von Gefühlen, doch richten Sie die Aktionen auf unbelebte Objekte wie Puppen oder Tierfiguren. Versuchen Sie, wirksame Bewältigungsstrategien positiv zu verstärken, und lassen Sie das Kind, wann immer das sicher möglich ist, aus mehreren Strategien auswählen. Wie immer sollten Sie die Familie des Kindes über sämtliche Belange informieren, die sich während des Spielens zeigen.

Sie können Kleinkindern helfen, medizinische Geräte zu erforschen und sie zu benutzen, um sich selbst künstlerisch auszudrücken. Die Verwendung von Zungenspateln, Plastiktassen und medizinischen Tassen aus Papier für ungefährliche künstlerische Aktivitäten erlaubt es Kindern, sich besser mit diesen Materialien vertraut zu machen und ihre Angst vor ihnen zu reduzieren. Solche Aktivitäten können Kleinkindern außerdem helfen, Erfahrungen zu identifizieren und ihre Gefühle im Zusammenhang mit ihnen zum Ausdruck zu bringen.

Hilfreiche Materialien, die Sie in ihrer Kinderbetreuungseinrichtung vorrätig haben sollten

Eine Reihe von Materialien kann kleinen Kindern helfen, besser mit Krankheiten und medizinischen Behandlungen fertig zu werden. Die meisten sind über Kataloge für pädagogisches Material erhältlich. Sie sollten leicht zugänglich sein, damit Sie die Kinder ermutigen können, sie ständig zu gebrauchen, und nicht nur dann, wenn es zu einer Krise kommt.

- Bücher, die Kinder mit allen möglichen Unterschieden einbeziehen, u. a. solche mit Krankheiten und Behinderungen. Die Bücher sollten sowohl Materialien enthalten, in denen der Unterschied der Fokus der Geschichte ist, als auch solche, in denen der Unterschied für die Erzählung nicht relevant ist. Vielfalt sollte als natürlicher Bestandteil der Welt präsentiert werden.
- Bücher, die Besuche beim Arzt, Zahnarzt, im Krankenhaus, in der Poliklinik oder beim Augenarzt zum Gegenstand haben.
- Wandbilder, die diese Erfahrungen für ganz unterschiedliche Kinder und Familien zeigen.
- Materialien zum Spielen, die Menschen mit besonderen Bedürfnissen zeigen, wie Brillen ohne Gläser, Puppen mit Gehhilfen und Rollstühle für Puppen.

- Medizinische Kleidung in der Verkleidungsecke, zum Beispiel OP-Kittel in Kindergröße, Atemschutzmasken und Kopfbedeckungen zum Wegwerfen (sämtliche Kopfbedeckungen sollten nur von einem Kind verwendet und dann weggeworfen werden, um zu verhindern, dass ein Kind Läuse auf ein anderes überträgt).
- Medizinische Materialien wie Verbände, Pflaster aus Ganzleinen (schützen vor Erstickungen), Plastiktassen, medizinische Tassen aus Papier, Zungenspatel, mit Alkohol getränkte Tücher und Röntgenbilder. Außerdem reale medizinische Instrumente und Spielzeuginstrumente wie ein Stethoskop, Ohrenspekulum, eine Blutdruckmanschette und Spritzen ohne Nadeln.

Familien helfen, die Situation zu bewältigen

Gesundheitliche Krisen sind eine wichtige Zeit für die Familie, um zu der Überzeugung zu gelangen, dass sie Ihnen vertrauen können. Die Familie braucht einen Ort, um Gefühlen freien Lauf zu lassen und ihre Ängste zu verbalisieren, ohne dafür verurteilt zu werden. Sie wird Ihr Feedback hinsichtlich der Art und Weise gebrauchen, wie das Kind die Situation bewältigt. Achten Sie darauf, den Eltern nicht noch zusätzliche Schuldgefühle über diejenigen hinaus zu machen, die sie ohnehin bereits empfinden.

Manchmal ist es für Eltern schwierig, mit ihren Kindern über Dinge zu sprechen, die sie beunruhigen könnten. Für Erwachsene ist es so schwierig, mit Krankheit, Schmerz und Tod umzugehen, dass sie die Unschuldigen häufig vor den Ängsten und Sorgen schützen wollen, die damit einhergehen können. Wir wissen jedoch aus Erfahrung, dass kleinen Kindern der Besuch beim Arzt, eine gesundheitliche Krise oder ein Krankenhausaufenthalt erleichtert werden können, wenn man ihnen zu begreifen hilft, was sie beobachtet haben und was ihnen bevorsteht. Wenn Sie wissen, dass ein Kind, das unter Ihrer Obhut steht, ins Krankenhaus muss, dann ermutigen Sie die Familie, sämtliche *Child-Life*-Dienste in Anspruch zu nehmen, die in Ihrem Krankenhaus zur Verfügung stehen. Wenn es keine gibt, dann helfen Sie ihnen, sich vorzubereiten, indem Sie Ihnen andere Ressourcen nennen. Über die Materialien hinaus, die Sie in Ihrer Einrichtung verwenden können, bieten viele größere Krankenhäuser hilfreiche Informationen auf ihren Websites.

Wenn das medizinische Personal die Familie des Kindes nicht auf mögliche Verhaltensänderungen vorbereitet hat, die insbesondere nach Krisen oder nach einem Krankenhausaufenthalt auftreten, dann helfen Sie den Eltern zu begreifen, was geschieht. Erklären Sie, dass, auch wenn nicht alle Kinder solche Verhaltensänderungen zeigen, jene, die die Eltern miterleben, recht typisch sind. Eltern machen sich häufig Sorgen, dass regressive Verhaltensweisen von Dauer sein könnten. Wenn das Ärzteteam des Kindes nicht darauf hingewiesen hat, dass eine länger andauernde oder bleibende Behinderung besteht, dann helfen Sie den Eltern zu verstehen, dass ihr Kind mit ein wenig mehr Geduld, Aufmerksamkeit und Bestätigung früher erworbene Fähigkeiten zurückgewinnen wird.

Bei einer hochwertigen Kinderbetreuung wird die Familie ermutigt, an dem Programm teilzunehmen. Die Beteiligung der Familie ist jedoch von besonderer Wichtigkeit, wenn das Kind spezielle medizinische Bedürfnisse hat. Auf diese Weise findet nicht nur eine Koordinierung der Pflege zu Hause und in dem Programm statt, sondern es wird dem Kind auch helfen, sich sicher und geborgen zu fühlen, und wird den Mitarbeiterinnen des Zentrums erlauben, nach Gelegenheiten Ausschau zu halten, das Vertrauen der Familie in ihre eigenen Fähigkeiten als Betreuungspersonen wiederherzustellen.

Viele Eltern sind nach der Diagnose einer Krankheit oder in Krisenzeiten verständlicherweise überfürsorglich. Eine sensible, unterstützende Betreuung ihres Kindes durch die Mitarbeiter der Betreuungseinrichtung kann helfen, ihre Ängste zu zerstreuen. Seien Sie ein Vorbild für Eltern, indem Sie dem Kind vorsichtig erlauben, zu normalen Aktivitäten zurückzukehren. Zeigen Sie ihnen, wie sie die Grenzen des Kindes akzeptieren und gleichzeitig, während Sie das Kind vor Gefahr und Frustration schützen, Gelegenheiten für Wachstum und Entwicklung geben können.

Denken Sie daran, dass sowohl die Kinder, die sich in Ihrer Obhut befinden, als auch ihre Familien möglicherweise Hilfe von anderen Fachleuten benötigen. Ermutigen Sie sie, sich die Unterstützung und Dienstleistungen zu organisieren, die sie brauchen. Arbeiten Sie mit einem Kinderarzt und anderen Fachärzten und medizinischem Personal zusammen, um Überweisungen an kompetente Stellen für die Unterstützung der Familien in Ihrer Gemeinde zu erleichtern.

Weitere Informationen erhalten Sie bei:

The Child Life Council
11820 Parklawn Drive, # 202
Rockville, Maryland 20852-2529
Telefon: (001) 301-881-7090
www.childlife.org.

Literaturhinweise

Hart, K., Mather, P. L., Slack, J. E. & Powell, M. A. (1992). *Therapeutic Play Activities for Hospitalized Children.* St. Louis: Mosby-Year Book, Inc.

National Center for Health Statistics, National Health Care Survey, 1999.

Thompson, K. H. (1985). *Psychosocial research on pediatric hospitalization and health care – A review of the literature.* Springfield, IL. Charles C. Thomas.

Trends in the Well-Being of America's Children and Youth: 1996 USHIHS, Office of the Assistant Secretary for Planning and Evaluation.

Vernon, D. T. A., Foley, J. M. Sipowicz, & Schulman, J. L. (1965). *The psychological responses of children to hospitalization and illness.* Springfield, IL: Charles C. Thomas.

Fragen zu Text Nr. 16

Die negativen Folgen von Krankenhausaufenthalten können durch spezifische Interventionen aufgefangen werden. Die folgenden Fragen helfen Ihnen, spezifische Möglichkeiten zu erforschen, um Säuglingen, Kleinkindern und ihren Familien zu helfen, mit potenziell schwierigen Situationen umzugehen.

1. Säuglinge brauchen möglicherweise Hilfe bei Themen, die mit Vertrauen zu tun haben. Wie können ihnen Betreuerinnen spezifisch dabei helfen, Vertrauen aufzubauen bzw. wiederzugewinnen?

2. Kleinkinder brauchen möglicherweise Hilfe bei Themen, die einerseits mit Vertrauen und andererseits mit Autonomie zu tun haben. Wie können Betreuerinnen auf ihre besonderen Bedürfnisse eingehen?

3. Wie kann das *Spielen* Kindern helfen, Stress zu lindern und schwierige Ereignisse aufzulösen, die sie erlebt haben?

4. Was sind zwei Dinge, die Betreuerinnen tun können, um Eltern zu unterstützen, den Krankenhausaufenthalt und/oder die Krankheit ihres Säuglings bzw. Kleinkindes aufzuarbeiten?

Text 17

Die Muttermilch stellt die ideale Ernährung für Babys dar. Sie hat einen großen Nutzen für die Gesundheit, so dass die Förderung des Stillens in der Kinderbetreuung wichtig ist. Lesen Sie den nächsten Artikel, um zu sehen, ob Sie dem zustimmen.

Text Nr. 17
Die Förderung des Stillens in der Kinderbetreuung[20]

von Laura Dutil Aird

Laura Dutil Aird, MS, früher Leiterin einer Kindertagesstätte, ist Leiterin der Division of Community Health Services an der Amerikanischen Akademie für Pädiatrie in Elk Grove Village im US-Bundesstaat Illinois.

Vor zwanzig Jahren eröffnete ich kurz nach meinem College-Abschluss eine neue Kinderkrippe in Libertyville im Bundesstaat Illinois. Eine Mutter, die ihre Tochter gerade in unserem Säuglingsraum angemeldet hatte, fragte, ob sie in der Mittagspause in unser Zentrum kommen könne, um ihr Kind zu stillen. Es kam mir damals nicht in den Sinn, dass ich die Gesundheit jenes Säuglings und seiner Mutter förderte, dass ich die Bindung zwischen ihnen stärkte oder der Mutter den Übergang zurück zur Arbeit erleichterte – ich entsprach viel-

20 Neuabdruck mit Genehmigung von *Child Care Information Exchange*, PO Box 3249, Redmond, WA 98073, USA, (800) 221-2864, www.ChildCareExchange.com

mehr lediglich der Bitte einer Mutter. Seitdem ist das öffentliche Bewusstsein hinsichtlich des Stillens gewachsen und die meisten von uns erkennen, dass das Stillen für praktisch alle Säuglinge zu empfehlen ist, weil es zahlreiche Vorteile gegenüber anderen Ernährungsweisen aufweist.

Was wir wissen

Die Forschung zeigt, dass die menschliche Muttermilch mit ihrer einzigartigen Zusammensetzung aus Fettsäuren, Milchzucker, Aminosäuren, Vitaminen, Mineralien, Enzymen und anderen Bestandteilen, die für die Verdauung, die Entwicklung des Gehirns und das Wachstum notwendig sind, die natürlichste und vorteilhafteste Erstnahrung ist. Die Muttermilch nährt das Baby nicht nur, sondern sie schützt es auch vor Krankheiten.

Die ausschließliche Brusternährung ist die ideale Ernährung und reicht aus, um das optimale Wachstum und die Entwicklung des Säuglings bis zum Alter von etwa sechs Monaten zu fördern. Es wird empfohlen, das Stillen bis zum Ende des ersten Lebensjahres des Säuglings fortzusetzen und danach, solange Mutter und Kind es möchten.

Zu den Vorteilen des Stillens für den Säugling gehört die Verringerung des Risikos, an Infektionskrankheiten zu erkranken, die bei der Gruppenbetreuung häufiger auftreten. Hierzu gehören Durchfall, Erkrankungen der unteren Atemwege, Mittelohrentzündung, Bakteriämie, bakterielle Hirnhautentzündung, Nahrungsmittelvergiftung, Harnwegsinfektionen, nekrotisierende Enterokolitis, Plötzlicher Säuglingstod, die insulinabhängige Diabetes mellitus bzw. juvenile Diabetes, Lymphknotenerkrankungen, Allergien, eitrige Dickdarmentzündung und andere chronische Verdauungskrankheiten. Das Stillen wird auch mit einer verbesserten kognitiven Entwicklung in Verbindung gebracht.

Es gibt außerdem eine Reihe von Studien, die auf einen möglichen gesundheitlichen Nutzen für Mütter hinweisen. Das Stillen hilft Müttern, sich nach der Entbindung schneller zu erholen und rascher ihr Gewicht vor der Schwangerschaft wiederzuerlangen.

Das Stillen trägt außerdem dazu bei, das Risiko von Eierstockkrebs, von Brustkrebs in der Prämenopause und von Hüftfrakturen in der Postmenopause zu reduzieren.

Das Stillen ist praktisch, weil es weniger kostet als Flaschennahrung; es gibt weniger Abfall und Umweltverschmutzung, weil weniger Dosen, Flaschen und Schnuller zum Spülen oder Wegwerfen anfallen; und es bringt gesündere Menschen hervor.

Das Stillen hilft Babys und Müttern, eine besondere Nähe zu entwickeln, und es hilft den Müttern, sich gut mit der Kinderbetreuung zu fühlen, weil sie weiterhin stillen können.

Trends

Auch wenn das Stillen in den Vereinigten Staaten als ideale Methode zur Ernährung von Säuglingen befürwortet wird und die Stillraten in den letzten zwanzig Jahren angestiegen sind, so liegen die Stillraten nach der Geburt immer noch hinter den nationalen Zielen zurück und sind üblicherweise in ärmeren sozioökonomischen Gruppen niedriger.

Im Jahr 2000 stillten 68 Prozent aller Mütter nach der Geburt ihres Kindes, und 31 Prozent setzten das Stillen bis zum sechsten Monat fort. Es bestehen sehr große Unterschiede in Bezug auf Rasse und Volkszugehörigkeit, Bildungsniveau, Beschäftigung, Alter und der Anspruchsberechtigung für das „Special Supplemental Nutrition Program for Women, Infants and Children" (WIC). Aus der Einstellung der Mütter lässt sich jedoch leichter vorhersagen, ob eine Frau ihr Kind stillen wird, als aus soziodemografischen Faktoren. Frühere Stillerfahrungen, die Unterstützung durch nahe Familienmitglieder und Freunde sowie der Umstand, ob das Stillen als Norm präsentiert wurde, als die Mutter heranwuchs, beeinflussen die Entscheidung einer Mutter, ihr Kind zu stillen oder es nicht zu tun.

Stillen am Arbeitsplatz

Untersuchungen zeigen, dass, obwohl das Stillen im Kommen ist und die Anzahl von berufstätigen Frauen ebenfalls zunimmt, die meisten Berufstätigen nicht stillen. Die große Anzahl junger Frauen auf dem Arbeitsmarkt und ihre frühe Rückkehr zur Arbeit nach der Entbindung stehen im Widerspruch zu aktuellen Stillvorschlägen. Mütter geben mehrere Hemmnisse in Bezug auf das Stillen bei einem bestehenden Arbeitsverhältnis an, wie Schwierigkeiten mit dem Zeitplan, die Schwierigkeit, eine gute Kinderbetreuung zu finden, negative Reaktionen von Kollegen und das Fehlen angemessener Unterstützung durch Familie und Gesellschaft. Eine weitergehende Stilltätigkeit nach der Rückkehr zur Arbeit ist wichtig, doch sie stellt eine Herausforderung dar, die gesellschaftliche Unterstützung, gesetzlichen Schutz und innovative Lösungen erforderlich macht.

Firmen stellen fest, dass es sich auszahlt, beschäftigten Frauen dabei zu helfen, ihre Stillziele zu erreichen – wenn sie dies tun können, führt das zu weniger Krankheiten, geringeren Fehlzeiten, zufriedeneren und loyaleren Angestellten und geringeren Umschulungskosten. Mütter, die nach der Rückkehr zur Arbeit weiter stillen, können den Nutzen für ihre eigene Gesundheit schätzen. Sie fühlen sich ihrem Baby stärker verbunden und genießen weiter die Möglichkeiten des Stillens, wenn sie zusammen sind. Befragte Mütter gaben an, dass eine Weiterführung des Stillens nach der Rückkehr zur Arbeit positive Auswirkungen auf ihr Selbstbild und ihre Beziehung zum Vater des Säuglings hatte. Mütter berichten außerdem von mehreren Faktoren, die den Übergang ins Arbeitsleben erleichtern, unter anderem die Betreuung des Kindes durch eine zuverlässige Person, eine Kinderbetreuung vor Ort, Unterstützung am Arbeitsplatz, Zugang zu Unterstützungsgruppen, erfolgreiche Vorbilder, familiäre Unterstützung und eine gute Ernährung.

Auch wenn ausschließliches Stillen für die ersten sechs Monate ideal ist, muss das Stillen keine Alles-oder-nichts-Erfahrung sein. Einige arbeitende Mütter haben erwähnt, dass das Füttern mit der Flasche als Ergänzung zum Stillen ebenso wie verstärktes Stillen abends und an den Wochenenden ihnen in ihrem Bemühen, mit dem Stillen fortzufahren, geholfen hat.

Wie frühe Kindheits- und Kinderbetreuungsprogramme das Stillen unterstützen können

Außer beim Vorhandensein seltener genetischer Krankheiten sollte der offensichtliche Vorteil der Muttermilch gegenüber künstlichen Präparaten zu energischen Anstrengungen vonseiten des Kinderbetreuungspersonals führen, die Stilltätigkeit derjenigen Mütter zu fördern und aufrechtzuerhalten, die ihre Babys stillen möchten, wann immer sie können, und ihre Milch abzupumpen und sie der Tagespflegeeinrichtung zur Verfügung zu stellen, wenn das direkte Füttern von der Brust nicht möglich ist. Selbst wenn Säuglinge während des

Tages in der Betreuungseinrichtung Flaschennahrung bekommen, ist jegliches Stillen oder Trinken abgepumpter Muttermilch von Nutzen.

Die kürzlich überarbeiteten nationalen Gesundheits- und Sicherheitsstandards mit dem Titel *Caring for Our Children* bieten nationale Rahmenempfehlungen für Kinderbetreuungsprogramme außerhalb des eigenen Heims. Die Standards erfordern, dass Tagespflegeeinrichtungen das Stillen ermutigen und unterstützen und dass sie einen ausgewiesenen Platz für stillende Mütter haben, die während der Arbeit zum Stillen kommen möchten. Die Standards geben außerdem an, was getan werden muss, wenn die Milch einer Mutter versehentlich dem Kind einer anderen gegeben wurde.

Caring for our Children: Die nationalen Gesundheits- und Sicherheitsleistungsstandards, Rahmenempfehlungen für die Kinderbetreuung außerhalb des eigenen Heims, 2002, ist über das Internet erhältlich unter der Adresse *www. nrc.uchsc.edu*.

Kinderbetreuungspersonal und Geschäftsführer können den Grad ihrer Beteiligung je nach ihren Interessen und dem, womit Sie sich wohl fühlen, bestimmen. Sie können:

- Mütter in ihrer Entscheidung unterstützen, mit dem Stillen weiterzumachen und darüber zu sprechen, warum das Stillen so gut für Babys ist.
- Eltern erzählen, dass sie froh darüber sind, sich um gestillte Babys kümmern zu dürfen, und dass sie bereit sind, ihnen abgepumpte Milch zu geben.
- Poster aufhängen, auf denen „Gestillte Babys sind hier willkommen“ steht, und Eltern pädagogisches Material in die Hand geben, das genaue und praktische Informationen enthält.
- Stillende Mütter willkommen heißen, die während des Tages vorbeikommen, und ihnen einen privaten, bequemen Platz zum Stillen anbieten.
- Empathisch zuhören und Müttern helfen, ihre Stillziele zu artikulieren.
- Gemeinsam mit den Eltern einen Plan entwickeln, so dass das Baby auf Wunsch gefüttert werden kann, aber die Mutter es auch, wo immer dies möglich ist, selbst stillen kann.
- Väter und andere Verwandte oder Partner, die bei Entscheidungen in Bezug auf die Babypflege mithelfen, ermutigen, sich gut mit der Rolle zu fühlen, die sie dabei spielen, eine längere Stillaktivität zu unterstützen.

- Kindern im Vorschul- und im Schulalter erklären, dass das Stillen die normale und bevorzugte Art und Weise ist, um Babys zu füttern, und hervorheben, dass das Stillen zum Wohlergehen von Mutter und Kind beiträgt.
- Personal zusammenbringen, um die optimalen Verfahren für Ihr Programm festzulegen.
- Sich mit anderen zusammentun, um Gemeinschaftsressourcen zu identifizieren und zu nutzen sowie Unterstützungssysteme in der Gemeinschaft zu fördern.

Betreuer von Kindern und Eltern sollten sich der sicheren Lagerung von Muttermilch und des Umgangs mit ihr bewusst sein und dafür sorgen, dass diese garantiert ist.

Persönliche Erfahrung

Eine Sache, die beachtet werden sollte, ist, wie die persönliche Erfahrung unsere Fähigkeit beeinflusst, das zu tun, was am besten für die Kinder und ihre Familien ist. Vielleicht haben Sie sich nicht dafür entschieden, ihr Kind zu stillen, oder Sie haben es stillen wollen, waren aber nicht in der Lage, es zu tun. Oder aber Ihnen ist nicht wohl dabei, über „Brüste" zu sprechen, bzw. Sie sehen sie nur als privaten Körperteil an, der seinem Wesen nach sexuell ist. Indem Sie über Ihre eigenen Erfahrungen nachdenken und sich Ihre Behaglichkeitsschwelle im Zusammenhang mit dem Stillen ansehen, können Sie festlegen, wie Sie die Kinder und Eltern am besten unterstützen können, mit denen Sie Tag für Tag zu tun haben.

Alle Eltern wollen das tun, was am besten für Ihr Baby ist. Mit Ihrer Unterstützung werden sich Eltern wohl dabei fühlen, Ihre Stillziele zu artikulieren – und zusammen können Sie einen Plan entwickeln, der den Bedürfnissen aller entspricht.

Literaturhinweise

American Academy of Pediatrics, Work Group on Breastfeeding (1997). Breastfeeding and the use of human milk. *Pediatrics*, 100 (6): 1035-1039.

American Academy of Pediatrics (2002). *Caring for our children, national health and safety performance standards: Guidelines for out-of-home child care programs.* Elk Grove Village, IL: American Academy of Pediatrics/American Public Health Association/ National Resource Center for Health and Safety in Child Care.

Meek, J.Y. (2001). Breastfeeding in the Workplace. *Pediatric Clinics of North America*, 48: 461-474.

Neifert, M. (2000). *Supporting breastfeeding mothers as they return to work.* Elk Grove Village, IL: American Academy of Pediatrics.

United States Breastfeeding Committe (2001). *Breastfeeding in the United States: A national agenda.* Rockville, MD: US Department of Health and Human Services, Health Resources and Services Administration, Maternal and Child Health Bureau.

US Department of Health and Human Services (2000). *HHS Blueprint for Action on Breastfeeding.* Washington, DC: US Department for Health and Human Services, Office on Women's Health.

Fragen zu Text Nr. 17

1. Haben Sie irgendwelche Gefühle zum Stillen im Allgemeinen oder im Besonderen dazu, das Stillen in Säuglings- und Kleinkinderprogrammen zu unterstützen?

2. Wenn Ihre Gefühle Sie dazu bringen, zu zögern, die Vorschläge in diesem Artikel anzuwenden, was können Sie dann in Bezug auf diese Gefühle tun?

3. In dem Artikel werden sieben Dinge aufgezählt, die man tun kann, um das Stillen in der Kinderbetreuung zu unterstützen. Nennen Sie vier davon.

Texte zu Kultur und Familie

Text 18

Durch Betreuungs- und Pflegeroutinen werden kulturelle Botschaften vermittelt, selbst wenn sich die Betreuungsperson solcher kultureller Implikationen nicht bewusst ist. Lesen Sie den folgenden Artikel, um mehr über dieses Thema und seinen Zusammenhang mit Stillgewohnheiten zu erfahren. Achten Sie darauf, welche Gefühle in Ihnen aufsteigen, wenn Sie die fünf Beobachtungen über das Stillen von Babys zu Beginn des Artikels lesen.

Text Nr. 18
Kulturelle Dimensionen von Stillbeziehungen[21]

von Carol Brunson Phillips und Renatta M. Cooper

Carol Brunson Phillips gehört dem *Council for Early Childhood Professional Recognition* an. **Renatta M. Cooper** arbeitet im *Pacific Oaks College and Children's School.*

Mein Mann und ich bereiten die Nahrung zu, die unsere Kinder (Chloe, 3 Jahre alt, und John, 5 Monate alt) bekommen. Wir kochen selbst und geben ihnen so wenig verarbeitete Lebensmittel wie möglich. Wir geben ihnen Nahrung, von der wir das Gefühl haben, dass sie ausgewogen ist, und Yolanda füttert sie, wenn wir nicht zu Hause sind. Es ist ziemlich klar, was sie haben

21 Neuabdruck mit Genehmigung von *Zero to Three*, www.zerotothree.org

dürfen, und wir machen uns keine Sorgen über die Menge, die sie jeden Tag verzehren. Meine Kinderärztin meinte, wir sollten uns keine Sorgen darüber machen, was sie essen – sie werden insgesamt eine ausgewogene Ernährung haben, auch wenn sie vielleicht mal keine ausgewogene Mahlzeit zu sich nehmen …

Als ich ein Kind war, wurde das Essen im traditionellen chinesischen Stil auf den Tisch gestellt und wir haben Stäbchen und Löffel verwendet. Die Mahlzeiten waren sehr formell und niemand durfte etwas anrühren, bis nicht alle am Tisch saßen. Das war die Zeit des Tages, wo wir alle zusammenkamen …

… Ich kenne keine Frau, die nicht stillt …

Joy Lee[22], Amerikanerin chinesischer Abstammung, berufstätig, 39 Jahre alt

Eine meiner Brustwarzen wollte nicht herauskommen, und das Baby ist einfach eingeschlafen, wenn ich es stillen wollte. Die Schwester schlug vor, ich solle ihr einfach Flaschennahrung geben, und meine Mutter meinte ebenfalls, das sei in Ordnung, also tat ich es. Das macht es auch leichter für andere Menschen, die Kleine zu füttern …

Sie hat feste Nahrung bekommen, seit sie zwei Monate alt ist. Ich wollte einfach nur sehen, ob sie dann besser schläft. Der Arzt meinte, sie brauche feste Nahrung erst, wenn sie ein Jahr alt sei, doch meine Mutter und ich meinten, dass sie nachts durchschlafen würde, wenn sie abends Getreide bekäme… Ich wollte diejenige sein, die sie mit neuen Nahrungsmitteln vertraut machte, damit ich sehen konnte, was sie mag und was nicht.

Michelle Scott, Afroamerikanerin; Büroangestellte, 20 Jahre alt

Ich habe es immer vorgezogen, wenn sich das Kind selbst gefüttert hat … Mir war es immer lieber, später die Schweinerei zu beseitigen als wegen des Essens Streit zu bekommen. Ich habe andere Eltern gesehen, die ihre Kinder füttern, und dann sitzen sie immer noch neben ihnen, wenn sie fünf Jahre alt sind – um sich zu vergewissern, dass sie auch wirklich essen. Das habe ich nie gewollt. Entspannt mit den Mahlzeiten umzugehen, das war natürlich für mich …

Wenn andere Leute meine Kinder füttern, dann ist es wichtig, dass sie das Gefühl haben, die Verantwortung zu tragen. Ich möchte, dass sie sich wohl

---

22 Die Namen der Auskunftspersonen und ihrer Familien sind geändert worden.

fühlen. Ich beschäftige Leute, mit denen ich mich wohl fühle, und es ist in Ordnung, wenn sie einen anderen Stil haben …

Linda Levy, Amerikanerin europäischer Abstammung (Jüdin)
aus der oberen Mittelschicht, als Mutter zu Hause, 36 Jahre alt

Zuerst hat mir das Verschütten von Essen oder Flüssigkeiten sehr viel ausgemacht (wegen der Schweinerei); ich bin einfach nicht so erzogen worden.

Alex Levy, Amerikaner europäischer Abstammung (Jude)
aus der oberen Mittelschicht, Unternehmer, 41 Jahre alt

Es funktioniert am besten, wenn man Mitarbeiterinnen beschäftigt, die selbst Kinder haben. Dann haben sie etwas, worauf sie zurückgreifen können. Diese Leute mit 12 benoteten Scheinen auf dem Gebiet „Frühe Kindheit", die über keinerlei praktische Erfahrungen verfügen, haben nicht die Geduld, die erforderlich ist, um tagtäglich mit diesen Kindern zu arbeiten … Einige der Mitarbeiterinnen füllen Getreide in die Babyflaschen. Ich weiß, dass sie das nicht machen sollten – aber es ist auf die Dauer frustrierend, diese Kinder zu füttern. Manchmal will man einfach sicher gehen, dass sie wirklich genug gehabt haben.

Clara Davis, Afroamerikanerin,
Vor-Ort-Leiterin eines Gruppenheims für Säuglinge und Kleinkinder,
die vom Drogengebrauch ihrer Mütter betroffen sind, über 50 Jahre alt

Diese Beobachtungen über das Stillen von Babys und Kleinkindern wurden von Eltern und Betreuungspersonen von Säuglingen und Krabbelkindern gemacht, die Anfang 1992 in Kalifornien interviewt wurden. Da wir gebeten worden waren, für diese Ausgabe von *Zero to Three* etwas über die kulturellen Dimensionen von Stillbeziehungen zu schreiben, dachten wir über Aspekte von Kultur nach, die eine entscheidende Rolle dabei spielen, wie Kinder ernährt werden. Als wir, um unseren Denkprozess in Gang zu bringen, mit Eltern sprachen, wurden wir daran erinnert, dass aufgrund der komplexen Kombinationen von Rasse, Volkszugehörigkeit, Bildungsniveau und Schicht, die zur Vielfalt unseres Landes beitragen, das Herausschälen der Kultur ein komplexes Unterfangen ist.

   Während der Beschäftigung mit der Rolle, die die Kultur in der kindlichen Entwicklung spielt, ist uns bewusst geworden, dass die Eltern, mit denen wir sprachen, tatsächlich kulturelle Einflüsse aus ihren eigenen Familien deutlich machten. Dennoch legten diese Eltern und Betreuerinnen auch ihre Reaktion auf amerikanische Traditionen der „kindlichen Entwicklung" offen. In dieser Tradition verleihen professionelle Empfehlungsschreiben Autorität (es ist für eine Mutter zulässig, entspannt mit der Nahrungsaufnahme eines Kleinkindes zu sein, wenn ihr Kinderarzt ihr gesagt hat, dass „sie nicht verspannt sein soll"). Sogar Fachleute mit einem relativ niedrigen Gesellschaftsstatus insgesamt, wie etwa Pflegeassistenten und Kinderbetreuungspersonal, haben in frühen Fütterbeziehungen eine enorme Macht: Sie fördern das Stillen oder sie tun es nicht; sie locken die Ernährungspräferenzen einzelner Eltern aus diesen heraus und kommen ihnen entgegen oder sie schaffen eine Kultur der Gruppenpflege; sie folgen den Anweisungen von Eltern und Arbeitgebern buchstabengetreu oder sie entwickeln ihre eigene einzigartige Nahrungsbeziehung zu dem Baby, das sich in ihrer Obhut befindet.

Gleichzeitig ist uns schon lange bewusst gewesen, dass die „Tradition der Kindesentwicklung" selbst von Ethnozentrismus durchdrungen ist. Vieles von dem, was wir als „Kindesentwicklung" kennen, ist das Produkt einer überwiegend nordamerikanischen und europäischen Wissenschaftstradition, was aus einer sehr eng gefassten Datenbasis resultiert (Nugent et al., 1989). Obwohl es ein wachsendes Bewusstsein dafür gibt, dass die empirischen Forschungsergebnisse, über die in der Literatur berichtet wird, nicht für die meisten Kinder der heutigen Welt verallgemeinert werden können, finden wir dennoch häufig Beschreibungen von Kindern, die eine „normale Entwicklung" aus einer eurozentrischen Perspektive zum Ausgangspunkt haben. Und Annahmen über eine „normale Entwicklung" werden natürlich schnell zur Grundlage für Ideen über das, was eine „der Entwicklung angemessene" Praxis ist.

Nehmen sie zum Beispiel die Frage, ob sich Säuglinge und Kleinkinder selbst füttern sollten. Die Experten (Leach, Spock usw.) sagen uns, dass es wichtig sei, Babys zu ermutigen, am Fütterungsprozess teilzunehmen, auch wenn das Ergebnis eine Schweinerei ist. Betreuerinnen von Kindern, die sensibel für die an die Familie gestellten Anforderungen sind, drängen Eltern möglicherweise nicht dazu, solche chaotischen Selbstfütterungsversuche zu Hause zu erlauben.

Doch im Sinne der Tradition der „Entwicklung des Kindes" werden diese professionellen Betreuerinnen dafür sorgen, dass die Kinder in der Tagespflegeeinrichtung genügend Zeit haben, um das Selbstfüttern zu erlernen. Die Erwachsenen werden die Schweinerei beseitigen. Die Kinder werden sich auf eine stabile Unabhängigkeit hinbewegen.

Doch was ist, wenn frühe Unabhängigkeit von einer Familie gar nicht geschätzt wird? Consuelo Aquino (in Clark, 1981, zitiert in Mangione, 1995) schreibt:

(In meiner Kultur) wird das Baby als etwas sehr Kostbares angesehen. Wenn es heranwächst, wird es mit liebevoller Sorge genauestens beobachtet. Die Erwartungen, die man an es stellt, werden niedriger gehalten, als es dem Potenzial des Kindes entspricht ... allen Problemen wird indirekt begegnet, indem man das Kind ablenkt und beschwichtigt. Dieser gemächliche Reifungsprozess beeinflusst die Handlungen der Mutter beim Füttern ... Kinder neigen dazu, abhängig zu sein, doch das ist eine akzeptierte Norm innerhalb der Kultur.

Wie können wir solche Dilemmata erkennen und auflösen, wenn die große und wachsende Vielfalt unter den Familien, für die wir arbeiten, ein schier unendliches Potenzial für solche Dilemmata zu schaffen scheint? Wir sind der Überzeugung, dass der beste Leitfaden für unsere tägliche Arbeit mit Kindern und Familien ein prozessualer Ansatz anstelle eines Patentrezepts ist und dass ein solcher Ansatz es uns abverlangt, die „Tiefenstruktur" einer Kultur zu verstehen (Phillips, 1995). Doch lassen Sie uns zunächst einige der Grundkonzepte zu Entwicklung und Kultur betrachten.

Entwicklung innerhalb einer kulturellen Matrix

Wir haben gelernt, Entwicklung als eine Funktion der *Wechselwirkungen* zwischen dem menschlichen Organismus und seiner Umgebung zu begreifen. Das Neugeborenen innewohnende Potenzial in Bezug auf Verhalten und Entwicklung wird im Laufe der Zeit durch die Anpassungen modifiziert, die sie innerhalb der kulturellen Matrix vornehmen, in der sie leben. Zur selben Zeit beeinflussen oder *prägen* Neugeborene aber auch die Reaktionen ihrer Betreuungspersonen und somit ihre eigene Pflege- und Betreuungsumgebung. Also schränken diese Beziehungen das, was wir als Entwicklung bezeichnen, ebenso ein, wie sie diese fördern.

In diesem komplexen Prozess ist die Kultur der Mechanismus, der dazu dient, die Verhaltensregeln zu fassen und zu übermitteln, die es Kindern ermöglichen, an einem gemeinsamen System von Bedeutungen teilzuhaben. Durch diese Teilhabe gelangen Kinder dazu, Macht in der Welt zu haben. So werden Babys zum Beispiel mit der biologischen Fähigkeit geboren, Laute zu produzieren. Die Macht der Kommunikation erlangen sie jedoch erst, wenn sie die Regeln erlernen, die die Schriftsprache und die gesprochene Sprache in ihrer Kultur bestimmen. Babys werden mit der biologischen Fähigkeit geboren, Informationen zu organisieren, doch erst, wenn sie die gemeinsam benutzten Bedeutungen für Objekte und Ereignisse erwerben, erwerben sie die Macht, *vernünftig zu reden und zu urteilen*. Je kompetenter Kinder in Bezug auf die Regeln werden, die ihre Welt regieren, umso stärker können sie an ihrem eigenen Entwicklungsprozess mitwirken.

Bei Säuglingen wird dieser Prozess selbst im Verlauf der normalen, täglichen Routineabläufe wie dem Füttern umgesetzt. Diese Aktivität dient neben der Nahrungsaufnahme auch der Übermittlung von Ideen – und zwar nicht nur der ganz eigentümlichen, sondern derjenigen von *Bedeutungsmustern*, die sich im Lebensstil einer größeren Gruppe verkörpern und von dieser geteilt werden.

Auch wenn starke Abweichungen in diesen Mustern zwischen den Kulturen interessant sind, so sind für unser Anliegen hier die enormen Subtilitäten dieses Prozesses genauso entscheidend. Die Zitate zu Beginn dieses Aufsatzes deuten darauf hin, dass zusätzlich zu Volkszugehörigkeit das Alter der Eltern, der Bildungsstand und die soziale Schicht eine bedeutende Rolle dabei spielen, wie Kinder ernährt werden. Um die verschiedenen Bedeutungsebenen, die jede Ernährungsthematik aufweist, vollständig verstehen zu können, müssen wir etwas über Familien-Verhaltensmuster (auf mütterlicher und väterlicher Seite) wissen, die mindestens eine Generation zurückreichen. Wir müssen uns einer Reihe von Macht- bzw. Kontrollfragen bewusst sein, einschließlich derjenigen, ob ein Elternteil sich bei der Ernährung des Kindes den Wünschen des anderen fügt; wen Eltern als letztendliche Autoritäten bei der Säuglingsernährung ansehen sowie die Gefühle der Eltern in Bezug auf die Wahlmöglichkeit, die Kontrolle über die Ernährung anderen Erwachsenen zu überlassen.

Wir können zum Beispiel nur darüber spekulieren, warum die 39-jährige, traditionell erzogene berufstätige Amerikanerin chinesischer Abstammung den Ratschlag ihres Kinderarztes zitiert, sich „keine Sorgen darüber zu machen", was ihre kleinen Kinder bei einer bestimmten Mahlzeit zu sich nähmen. Hat das etwas mit dem chinesischen Respekt für professionelles Wissen zu tun? Spiegelt es eine Tendenz von Berufstätigen mit qualifizierter Ausbildung wider, dem Fachwissen ihrer Kollegen auf deren Spezialgebiet Glauben zu schenken? Würde diese Mutter auch den Ratschlag eines Kinderarztes zitieren, dessen Empfehlungen ihren eigenen Instinkten widersprächen? Und was meinen die Großeltern?

Michelle, die junge afroamerikanische Mutter, sagt ganz deutlich, dass der Einfluss ihrer Mutter wesentlich stärker ist als jede Empfehlung, die ein Kinderarzt über die Ernährung ihres Neugeborenen geben könnte. Die Zwanzigjährige lebt immer noch zu Hause, und auch wenn Morgan eindeutig ihr Kind ist, schätzt Michelle die Führung und Unterstützung ihrer Mutter. Michelle hatte ursprünglich geplant, ihre Tochter zu stillen, auch wenn sie berichtete, dass die meisten ihrer Freundinnen nie auch nur über das Stillen nachdenken würden. Die geringfügigen Probleme, die sie hatte, sind nichts Ungewöhnliches, und es geschieht auch nicht selten, dass ein Neugeborenes nicht am Essen interessiert ist. Was wäre passiert, wenn das Pflegepersonal oder Michelles Mutter ihr diese Information gegeben bzw. sie ermutigt hätten, mit dem Stillen fortzufahren?

Wenn Linda Levys entspannte Einstellung zum Stillen in ihrer Subkultur typisch wird, dann wird eine ganze Reihe von Witzen über „jüdische Mütter" innerhalb einer Generation bedeutungslos werden.

Leider könnte es passieren, dass die stationäre Gruppenbetreuung von Säuglingen, die von der Drogensucht ihrer Mütter betroffen sind, sich in unserer Kultur als neue Subkultur herausbildet. Wir können „kulturelle Regeln" beobachten, wie sie von Mrs. Davis formuliert worden sind. Sie sagt zum Beispiel, dass es am besten sei, Mitarbeiterinnen zu beschäftigen, die selbst Kinder haben („Dann haben sie etwas, worauf sie zurückgreifen können, wenn sie mit diesen Kindern arbeiten). Sie beschäftigt auch am liebsten afroamerikanische Frauen, da diese häufig „das Gefühl haben, der Gemeinschaft etwas zurückzugeben", und das hat zur Folge, dass es eine geringe Fluktuation unter den Mitarbeiterinnen gibt. Eine Ausbildung für das Personal ist staatlicherseits nicht vorgeschrieben, sondern jedem Inhaber bzw. Betreiber einer Gruppenbetreuungseinrichtung selbst überlassen. In der von Mrs. Davis betriebenen Einrichtung basieren die Interaktionen der Mitarbeiterinnen mit den Kindern auf deren eigenen Erfahrungen als Eltern und dem sich daraus ergebenden Erziehungsstil. Wir haben zum Beispiel beobachtet, dass ein Kind, das sich selbst mit den Fingern füttern konnte, von Mitarbeiterinnen demotiviert wurde, das zu tun, da diese es lieber sahen, dass es einen Löffel zu Hilfe nahm, mit dem es nicht so gut umgehen konnte. Seine Esstätigkeit wurde durch die daraus folgenden Konfrontationen gestört. Die Interaktion zwischen zwei Jungen, die gleichzeitig gefüttert wurden, wurde nicht gefördert. Ja, es war sogar so, dass das Personal der Interaktion wahrscheinlich aktiv entgegengewirkt hätte, wenn man sie als störend bei der Nahrungsaufnahme der Kinder angesehen hätte.

Das Füttern ist natürlich nur ein Aspekt des Nährens. Tatsächlich könnte die Vorstellung vom „Füttern" des Säuglings als eigenständigem Phänomen selbst kulturgebunden sein. In ihrer Studie über mütterliche Sensibilität bei laotischen Hmong-Einwanderern in den USA haben Muret-Wagstaff und Moore zum Beispiel beobachtet, dass Hmong-Mütter ihre Kinder ständig füttern (und nicht nach einem bestimmten Zeitplan). Sie drücken Zuneigung durch Nasenreiben aus (und nicht durch Küssen und Streicheln); sie begrüßen ihre Babys mit Lauten und einem Lächeln und warten auf Antwort und Nachahmung (statt aktive, stimmliche Interaktionen von Angesicht zu Angesicht anzustreben, stimulieren und beruhigen sie präzise im Einklang mit dem Erregungszustand des Kindes [Muret-Wagstaff & Moore, 1989].) Diese Beobachtungen sind ein Hinweis auf die Komplexität, mit der Mütter durch die Verstärkung bestimmter Verhaltensweisen und das Ignorieren anderer ihren Kindern die Seinweise der Hmong in der Welt mitteilen, und zeigen auf der anderen Seite die subtile Art und Weise, auf die Babys lernen, ihre Interaktionen zu gestalten und Einfluss auf sie zu nehmen. Man kann über die Komplexität ihrer Austauschmöglichkeiten nur staunen und sich fragen, welche Bedeutung sie haben.

Subtilitäten in der Interaktion innerhalb von Beziehungen machen den Entwicklungsprozess aus, und genau diese Befähigung ist es, die wir unseren Kindern mit auf den Weg geben möchten. Als Fachleute müssen wir besser darin werden, kulturelle Botschaften zu verstehen, um ihre Kontinuität sicherzustellen, für ihre Beständigkeit zu sorgen und zu intervenieren, um potenzielle Störungen in dem Prozess zu verhindern. Aber wie ist das möglich?

Prinzipien, um Dimensionen von Kultur zu beobachten

Da es keine wirklich durchdachte Literatur zu diesem Thema gibt, die uns in der Praxis helfen könnte, müssen wir selbst zu besseren Beobachtern werden. Wir müssen unsere tägliche Arbeit mit Kindern dazu nutzen, unser Verständnis über Kultur zu verbessern. Das beginnt damit, dass wir wissen, *wonach* wir überhaupt suchen und *wie* wir über das sprechen können, was wir sehen. Eine gute technische Definition von Kultur zu haben, kann hilfreich sein, aber es ist für unsere Praxis nicht so notwendig, wie eine allgemeine Wahrnehmung von Kultur als Wirkkraft zu haben.

Im Folgenden werden sechs wichtige Konzepte beschrieben, die uns in unserem Ringen darum, die „Tiefenstruktur" von Kultur zu verstehen, geholfen haben (Phillips, 1995). Es handelt sich dabei um solche Dimensionen von Kultur, die am häufigsten missverstanden werden. Sich ihrer bewusst zu sein, erhöht unsere Fähigkeit, menschliches Verhalten zu beobachten und über das zu sprechen, was wir sehen.

1. **Kultur ist eine Reihe von Verhaltensregeln. (Wir neigen dazu, Kultur als etwas Konkretes anzusehen.)** Sie können Kultur nicht „sehen", weil sie Regeln nicht sehen können; Sie können nur die Produkte von Kultur sehen, in dem Sinne, dass Sie die Verhaltensweisen sehen können, die die Regeln hervorbringen. Dennoch bringen kulturelle Regeln kein bestimmtes Verhalten hervor; sie *beeinflussen* vielmehr Menschen, sich ähnlich zu verhalten und auf eine Weise, die ihnen hilft, einander zu verstehen.

   Dadurch, dass Sie die Regeln Ihrer Kultur verstehen, wissen Sie, wie Sie einen Menschen zu begrüßen haben, der älter oder jünger ist als Sie, und wie Sie einen Freund oder eine Fremde begrüßen sollten. Kulturelle Regeln helfen Ihnen zu wissen, *wie* man ein Baby hält. Kulturelle Regeln bestimmen Nahrungsmittelpräferenzen und Feiern – sie bestimmen, ob Sie die Sonne oder den Mond feiern; ob Sie Kleider oder Hosen tragen oder überhaupt nichts. Diese Regeln verleihen allen Ereignissen und Erfahrungen des Lebens Bedeutung. Die Essenz der Kultur sind nicht diese Verhaltensweisen selbst, sondern die Regeln, die die Verhaltensweisen hervorbringen.

2. **Kultur ist typisch für Gruppen. (Wir neigen dazu, Kultur hauptsächlich dahingehend zu betrachten, wie sie das Individuum beeinflusst.)** Die Regeln einer Kultur werden von der Gruppe geteilt und nicht vom Individuum erfunden; die Regeln der *Gruppe*, die von einer Generation zur nächsten weitergegeben werden, bilden den Kern der Kultur. Es ist ein Fehler, individuelle Unterschiede mit kulturellen Unterschieden zwischen Gruppen zu verwechseln. Jeder Mensch entwickelt als Ergebnis seiner persönlichen

Geschichte eine einzigartige Persönlichkeit und entwickelt gleichzeitig innerhalb eines kulturellen Zusammenhangs auch einige typische Verhaltensweisen, die er oder sie mit anderen Mitgliedern der Gruppe teilt. Die Dinge, die wir mit allen Menschen gemein haben, sind das Universelle; wie wir uns voneinander unterscheiden, ist das Individuelle, und was wir mit Mitgliedern unserer Gruppe teilen, ist das Kulturelle.

3. Kultur ist erlernt. (Kultur wird manchmal mit Hautfarbe oder Volkszugehörigkeit verwechselt.)   Niemand wird enkulturiert geboren [der Begriff sagt ja aus, dass man in eine Kultur *hineinwächst* - Anm. d. Ü.], vielmehr werden wir mit der biologischen Fähigkeit zu lernen geboren. *Was* dann jedes Individuum lernt, hängt von den kulturellen Regeln der Menschen ab, von denen es erzogen wird. Einige Regeln werden über Worte vermittelt: „Halte deine Gabel in deiner rechten Hand und dein Messer in der linken." Andere Regeln werden durch Handlungen vermittelt – wann man lächeln darf oder wie nah man neben einem Gesprächspartner stehen darf.

Da Kultur erlernt ist, ist es ein Fehler, die Kultur eines Menschen aufgrund seiner äußeren Erscheinung zu erschließen. Jemand kann also von seiner *Hautfarbe* her schwarz sein und von seiner *Kultur* her irisch. Ein Mensch kann also zwei oder drei Kulturen angehören, indem er oder sie die Regeln der Kulturen erlernt, die nicht diejenigen seiner bzw. ihrer Primärgruppe sind.

4. Einzelne Mitglieder einer Kultur sind in unterschiedlichem Ausmaß in ihre Kultur integriert. (Das ist die Antwort, die man jemandem geben kann, der darauf beharrt, dass es „so etwas wie eine Kultur der Schwarzen nicht geben könne, da nicht alle Schwarzen einander ähnelten".)   Da Kultur erlernt wird, kann sie von einigen Menschen in der Gruppe gut erlernt werden und von anderen weniger gut. Wenn Kinder enkulturiert werden, erlernen sie im Allgemeinen die zentralen Regeln ihrer Kultur, doch sie erlernen nicht unbedingt jede kulturelle Regel gleichermaßen gut. Einige Familien sind stärker traditionsorientiert, andere weniger. Des Weiteren müssen sich Familien und Individuen, auch wenn sie die kulturellen Regeln erlernen, nicht unbedingt gemäß dem verhalten, was sie gelernt haben – einige Menschen sind Konformisten, andere Nicht-Konformisten. Als Konsequenz aus beiden Phänomenen sagen wir, dass das Verhalten von Mitgliedern einer

Kultur variieren wird, je nachdem wie tief ihre Erfahrungen in den Kern einer Kultur integriert sind. Bei unserer Arbeit mit einzelnen Familien hilft uns das Nachdenken über unterschiedliche Verhaltensweisen zum Beispiel, zu verstehen, warum nicht alle Japaner immer „japanisch handeln".

5. Kulturen leihen Regeln aus und teilen sie miteinander. (Das ist die Antwort auf die Frage: „Wenn Kulturen sich voneinander unterscheiden, warum sind wir dann in so vielfacher Hinsicht einander ähnlich?") Jede kulturelle Gruppe hat ihre eigenen Kernverhaltensregeln und ist daher einzigartig; dennoch überlappen sich kulturelle Grenzen, und einige der Regeln von Kultur A könnten dieselben sein wie die Regeln von Kultur B. Das liegt daran, dass sich kulturelle Regeln weiterentwickeln und im Laufe der Zeit verändern. Wenn zwei Gruppen ausgiebigen Kontakt miteinander haben, beeinflussen sie einander zuweilen in einigen Bereichen. So können zwei Gruppen von Menschen dieselbe Sprache sprechen, aber dennoch unterschiedliche Regeln in Bezug auf die Rollen haben, die für Frauen vorgesehen sind. Dies zu verstehen, hilft uns, die Bedeutung von Kultur nicht zu vernachlässigen, nur weil eine Person aus einer anderen Kultur uns in einigen Hinsichten so sehr ähnelt.

6. Mitglieder einer kulturellen Gruppe können geübt darin sein, kulturellen Regeln zu folgen, jedoch unfähig sein, sie zu beschreiben. (Daher bekommen Sie durch die Frage „Würden Sie mir bitte etwas über Ihre Kultur erzählen?" wahrscheinlich nicht die Informationen, die Sie benötigen.) Enkulturation ist ein natürlicher Prozess. Wenn wir enkulturiert werden, sind wir uns nicht bewusst, dass unsere Ideen und unser Verhalten durch ein einzigartiges Regelwerk geformt werden. Genauso wie ein Vierjähriger, der kompetent mit Sprache umgeht, nicht in der Lage wäre, auch nur einen Satz auseinander zu nehmen und die dahinter stehenden grammatischen Regeln zu erklären, wenn man ihn danach fragte, so erlangen Menschen auch eine gründliche Kompetenz im kulturspezifischen Verhalten, ohne bewusst zu wissen, dass sie sich entsprechend der Regeln verhalten. Enkulturation auf diese Weise zu verstehen, erklärt, warum man nicht zu einem Menschen hingehen und ihn bitten kann, einem seine Kultur zu vermitteln. Auch sie wären wahrscheinlich nicht fähig, anderen ihre eigene Kultur zu erklären.

Kleinkinder durch kulturelle Beständigkeit stärken

Diese Prinzipien im Auge zu behalten, wird uns helfen, den Dialog innerhalb des Umfeldes zu eröffnen, in dem sich Kinder entwickeln. Insoweit es unser Ziel ist, Umgebungen außerhalb ihres Zuhauses bereitzustellen, die stärkende Kontexte für Kinder sind, sollte das Ziel dieses Dialoges sein, kulturelle Beständigkeit sicherzustellen, damit ihre Macht von einer Umgebung in eine andere transferiert werden kann. Das zu tun, erfordert mehrere Strategien:

1. Beobachten Sie Eltern mit ihren eigenen Kindern. Finden Sie heraus, womit Kinder vertraut sind. Praktizieren und ahmen Sie das nach, was Sie sehen. Denken Sie über Ihren eigenen kulturellen Stil nach und darüber, wie sich dieser von dem anderer Menschen unterscheidet. Bitten Sie jemanden, Sie zu beobachten und Ihnen mitzuteilen, was er oder sie sieht.

2. Sprechen Sie über Kultur und darüber, wie sie Entwicklung beeinflusst – mit Ihren Kolleginnen bzw. Kollegen, mit Eltern und Experten. Erzeugen Sie ein offenes Klima für Fragen ebenso wie für vorläufige Antworten. Stellen Sie einfache Fragen – was erwarten Sie, wenn andere Menschen Ihr Kind füttern? Behalten Sie im Auge, dass Menschen über Ihr eigenes Leben am besten Bescheid wissen. Seien Sie sich des Machtvorteils bewusst, den Sie gegenüber den Eltern haben. Fragen Sie sich: Wie kann ich effektiver darin werden, Informationen von Klienten, Patienten oder Eltern zu bekommen, die mir nie widersprechen würden, wenn Sie mir von Angesicht zu Angesicht gegenüberstehen? Benutzen Sie Informanten. Reflektieren Sie. Sehen Sie sich selbst von außen: Gewinnen Sie mehr Einsichten über Ihre eigene Kultur und darüber, wie diese Ihre eigene Entwicklung beeinflusst. Glauben Sie nicht alles, was Sie lesen. Arbeiten Sie daran, Situationen zu identifizieren, in denen Ethnozentrismus eine Rolle spielt.

3. Seien Sie auf Widersprüche und Konflikte gefasst. Beschäftigen Sie sich mit ihnen, wenn sie auftauchen. (Was sollten Sie tun, wenn Sie glauben, dass gewisse Ernährungspraktiken zu gesundheitlichen Problemen beitragen oder dass eine kulturelle Tradition im Hinblick auf die jeweilige Entwicklungsphase nicht angemessen ist? Schreiben Sie kulturelle Vorherrschaft fort, indem Sie jemanden darum bitten, seine Kultur zu verändern?) Suchen Sie nicht nach einer Patentlösung. Entwickeln Sie vorläufige Lösungen. Untersuchen sie die Auswirkungen Ihrer Entscheidungen. Bewerten Sie

Ihre Fortschritte und ändern Sie Ihre Pläne, wenn sie nicht funktionieren. Schaffen Sie eine neue Wissensbasis. Schreiben Sie darüber. Teilen Sie sie Ihrer Umgebung mit.

Dieser Dialog wird die neuen Ideen hervorbringen, die wir alle benötigen, um die kulturellen Dimensionen in der Entwicklung kleiner Kinder zu verstehen. Fortlaufende Dialoge werden allen helfen, die mit dem Wohlergehen kleiner Kinder und Ihrer Familien befasst sind, dafür zu sorgen, dass sie in der kulturellen Vielfalt unseres Landes aufblühen können.

Literaturhinweise

Aquino, Consuelo, J.R.N., M.P.H. 1981. The Filipino in America. *Culture and Childbearing.* Ann L. Clark, R.N., M.A. (Hrsg.), Philadelphia: F.A. Davis Company.

Muret-Wagstaff, Sharon, und Shirley G. Moore, "The Hmong in American Infant Behavior and Practices" in Nugent, J. Kevin, Barry Lester und T. Berry Brazelton, Hrsg. (1989). *The Cultural Context of Infancy,* Band Eins: *Biology, Culture, and Infant Development.* Ablex Publishing Corporation Norwood, NJ., S. 319-340.

Phillips, Carol Brunson (1995), "Culture: a process that empowers in Infant/Toddler Caregiving: A Guide to Culturally Sensitive Care, Peter Mangione (Hrsg.). California Department of Education, Sacramento, CA., S. 2-9.

Phillips, Carol Brunson (1988), "Nurturing diversity for children and tomorrow's leaders." *Young Children,* Band 43, Nr. 2. Washington, DC., S. 42-47.

Fragen zu Text Nr. 18

1. Waren Sie sich irgendwelcher Gefühle bewusst, die in Ihnen hochgekommen sind, als Sie diesen Artikel gelesen haben?

2. Wenn es irgendwelche Zwangslagen in Bezug auf unterschiedliche Vorstellungen zu Fütterungspraktiken gibt, dann sagen die Autoren, dass ihr Ansatz ein prozessorientierter Ansatz sei und kein Patentrezept. Was, glauben Sie, meinen sie damit?

Text 19

Das Schlafen ist ein weiterer Bereich, in dem Familien und Betreuungspersonen unter Umständen nicht übereinstimmen. Janet Gonzalez-Mena und Navaz Peshotan Bhavnagri erforschen dieses Thema in ihrem Artikel „Kulturelle Unterschiede in Schlafpraktiken".

Text Nr. 19
Kulturelle Unterschiede in Schlafpraktiken[23]

von Janet Gonzalez-Mena und Navaz Peshotan Bhavnagri

Janet Gonzalez-Mena hat als Vorschullehrerin, Leiterin einer Kindertagesstätte sowie als Ausbilderin von Erzieherinnen gearbeitet. Außerdem schreibt sie Bücher und Artikel über Kleinkindpädagogik. Eines ihrer Bücher ist *Dragon Mom,* das aus dem „Exchange"-Artikel „Mrs. Godzilla Takes on the Child Development Experts" hervorgegangen ist.

Dr. phil. Navaz Peshotan Bhavnagri ist Außerordentliche Professorin für Kleinkindpädagogik an der Wayne State University in Detroit im US-Bundesstaat Michigan. Sie beschäftigt sich seit 38 Jahren mit dem Thema Kleinkindpädagogik und hat in unterschiedlichen Funktionen in Houston, New York, Detroit, West Lafayette, Champaign-Urbana sowie in Indien gearbeitet.

23 Neuabdruck mit Genehmigung von *Child Care Information Exchange,* PO Box 3249, Redmond, WA 98073, USA, (800) 221-2864, www.ChildCareExchange.com

Das fünfzehn Monate alte Baby einer Flüchtlingsfamilie aus Südostasien lag schreiend in einem Gitterbett einer Kindertagesstätte. Dieses Baby, das in seinem ganzen Leben noch nie alleine geschlafen hatte, wurde wie alle Babys in diesem Programm für ein Nickerchen in ein Kinderbett gelegt. Der Junge erlitt daraufhin einen Kulturschock. Seine Schreie waren so heftig, dass er schließlich hochgehoben wurde. Er hörte erst dann zu schreien auf, als er aus dem Schlafraum genommen und zurück ins Spielzimmer gebracht wurde. Natürlich kann die Schlafenszeit für jedes Baby oder Kind etwas Unangenehmes sein, ganz gleich, ob es sich um eine kulturübergreifende Erfahrung handelt oder nicht. Wenn von einem Kind erwartet wird, dass es an einem fremden Ort schlafen soll, dann kann das beunruhigend sein, unabhängig davon, wie alt das Kind ist oder was für einen Hintergrund es hat. Wenn das Kind jedoch nicht der dominanten Kultur entstammt, dann muss diese Information in das Verständnis einfließen, das die Mitarbeiter hinsichtlich der Probleme bei den Schlafenszeiten erlangen.

Die Betreuung von Kindern außerhalb des eigenen Heims und über die Kulturen hinweg nimmt schneller zu denn je. Das bedeutet, dass jetzt angesichts von Programmen, die Regeln und Maßnahmen vorschreiben, die im direkten Widerspruch zu dem stehen, was die Eltern zu Hause tun, sogar noch mehr Kinder enormen Veränderungen in ihrem Leben ausgesetzt sind. Die Frage, wie man bei der Entwicklung angemessen vorgehen und gleichzeitig sensibel gegenüber der jeweiligen Kultur bleiben kann, ist wichtig, besonders dann, wenn die Praktiken der Eltern und die Vorschriften des Programms im Widerspruch zueinander stehen. Welche Art von Elternbildung können Experten vermitteln, wenn die Eltern andere Vorstellungen haben als diejenigen, die das Programm leiten? Wenn ein Vater oder eine Mutter eine Frage zu den Schlafpraktiken hat, wie können Sie sie dann ohne ein Verständnis ihrer Traditionen und Überzeugungen beantworten?

Angesichts der Tatsache, dass so viele Eltern Fragen dazu haben, wie man Kinder ins Bett bringt und sie dort behält, könnte man leicht vermuten, dass es sich dabei um universelle Fragen handelt. Das Thema ist Trennung – und Trennung während des Schlafs wird nicht von jedem praktiziert. In einigen Kulturen, in denen das Zusammenschlafen die Norm ist, werden Wachzeiten während der Schlafenszeit und im Laufe der Nacht nicht als Problem angesehen. Die Kinder kommen in der Nacht nicht ins Bett ihrer Eltern, weil sie sich bereits dort befinden. Oder wenn sie nicht mit einem Elternteil im Bett sind, dann sind sie mit jemand anderem (einem ihrer Geschwister oder den Großeltern) zusammen. Kinder, die mit anderen zusammen schlafen, schlafen nicht unbedingt die ganze Nacht durch, und das wird von ihnen auch nicht erwartet. Aber sie wachen nicht alleine auf; es gibt also keine Trennungsangst, und daher entstehen normalerweise viel weniger Schlafstörungen, sowohl bei dem Kind selbst, als auch bei der Person, die seinen Schlaf begleitet.

Das gemeinsame Schlafen kann jedoch zum Problem werden, wenn Eltern ihr Kind in die Kinderbetreuung geben, und das Kind, wie es bei dem kleinen Jungen in der Eröffnungssequenz der Fall war, noch nie alleine geschlafen hat. Natürlich werden nicht alle Kinder so viele Probleme haben wie dieser Junge, doch die Mitarbeiter werden möglicherweise trotzdem Auswirkungen bemerken. Wenn Kinder zum Beispiel an wesentlich mehr Körperkontakt gewöhnt sind, als sie ihn in der Kinderbetreuung bekommen, dann vermissen sie ihn womöglich, wenn er nicht vorhanden ist. Babys sind in einigen Kulturen zum Beispiel nie ohne menschlichen Kontakt, weil sie zu Hause Tag und Nacht im Arm gehalten werden. Solche Babys werden in der Kinderbetreuung zwangsläufig ganz andere Erfahrungen machen.

Das bedeutet nicht, dass die Mitarbeiter die Kinder den ganzen Tag über halten müssen. Eine Lösung könnte vielmehr darin bestehen, den Säugling solange im Arm zu halten, bis er schlafen geht, oder einem Vorschulkind den Rücken zu reiben. Oder die Lösung könnte sein, ihm oder ihr eine andere Art des Schlafengehens zu vermitteln.

In jedem Fall ist es wichtig zu verstehen, wie sich die Kinderbetreuung vom eigenen Zuhause unterscheidet. Das Betreuungspersonal muss wissen, dass in Familien, in denen Babys nie alleine schlafen, die Eltern möglicherweise schockiert sind, wenn sie ihr Baby in einem dunklen Zimmer, auf ein Kinderbett beschränkt und ohne menschlichen Kontakt vorfinden. Sie sehen es vielleicht als ungebührlich grausam an, von Vorschulkindern zu erwarten, dass sie alleine auf einer Liege nur einige Meter von anderen Kindern entfernt liegen und diese nicht berühren dürfen.

Auch wenn Experten für Kleinkindpädagogik in Betracht ziehen können, dass alleine zu schlafen, die Norm ist und ein Ziel für alle Kinder sein sollte, so ist dies in den Augen einiger Eltern ein sehr seltsames Ziel. Einige sehen diese Praxis gar als das genaue Gegenteil von guter Betreuung an! Die Herausforderung für Betreuungspersonen und die für die Programmpolitik Verantwortlichen besteht darin, zu erkennen, dass das gemeinsame Schlafen eine in den meisten Teilen der Welt akzeptierte Praxis ist. Das alleine Schlafen ist also nicht auf der ganzen Welt die Norm. Tatsächlich basiert das, was als *normal, effektiv* und *optimal* angesehen wird, auf einer extrem kleinen Stichprobe der Weltbevölkerung. Diejenigen in der westlichen Welt, die die Standards setzen, sind durch die Sichtweise der europäisch-stämmigen Mittelschicht beeinflusst.

Was das gemeinsame Schlafen angeht, so ist nicht viel Forschung nötig, um festzustellen, dass es auch in vielen US-amerikanischen Familien eine weit verbreitete Praxis ist. Die Familien glauben, dass es schlecht sei, tun es aber dennoch. Sie wissen, dass Elternbücher über diese Praxis die Stirne runzeln, also tun sie es, haben jedoch Schuldgefühle dabei, während andere es ebenfalls tun und sich darüber ausschweigen. Es ist für das Personal wichtig, zu wissen, dass im Gegensatz zu dem, was Elternhandbücher sagen, das gemeinsame Schlafen nicht nur von einer großen Zahl von Menschen als normal angesehen wird, sondern auch als gesund und wünschenswert.

Bevor Experten den Familien Ratschläge über Schlafarrangements erteilen, sollten sie erkennen, dass diese stark von zahlreichen kulturellen, mit Wertvorstellungen befrachteten Sitten geprägt sind. Wo die Ratschläge über kulturelle Sitten herkommen, hängt von der Familie ab. Einige Eltern suchen Rat in Büchern. Andere gehen zu den Ältesten. Wieder andere müssen nirgendwo hingehen, denn das Aufziehen von Kindern ist von Kindheit an so sehr ein Teil ihres Lebens gewesen, dass sie wissen, was zu tun ist, ohne sich Rat suchen zu müssen.

Einige Eltern suchen Rat bei verschiedenen Quellen. Das Problem ist, dass Fachleute manchmal Ratschläge zu Themen wie dem Schlafen geben, ohne den kulturellen Kontext zu verstehen. Beispielsweise wurde ein Experte auf dem Gebiet der Säuglings- und Kleinkinderziehung mit europäisch-amerikanischem Hintergrund, der bei einer Navajo-Mutter zu Besuch war, von dieser gefragt, wann und wie sie ihr Baby aus dem „cradle-board" (einer speziellen Art von Babytrage) nehmen solle. Ihr Junge benutzte es zu diesem Zeitpunkt nur zum Schlafen, aber sie machte sich Sorgen, dass er schon zu lange darin geblieben sei, denn er war in einem ganz wörtlichen Sinne darüber hinausgewachsen. Seine Füße hingen über den Rand und die Lederriemen, mit denen er festgebunden war, mussten verlängert werden. Doch immer, wenn im Zentrum seine Schlafenszeit gekommen war, wackelte er unmittelbar zu seinem *cradle-board* hinüber und bat, dort hinein zu dürfen. Das Zentrum hatte keine Vorschriften zu *cradle-boards*. Es wäre für diesen Experten für Kleinkindpädagogik anmaßend gewesen, mehr zu tun, als der Mutter zuzuhören und sie dabei zu unterstützen, sich keine Sorgen mehr zu machen. Wenn Ratschläge angebracht waren, dann mussten sie von einem Navajo-Ältesten kommen und nicht von einem Angelsachsen, der aus einem anderen Landesteil zu Besuch gekommen war.

Es gibt Zeiten, zu denen Ratschläge angebracht sind. Manchmal gibt es zum Beispiel Verfügungen in Bezug auf Gesundheits- und Hygienefragen. Und natürlich gibt es auch gewisse Vorschriften und Standards. Doch bevor Fachleute Familien Ratschläge geben oder einzuhaltende Vorschriften erklären können, müssen sie die Familie und den kulturellen Kontext verstehen, und sie müssen sich in kulturübergreifenden Forschungsergebnissen auskennen.

Es gibt beispielsweise eine interessante Forschungsarbeit, die auf die Vorteile des gemeinsamen Schlafens verweist. Meredith Small, eine Anthropologin, spricht sich in ihrem Buch *Our Babies Ourselves* für das gemeinsame Schlafen aus. Sie schreibt darüber, wie der menschliche Kontakt während des Schlafens den Säuglingen hilft, ihre Körpertemperatur, ihre Atmung und ihren Herzschlag während der ersten Wochen, ja sogar Monate ihres Lebens zu regulieren. Die Schlafzyklen und Zustände von Müttern und Säuglingen werden synchronisiert, wenn sie zusammen schlafen. Sie verlieren diese Synchronizität, wenn sie getrennt schlafen. Fälle von Plötzlichem Säuglingstod (SIDS) sind in Kulturen, in denen das gemeinsame Schlafen allgemein praktiziert wird, sehr selten bis nicht existent. Ein anderer Nutzen des gemeinsamen Schlafens ist, dass es das Stillen erleichtert. Außerdem benötigen Kinder, die mit jemandem zusammen schlafen, mit geringerer Wahrscheinlichkeit „Übergangsobjekte" wie eine besondere Decke oder ein Stofftier.

Natürlich gibt es auch kulturelle Werte, Überzeugungen, Prioritäten und Ziele, die zu berücksichtigen sind. In Familien, in denen nahe Kontakte wichtiger sind als frühe Unabhängigkeit, ist das gemeinsame Schlafen angemessen. In den Familien, die von früh auf Wert auf Unabhängigkeit und Individualität legen, kann das gemeinsame Schlafen als ein Schritt angesehen werden, der sie von ihren Zielen wegführt.

In den Zentren treten wir nicht für das gemeinsame Schlafen ein. Wir drängen niemanden dazu, Richtlinien oder Gesundheitsstandards zu übertreten. Wir verlangen lediglich, dass die Programmverantwortlichen und die Mitarbeiter eine Familie zu verstehen versuchen, deren Schlafpraktiken nicht mit denjenigen des Zentrums zusammenpassen, statt ihnen einfach die jeweilige Standardpraxis aufzuoktroyieren. Wenn es in Bezug auf die Schlafpraktiken zwischen der Familie und dem Programm kulturelle „Unebenheiten" gibt, müssen sich die Fachleute fragen, ob sie wirklich die kulturellen Themen verstehen, die dabei eine Rolle spielen. Hat eine Unterredung über die Ziele stattgefunden, die die Familie für das Kind hat? Wenn ja, passt die Praxis mit den Zielen zusammen? Gibt es einen Risikofaktor in der Art, wie die Familie mit diesem Thema umgeht? Gewiss liegt es in der Verantwortung des Fachmanns oder der Fachfrau, der Familie mitzuteilen, wenn solide Forschungsergebnisse vorhanden sind, die auf einen Risikofaktor verweisen.

Um kulturelle Unterschiede zu verstehen, müssen Mitarbeiterstab und Familien miteinander kommunizieren. Die Kommunikation ist eine Voraussetzung dafür, eine kreative Lösung zu finden, die sowohl die Belange der Eltern als auch diejenigen der Betreuungspersonen berücksichtigt. Diese Herangehensweise entspricht passgenau dem „Sowohl-als-auch-Denken", wie es in der Neubearbeitung des Buches der NAEYC, *Developmentally Appropriate Practice in Early Childhood Programs,* erklärt wird. Den Autorinnen Sue Bredekamp und Carol Copple zufolge können und sollten Fachleute die Polarisierung von „Entweder-oder-Wahlmöglichkeiten" vermeiden und gründlich erforschen, wie zwei anscheinend entgegengesetzte Ansichten zugleich richtig sein können.

Es kann unter Umständen schwierig sein, eine Situation zu erforschen, wenn es einen eindeutigen Wertekonflikt zwischen dem gibt, was hinter der Programmpolitik, den beruflichen Standards oder staatlichen Vorschriften einerseits und den Praktiken der Eltern andererseits steht. Doch mit Offenheit gegenüber Vielfalt und der Bereitschaft, alle Sichtweisen zu respektieren, können Beziehungen zwischen Fachleuten und Familien wachsen. Wenn eine gute und vertrauensvolle Beziehung zwischen Experten und Familien vorhanden ist, dann können diese kreative Wege finden, um auf einen gemeinsamen Nenner zu kommen. Es liegt im besten Interesse des Kindes, dass die beiden Gruppen, die für seine Betreuung verantwortlich sind, in Harmonie und aus einer Haltung des gegenseitigen Verständnisses zusammenarbeiten.

Literaturhinweise

Für weitere Informationen: American Academy of Pediatrics. *www.aap.org;* National Institute of Child Health and Human Development. *www.nichd.nih.gov.*

Bhavnagri, N.P. und Gonzalez-Mena, J. (1997). The cultural context of infant caregiving. *Childhood Education,* 74, 1, 2-8.

Bredekamp, S. und Copple, C. (1997). *Developmentally Appropriate Practice in Early Childhood Programs.* Washington, DC: NAEYC.

Gantley, M., Davies, D.R, & Murcett, A. (1993). Sudden infant death syndrome: Links with infant care practices. *British Medical Journal,* 306, 16-20.

Kawasaki, C., Nugent, J.K., Miyashita, H., Miyahara, H., & Brazelton, T.B (1994). The cultural organization of infants' sleep. *Children's Environments, 11,* 135-141.

Latz, S., Wolf, A.W., Lozoff, B. (1999). *Co-sleeping in context: Sleep practices and problems in young children* in Japan and the United States. Pediatrics & Adolescent Medicine, 153, 339-346.

Lozoff, B., Askew, G.L., Wolf, A.W. (1996). Co-sleeping and early childhood sleep problems: Effects of ethnicity and socioeconomic status. *Developmental and Behavioral Pediatrics,* 17 (1), 9-15.

McKenna, J.J:, & Mosko, S. (1993). Evolution and infant sleep: An experimental study of infant-parent co-sleeping and its implications for SIDS. *Acta Paediatrica Supplement, 389,* 31-36.

Morelli, G.A., Rogoff, B. Oppenheim, D. & Goldsmith, D. (1992). Culture variation in infants' sleeping arrangements: Questions of independence. *Developmental Psychology,* 28, 604-613.

Small, M. (1998). *Our Babies Ourselves: How biology and culture shape the way we parent.* New York: Anchor Books.

Wolf A.W., Lozoff, B., Latz, S., & Paludetto, R. (1996). Parental theories in the management of sleep routines in Japan, Italy, and the United States. In S. Harkness & C.M. Super (Eds.), *Parents' cultural belief systems* (pp. 364-385). New York: Guilford.

Fragen zu Text Nr. 19

1. Was sind Ihre Erfahrungen bezüglich verschiedener Vorstellungen darüber, wie man Säuglinge und Kleinkinder schlafen legen und sie am Schlafen halten soll?

2. Gemeinsames Schlafen wird vielleicht häufiger praktiziert, als viele Familien zugeben. Was halten Sie davon, wenn Säuglinge und Kleinkinder mit jemand anderem schlafen, statt in ihrem eigenen Kinderbettchen oder Bett?

3. Wie könnten Schlafpraktiken mit kulturellen Werten zusammenhängen?

4. Was glauben Sie, worum es bei diesem Artikel geht? Glauben Sie, dass die Autoren zu erreichen versuchen, dass Kindertagesstättenprogramme ihr Vorgehen hinsichtlich von Schlafpraktiken verändern?

Lektüren zu dem Thema,
wie man Säuglinge und Kleinkinder
mit besonderen Bedürfnissen einbezieht

Text 20

In dem ersten Artikel „Mit den Eltern sprechen, wenn Probleme auftauchen" von Linda Brault und Janet Gonzalez-Mena geht es darum, was Betreuerinnen tun können, um Hilfe und Unterstützung zu bekommen, wenn sie feststellen, dass es schwierig für sie ist, den Bedürfnissen eines bestimmten Kindes gerecht zu werden.

Text Nr. 20
Mit den Eltern sprechen, wenn Probleme auftauchen[24]

von Linda Brault, M.A., Sonoma State University
und Janet Gonzalez-Mena, M.A.

Marta betreute sechs Kinder bei sich zu Hause. Rashad, fast acht Monate alt, war von seinen Eltern Paul und Suzanne zu ihr gebracht worden, als er sechs Monate alt war. Rashad war das erste Kind der beiden. Mittlerweile begann Marta, sich Sorgen um Rashads Entwicklung zu machen. Rashad war ein sehr glückliches und zufriedenes Baby. Er erschien Marta jedoch fast zu zufrieden. Er konnte sitzen, wenn man ihn hinsetzte, hatte jedoch kein großes Interesse daran gezeigt, sich aus eigenem Antrieb zu bewegen. Wenn Marta Suzanne oder Paul fragte, wie es denn so ginge, dann schienen sie sehr dankbar zu sein, ein so „braves" Baby zu haben. Marta fragte sich, ob sie etwas über ihre Sorgen sagen sollte. Vielleicht war Rashad ja wirklich nichts weiter als ein „braves" Baby.

Sarali besuchte die ABC-Kindertagesstätte. Sie war fast drei Jahre alt und war ein Jahr lang in dem Zentrum gewesen. Emily, ihre Betreuerin, hatte gerade am örtlichen College einen Kurs über die kindliche Entwicklung absolviert. Im Laufe des Kurses ertappte sie sich dabei, wie sie über Sarali nachdachte, die ständig ihre Aufmerksamkeit benötigte. Sie stand häufig im Mittelpunkt, wenn andere Kinder verletzt wurden oder aufgebracht waren. Emily fragte sich, in welcher Hinsicht sich Sarali von den anderen Kindern unterschied. Ihr Vater José hatte noch zwei ältere Kinder und war ständig in Eile, wenn er sie abgab oder wieder abholte. José machte sich gewiss keine Sorgen. Warum also tat es Emily?

Als Kinderbetreuerin sind Sie oft die Erste, die bemerkt, dass ein Kind anders als andere von Ihnen betreute Kinder lernt oder kommuniziert. Wenn ihre sorgfältige Beobachtung und ihre Bemühungen, mit einem bestimmten Kind effektiv zu arbeiten, die Bedürfnisse des Kindes nicht zu erfüllen scheinen, dann ist es an der Zeit, sich Hilfe zu suchen, um das Zugehörigkeitsgefühl und die angemessene Unterstützung dieses Kindes in Ihrem Programm zu fördern. Diese Hilfe kann von der Familie kommen, vielleicht wird aber auch mehr Fachwissen benötigt, wie dasjenige eines Kinderarztes oder einer anderen Person, die im Bereich der Gesundheitsfürsorge tätig ist, das Wissen eines Therapeuten oder eines anderen Spezialisten.

Wenn Sie der Familie empfehlen, solche Hilfen in Anspruch zu nehmen, oder wenn Sie die Erlaubnis bekommen, selbst nach solchen Möglichkeiten Ausschau zu halten, dann vermitteln Sie sie weiter. Die leichteste Vorgehensweise ist die, dass die Familie die Vermittlung bzw. Überweisung selbst vornimmt, denn sie wird dann die benötigten Informationen bekommen und kann den Prozess schnellstmöglich in Gang bringen. Damit Sie eine Überweisung zu Gesundheits-, Erziehungs- oder Frühförderungssystemen vornehmen können, müssen Sie zunächst mit den Eltern des Kindes sprechen. Diese müssen Ihnen eine schriftliche Erlaubnis (Einverständniserklärung) geben, bevor Sie weitere Hilfe suchen.

Manchmal nehmen Eltern Entwicklungsunterschiede selbst wahr. Auch wenn der Vergleich eines Kindes mit einem anderen beiden schaden kann, so hilft er Eltern häufig, eine weiter gehende Perspektive zu bekommen als diejenige, die sie haben, wenn ihre Erfahrungen nur auf ihr eigenes Kind beschränkt sind.

Die Mutter eines Babys, das mit einem schweren Herzfehler geboren wurde, schloss sich einem Säuglings- und Kleinkindprogramm an, bei dem die Eltern zeitweilig als Beobachter involviert waren. Sie war schockiert, als sie die Unterschiede in der Entwicklung ihres eigenen Sohnes im Vergleich zu der anderer Kindern seines Alters sah. Aufgrund seines zerbrechlichen Zustands und mehrerer Operationen waren seine anfänglichen Lebenserfahrungen ganz anders gewesen als die anderer Kinder seines Alters in diesem Programm. Diese Mutter brauchte von der Betreuerin keine Empfehlung für eine Überweisung. Sie ging sofort zum Herzspezialisten und zum Kinderarzt, um sie um Hilfe bei den Entwicklungsbedürfnissen ihres Sohnes zu bitten. Sie hatte begriffen, dass wenn sich Spezialisten Sorgen darum machen, ob sie das Leben eines Kindes retten können, ihr Interesse an der gesamten Entwicklung bisweilen auf Eis gelegt wird. Mit Hilfe der Betreuerin und eines Entwicklungsspezialisten gelang es, das Kind nicht mehr in erster Linie als Herzpatient zu sehen, sondern vielmehr als ein sich entwickelndes Kleinkind.

Dieser Fall war ungewöhnlich, weil die Mutter keine Überweisung brauchte. Ihr standen bereits Spezialisten zur Seite, die ihr und letzten Endes auch dem Programm halfen. Was war nun mit Kindern wie Rashad und Sarali? Wenn Sie sich um ein Kind Sorgen machen, das noch nicht als Kind mit speziellen Bedürfnissen definiert worden ist, dann wissen Sie unter Umständen nicht, wie die Eltern reagieren werden, wenn Sie ihnen Ihre Sorgen mitteilen.

Sorgen mitteilen

Wie entscheiden Sie, wann es an der Zeit ist, eine formelle Besprechung abzuhalten, um mit den Eltern über Ihre Sorgen zu sprechen? Wenn Sie sich schon längere Zeit auf das Kind konzentriert und Ihre Sorgen abgeklärt haben, dann können Sie die Eltern bitten, Zeit für ein Gespräch mit Ihnen einzuplanen. Während dieses Gesprächs sollte es keine Unterbrechungen geben. Wenn Sie daran gearbeitet haben, eine gute Beziehung zu den Eltern aufzubauen, dann haben Sie wahrscheinlich ohnehin immer wieder einmal mit ihnen geredet, so dass Sie wissen, ob die Dinge, über die Sie sich Sorgen machen, nur im Rahmen

Ihres Programms auftreten oder ob die Eltern zu Hause dieselben Feststellungen gemacht haben. Sie wissen möglicherweise auch, ob die Eltern selbst über ihre Sorgen gesprochen haben oder nicht, und können dies in die Planung einbeziehen.

Wenn regelmäßige kleinere Unterhaltungen stattgefunden haben, dann wird die Besprechung selbst für die Eltern nicht überraschend kommen. Trotzdem könnte diese Besprechung, wenn Sie beschließen, dass die Zeit gekommen ist, um sich Hilfe von außen zu holen, indem Sie eine Überweisung vornehmen, eine tiefere Bedeutung annehmen als die üblichen Besprechungen zwischen Ihnen und den Eltern oder die zwanglosen Unterhaltungen, die Sie bis dahin mit ihnen geführt haben.

Eine Besprechung vorbereiten

Bereiten Sie sich auf eine formellere Besprechung vor, indem Sie das Kind sorgfältig beobachten. Die Beobachtung des Kindes über einen längeren Zeitraum hinweg wird Ihnen Informationen über spezifische Verhaltensweisen geben, die veranschaulichen, warum Sie sich Sorgen machen. Das wird Ihnen helfen, eine allgemeine Besorgnis zu verdeutlichen (*Rashad scheint zu unbekümmert zu sein, Sarali steht immer im Zentrum, wenn es Probleme gibt*), indem Sie spezifische Verhaltensweisen nennen können (*Rashad bleibt bis zu einer halben Stunde in ein und derselben Position und verändert diese nicht ohne Hilfe; Sarali fällt es schwer, während der Frühstückspause am Tisch sitzen zu bleiben, und sie schlägt häufig andere Kinder*). Nehmen Sie zur Kenntnis, wann, wo und unter welchen Umständen solche Verhaltensweisen auftreten. Mit gezielter Beobachtung gewinnen Sie vielleicht Einsichten darüber, was zu einem solchen Verhalten beiträgt. Schauen Sie, ob eine Veränderung des Umfeldes oder Ihrer Vorgehensweise das Verhalten des Kindes beeinflussen. Behalten Sie sämtliche Details dessen, was Sie ausprobiert haben und was daraufhin geschehen ist, im Auge, und schreiben Sie sie auf. Solche Aufzeichnungen können wichtige Informationen enthalten, die Sie dann mit den Eltern teilen können.

Denken Sie daran, dass es für Sie nur angemessen ist, das zu besprechen, was Sie an *spezifischen Verhaltensweisen* beobachtet haben. Widerstehen Sie der Neigung, dem ein Etikett anzuheften oder eine Diagnose zu stellen. Manchmal haben Eltern bemerkt, dass die Entwicklung ihres Kindes sich von der der meisten Kinder unterscheidet, und sie kommen mit einem Gefühl der Erleichterung zu der Besprechung, dass jemand das wahrgenommen hat. Vielleicht ist den Eltern schon im Voraus klar, dass Sie hier die Hilfe und Unterstützung bekommen werden, die sie benötigen. Ein anderes Mal kann es vorkommen, dass sich die Eltern der Unterschiede nicht bewusst sind und sie nicht in der Lage sind, diese zu sehen. Wenn Eltern bisher nichts bemerkt haben, dann kann die Situation anders sein.

Anfängliche Beobachtungen zu Rashad

Marta dachte über Rashad nach und darüber, wie andere Babys seines Alters sich verhielten. Sie beschloss, vor allem auf seine Bewegungen zu achten. Sie wollte sich drei Tage lang aufschreiben, zu welchen Zeiten Rashad in welche Position gelegt wurde. Marta fiel auf, dass Rashad mindestens dreißig Minuten lang, wenn nicht noch länger, ohne Aufhebens in der Position blieb, in die man ihn gebracht hatte (auf dem Rücken, auf dem Bauch oder aufrecht sitzend). Nur einmal in den drei Tagen, in denen Marta Buch führte, hatte sich Rashad vom Bauch auf den Rücken gerollt. Manchmal fiel er beim Sitzen hin, wenn ein älteres Kind vorbeistürmte und Rashad zu schnell versuchte, seinen Kopf zu drehen. Rashad verbrachte Zeit damit, die anderen Kinder zu beobachten und sich Spielsachen anzuschauen, aber er nahm nur selten Spielzeuge oder Gegenstände auf. Marta bemerkte, dass sie Rashads Position mehrmals am Tag verändert hatte, ohne sich dessen bewusst zu werden.

Anfängliche Beobachtungen zu Sarali

Als Emily ihre Helferin zu Sarali befragte, sagte diese, dass sie „sich schlecht benehme und andere Kinder ärgere", doch Emily wusste, dass eine solche Beschreibung allein für ihre Eltern nicht hilfreich sein würde. Sie beschloss daher, die Kleine eine ganze Woche lang sorgfältig zu beobachten, damit sie den Eltern genaue Informationen geben konnte. Emily nahm wahr, dass es Sarali schwerer als anderen Kindern fiel, still zu sitzen. Sie zählte, wie oft Sarali während der Frühstückspause aufstand, und konnte so reale Zahlen nennen, nämlich zwei Mal am Montag, Dienstag und Mittwoch, fünf Mal am Donnerstag und ein Mal am Freitag. Ihre Interaktionen mit anderen Kindern konnten ebenfalls beobachtet und beschrieben werden. Als Sarali mit mehr als einem anderen Kind spielte, beobachtete und notierte Emily in der letzten Woche fünf Zwischenfälle, bei denen sie andere Kinder geschlagen hatte. Sie bemerkte darüber hinaus, dass Sarali weniger Worte und Sätze zur Verfügung standen als anderen fast Dreijährigen.

Eine Besprechung leiten

Tun Sie bei der eigentlichen Zusammenkunft, was immer Sie können, damit sich die Eltern so wohl und entspannt wie möglich fühlen. Wählen Sie eine Sitzordnung, die sie zusammenbringt, statt sie zu trennen. Hinter einem Schreibtisch zu sitzen, kann zum Beispiel sowohl eine psychologische als auch eine physische Barriere zwischen Ihnen und den Eltern aufbauen. Ein wärmeres, freundliches Arrangement wird wahrscheinlich besser funktionieren. Sorgen Sie dafür, dass sie ungestört sind. Diese Begegnung spielt sich zwischen Ihnen und den Eltern ab und geht die Sekretärin und die übrigen Mitarbeiter nichts an. Wenn Sie als Tagesmutter arbeiten, dann ist es vielleicht erforderlich, dass sie sich außerhalb der regulären Betreuungsstunden treffen. Sorgen Sie dafür, dass genügend Zeit vorhanden ist, damit das Treffen nicht hektisch wird und Sie die wichtigen Dinge durchsprechen können. Wenn dies die erste Zusammenkunft dieser Art für die Eltern ist, dann müssen diese das Gefühl haben, dass Ihnen das Kind am Herzen liegt und dass sie Ihnen vertrauen können.

Beginnen Sie damit, dass Sie die Familie fragen, wie sie die Entwicklung ihres Kindes sehen, und teilen Sie ihnen jegliche positive Eigenschaften fest, die Sie beobachtet haben. Fragen Sie, wie sich das Kind zu Hause verhält. Wenn die Familie das Kind anders wahrnimmt als Sie selbst, dann seien Sie offen für die Sichtweise der Eltern. Stellen Sie Fragen, sammeln Sie Informationen und laden Sie die Eltern dazu ein, die Bedürfnisse ihres Kindes auf partnerschaftliche Weise gemeinsam mit Ihnen zu erfüllen. Wenn diese Kommunikation mit Respekt erfolgt, dann kann sie zu einem besseren Ideenaustausch führen und so letztlich den größten Nutzen für das Kind haben.

Bevor Sie den Eltern Ihr Anliegen mitteilen, fragen Sie sie, ob sie sich in Bezug auf ihr Kind irgendwelche Sorgen machen, die sie Ihnen noch nicht mitgeteilt haben. Wenn es für Sie an der Zeit ist, Ihre Sorgen mitzuteilen, dann lassen Sie die Familie wissen, dass Sie dies tun, um die Entwicklung ihres Kindes zu unterstützen und Ideen dazu zu bekommen, wie Sie die Bedürfnisse ihres Kindes am besten erfüllen können. Achten Sie darauf, dass Sie das, was Sie mitzuteilen haben, klar und deutlich kommunizieren, mit konkreten Beispielen und ohne zu urteilen. Besonders wichtig ist, dass Sie Ihre Beobachtungen mitteilen, ohne ihnen ein Etikett anzuheften oder eine Diagnose zu stellen. Machen Sie bei einem Kind keine Andeutungen in Bezug auf eine bestimmte Diagnose (wie zum Beispiel ADS oder Aufmerksamkeits-Defizit-Syndrom). Die meisten Betreuerinnen sind nicht qualifiziert, eine solche Diagnose zu stellen, und dies zu tun, stellt häufig ein Hindernis dafür da, die nächsten Schritte im Überweisungsprozess zu tun. Auf der anderen Seite werden Ihre spezifischen Beobachtungen und Beschreibungen des Geschehens für alle Spezialisten, die mit dem Kind arbeiten, sehr nützlich sein.

Eine Familie unterstützen, die vorhandene Hilfsangebote nutzen möchte

Wenn die Familie ebenfalls besorgt ist oder mit Ihren Beobachtungen übereinstimmt, dann können Sie erörtern, welche Schritte als Nächstes möglich sind. Unterstützen Sie die Familie darin, sich Hilfe zu holen. Deren größte Angst besteht häufig darin, dass Sie ihr Kind oder sie ablehnen werden, wenn zusätzliche Hilfe benötigt wird. Lassen Sie sie wissen, dass Sie dazu da sind, ihr Kind zu unterstützen und sämtliche neuen Ideen einzubeziehen. Sie sollten Informationen über Dienstleistungen innerhalb Ihres Programms bereithalten sowie auch über örtliche Frühförderungsprogramme, besondere Erziehungs- und Bildungsangebote und andere Hilfsangebote. Indem Sie Ihre konkreten Beobachtungen mitteilen, werden Sie in der Lage sein, der Familie zu helfen, ihre Fragen in Bezug auf ihr Kind zu klären und sich bewusst zu machen, was die Überweisung bewirken wird.

Wenn die Familie bereit ist, ihr Kind in das Frühförderungsprogramm, in den örtlichen Schulbezirk oder zum Kinderarzt oder einer anderen im Bereich der Gesundheitsfürsorge tätigen Person oder Institution zu schicken, dann lassen Sie sie die Führung übernehmen. Da viele Familien konkrete Maßnahmen werden ergreifen wollen, seien Sie darauf vorbereitet, mit ihnen über Möglichkeiten zu sprechen, um weitere Beurteilungen und/oder potenzielle Dienstleistungen zu bekommen. Das ist der Punkt, an dem Sie „eine Überweisung tätigen". Im Allgemeinen ist es zweckmäßig, die Familie neben dem Verweis auf das Frühförderungsprogramm am Ort und/ oder andere Erziehungs- und Bildungsangebote auch auf ihren Kinderarzt oder ihre Kinderärztin zu verweisen.

Behörden mit Hilfsangeboten im Vorhinein anzurufen, um allgemeine Informationen zu sammeln, kann sehr hilfreich sein. Sie können einer Familie jedoch nicht die Garantie geben, dass ihr Kind anspruchsberechtigt ist beziehungsweise, dass es die Dienstleistungen einer anderen Behörde bekommen kann. Beschreiben Sie stattdessen, was nach der Überweisung passieren könnte und wie aufgrund dessen, was Sie gelernt haben, mögliche Resultate aussehen könnten. Sie können die Familie außerdem wissen lassen, dass Sie der Stelle, an die das Kind überwiesen worden ist, als Informationsquelle dienen können. Die Eltern müssen den entsprechenden Gesundheits- und Erziehungsbehörden ihre Zustimmung geben, damit Sie mit ihnen über ihr Kind sprechen können, so dass Sie das Recht der Familie auf Vertraulichkeit sorgfältig beachten und sichergehen sollten, dass Sie ein eindeutiges Einverständnis bekommen haben.

Wenn die Familie auf andere Hilfsangebote zurückgreifen möchte, dann können Sie sich ihr Vorgehen enorm erleichtern, wenn Sie sich der potenziellen Hindernisse bewusst sind. Dazu gehören Versicherungsangelegenheiten, die Sprechgewohnheiten der Familie, kulturelle Praktiken, die Beförderung und das Unbehagen oder frühere negative Erfahrungen mit Autoritätspersonen wie Lehrern oder Ärzten. Es ist nicht unüblich, dass eine Kinderbetreuerin einer Familie hilft, Dienstleistungen zu erhalten, die ihr Kind benötigt, indem sie den Prozess für sie in Gang bringt. Achten Sie jedoch darauf, nicht zu viel für die Familie zu tun. Statt sich dafür verantwortlich zu fühlen, Hindernisse aus dem Weg zu räumen, können Sie sich darauf konzentrieren, die Familie zu unterstützen, wenn solche Hindernisse auftauchen. Zum Beispiel kann eine Familie den Anruf bei der Institution, an die das Kind überwiesen werden soll, von Ihrem Büro aus tätigen, und Sie sind anwesend, um Unterstützung zu geben und Dinge zu klären, falls das notwendig sein sollte. Wege zu finden, damit die Familie den Bedürfnissen ihres Kindes gerecht werden kann, wird auf lange Sicht der Familie und dem Kind am besten dienen.

Wenn sich die Familie entscheidet, Hilfsangebote nicht zu nutzen

Wenn die Eltern nicht verstehen, worüber Sie sich Sorgen machen, wenn sie meinen, dass Ihre Sorgen nicht wichtig seien oder sie mit Ihren Beobachtungen nicht übereinstimmen, dann sind sie möglicherweise ärgerlich, wenn Sie ihnen gegenüber äußern, dass eine Überweisung notwendig sei. Es ist sogar möglich, dass Ihre Beobachtungen sie schockieren oder wütend machen werden. In diesem Falle ist es angebracht, die Gefühle der Eltern auf sensible Weise zu unterstützen, ohne sich in ihnen zu verfangen. Wenn Säuglinge und Kleinkinder unglücklich sind, dann akzeptieren ihre Betreuerinnen diese Gefühle und können sie nachempfinden. Die Eltern brauchen dieselbe Herangehensweise von Ihnen als Betreuerin.

Sie sind zwar kein Therapeut, doch einige seiner Fähigkeiten, wie etwa zuzuhören, können für Sie ebenfalls von Nutzen sein. Wenn die Eltern zum Beispiel wütend werden, dann könnte Ihre unmittelbare Reaktion darauf sein, dass Sie in die Defensive gehen und Argumente für Ihr Verhalten vorbringen. Wenn Sie sich in Ihren eigenen Gefühlen verfangen, dann sind Sie weniger offen dafür, den Eltern die Unterstützung zu geben, die sie zu einer Zeit brauchen, in der sie verletzlich sind. Zu verstehen, dass Wut oder Schuldzuweisungen normale Reaktionen für Menschen sind, die leiden, hilft Ihnen, ihre Gefühle zu akzeptieren und sie nicht persönlich zu nehmen. Vielleicht fühlen Sie den Drang, auf der Basis Ihrer eigenen Gefühle zu reagieren, doch jetzt ist es an der Zeit, sich auf die Gefühle der Eltern einzustimmen und zu hören, was sie zu sagen haben, ohne ihren Ärger zu bagatellisieren oder zu versuchen, sie durch Überredung davon wegzubringen.

Seien Sie sich bewusst, dass eine weitere Beurteilung ein positiver Schritt ist und dass sowohl Ihnen als auch den Eltern das am Herzen liegt, was für das Kind am besten ist, selbst wenn zwischen ihnen im Moment keine Einigkeit besteht.

Manchmal entscheidet sich die Familie vielleicht nicht dafür, Hilfsangebote zu nutzen, wenn Sie ihr zum ersten Mal Ihre Befürchtungen mitteilen, oder sie ist zwar offen für Informationen, will aber nicht unmittelbar handeln. Statt sie als „die Situation verleugnend" oder anderweitig abzukanzeln, denken Sie daran, dass sich jeder Mensch in einer anderen Geschwindigkeit bewegt und Informationen unterschiedlich aufnimmt. Die emotionale Reaktion der Familie wird Einfluss darauf haben, ob sie in der Lage ist, zu hören und zu verstehen. Diese Informationen zu verarbeiten und zu integrieren, wird bei den einzelnen Familien unterschiedlich lang dauern. Die Realität, dass sich das Leben wird ändern müssen – dass ihr Kind möglicherweise anders ist als andere Kinder –, ist für einige Familien nur schwer zu verkraften.

Sofern nicht bestimmte Verhaltensweisen oder andere Belange, wie die medizinische Dringlichkeit, Sie daran hindern werden, sich ohne Hilfe um das Kind zu kümmern, erlauben Sie es der Familie, in ihrem eigenen Tempo vorzugehen. Stellen Sie sich darauf ein, sie beim Verständnis dessen zu unterstützen, was Sie den Eltern mitgeteilt haben, und wiederholen Sie diese Informationen, wann immer nötig. Lassen Sie sie wissen, dass Informationen über Hilfsangebote zur Verfügung stehen, wann immer sie sie benötigen. Wenn Sie feststellen, dass Ihr eigenes Urteil oder Ihre Emotionen in dieser Sache Auswirkungen auf Ihre Fähigkeit haben, die Familie als Entscheidungsträger zu respektieren, dann suchen Sie sich selbst Unterstützung. Und scheuen Sie nicht davor zurück, den Vorschlag zu machen, die Familie solle die ganze Angelegenheit auch mit jemand anderem besprechen.

Wenn Sie glauben, dass die Tatsache, dass die Familie sich keine Hilfe sucht, auf Vernachlässigung zurückzuführen ist und Schaden für das Kind entstehen kann, dann haben Sie die Verpflichtung, mit der Familie Klartext zu reden und selbst eine passende Überweisung an eine Behörde vorzunehmen, die das Kind schützen wird (wie etwa den Kinderschutzbund). Eine Meldung an eine solche Behörde setzt die Zustimmung der Eltern nicht voraus.

Hilfsangebote für Familien

Serviceleistungen in den Bereichen Gesundheit und medizinische Versorgung

In vielen Fällen ist es angebracht, eine Familie zu ermutigen, mit ihrem Hausarzt über ihre Sorgen zu sprechen. Bestimmte Probleme, denen sich Kinder mit Behinderungen und anderen besonderen Bedürfnissen gegenübersehen, sind medizinischer Natur und erfordern die sorgfältige Nachbetreuung durch einen Arzt. Einige Ärzte spezialisieren sich darauf, Kinder mit besonderen Bedürfnissen zu betreuen, während andere nur ein begrenztes Wissen über Beurteilungsinstanzen und Dienstleistungen haben.

Eltern, Ärzte und sonstige Verantwortliche müssen sich aktiv dafür einsetzen, zu gewährleisten, dass das Kind und die medizinische Fachkraft, die sich in erster Linie um es kümmert, gut zusammenpassen. In vielen Fällen kann es von Nutzen sein, wenn der Transfer an eine Sonderschule zur gleichen Zeit erfolgt wie die Überweisung an den Facharzt, da der Überweisungsprozess Zeit erfordert und die Überweisung an nur ein System (wie das Gesundheitswesen) den Eintritt in das andere (wie die Frühförderung) verzögern könnte. Denken Sie daran, dass Überweisungen am besten durch die Familie selbst getätigt werden. Wenn eine Betreuungsperson eine Überweisung vornimmt, dann muss die Familie vorher eine eindeutige Genehmigung hierzu erteilt haben.

Die Kommunikation in Gang halten

Wie Sie sehen können, ist umsichtige und sensible Kommunikation erforderlich, um einer Familie seine persönlichen Besorgnisse mitzuteilen. Halten Sie nach der Besprechung die Kommunikation in Gang, damit Sie die Familie dabei unterstützen können, ihrem Kind zu helfen. Nehmen Sie mit Spezialisten Kontakt auf, die mit dem Kind arbeiten könnten. Sie sind ein wichtiger Partner in der Entwicklung des Kindes, und die Informationen, die Sie bekommen, können Ihren Dienst an allen Kindern verbessern.

Die nächsten Schritte für Rashad

Während der Besprechung gaben Paul und Suzanne die Auskunft, dass Rashad zwar ein gutes Baby sei, er aber nicht die Dinge zu tun schien, die seine Vettern oder die Babys von Freunden taten. Als Marta Paul und Suzanne ihre Beobachtungen mitteilte, waren sie sehr interessiert daran, Hilfe zu bekommen. Sie brachten Rashad für seine regelmäßige Vorsorgeuntersuchung in die örtliche Klinik; also schlug Marta vor, dass sie die Schwester zu Rashads Entwicklung befragen sollten. Marta erzählte ihnen darüber hinaus von dem Frühförderungsprogramm, das ihnen kostenlos zur Verfügung stand. Sie stimmten zu, am nächsten Tag, als sie Rashad bei Marta abgaben, die zuständige Stelle anzurufen. So konnte ihnen Marta helfen, wenn sie Fragen hatten. Es stellte sich heraus, dass Rashad ein Anrecht darauf hatte, die Serviceleistungen des Frühförderungsprogramms in Anspruch zu nehmen, und er erhielt Besuche bei sich zu Hause ebenso wie in Martas Haus. Er begann, Fortschritte zu machen, und Marta erlernte mehrere neue Methoden, um Rashad in seiner Entwicklung zu unterstützen.

Die nächsten Schritte für Sarali

Saralis Vater José war überrascht zu hören, dass Sarali Schwierigkeiten in der Schule hatte. Er berichtete, dass es zu Hause mit ihr keine Probleme gäbe, und fragte sich, ob sie einfach an ältere Brüder gewöhnt sei, die „ihr austeilten, aber genauso gut einsteckten". José erinnerte Emily daran, dass seine Frau Rosa beim Militär war und im letzten Jahr öfter abwesend als zu Hause gewesen war, was für sie alle ein hektischeres Leben zur Folge gehabt hatte. José hatte das Gefühl, dass es sich nur um ein vorübergehendes Problem handele und dass das nichts sei, worüber man sich Sorgen machen müsse. Emily fragte José, ob er irgendwelche Ideen dazu habe, wie man Sarali helfen könne, während der Frühstückspause sitzen zu bleiben. José meinte, Sarali sei ein aktives Mädchen, und fragte sich, ob Emily ihr helfen könne, den Tisch abzuräumen oder etwas anderes zu tun, bei dem sie umherwandern könne. Emily entgegnete, sie würde darüber nachdenken, was zu helfen schien, und erinnerte sich, dass der Tag, an dem Sarali nur einmal aufstand, der war, an dem die Kinder die Zwischenmahlzeit selbst zusammengestellt hatten, so dass ihr eine aktivere Rolle in der Pause zu helfen schien. Emily machte sich weiter Sorgen darüber, dass Sarali in ihrem Sprechvermögen hinterherzuhinken schien, und fragte sich, ob das dazu beitrug, dass sie losschlug, statt mit den anderen Kindern zu reden. José erklärte sich bereit, darüber mit der Kinderärztin zu sprechen. Die Kinderärztin meinte, Sarali würde wahrscheinlich bald damit beginnen, mehr Worte zu gebrauchen, und sie glaubte nicht, dass zum jetzigen Zeitpunkt weitere Behandlungen vonnöten seien. Emily beobachtete Sarali weiterhin sorgfältig und nahm einige Veränderungen in ihrer Pausenzeit vor. Sarali konnte während der Frühstückspause länger sitzen bleiben, wenn sie mehr zu tun hatte. Emily wies ihre Helferin an, bei Aktivitäten in der großen Gruppe in Saralis Nähe zu sein, und so konnten sie bewirken, dass Sarali die anderen Kinder weniger schlug. In Saralis Sprechvermögen schienen sich keine Fortschritte abzuzeichnen, aber Emily wusste, dass sie ihre speziellen Befürchtungen bei der nächsten Besprechung würde mitteilen können.

Fragen zu Text Nr. 20

1. Was bedeutet es, eine „Überweisung vorzunehmen"?

2. Wie entscheiden Sie, wann es an der Zeit ist, eine Besprechung mit der Familie festzulegen, um ihr Ihre Sorgen in Bezug auf das Kind mitzuteilen?

3. Welche Möglichkeiten gibt es, um eine warmherzige, freundliche und private Atmosphäre für die Besprechung zu schaffen?

4. Wie sollten Sie spezifische Verhaltensweisen beschreiben, die Ihnen Sorgen bereiten, wenn Sie mit der Familie sprechen?

5. Von dem, was Sie über Rashad wissen, würden Sie sich da auch Sorgen über ihn machen? Was halten Sie davon, auf welche Weise Rashad in eine aufrechte Sitzposition gebracht wird? In dem Wissen, dass Magda Gerber Betreuungspersonen und Eltern warnt, Säuglinge nicht in Positionen zu bringen, die sie nicht selbst einnehmen können, würden Sie da in Rashads Fall bewusst von Magda Gerbers Regel abweichen?

Text 21

Kinder mit besonderen Bedürfnissen sind zuallererst Kinder. Betreuungspersonen sollten diese Tatsache immer im Auge behalten und die Behinderung nicht das Kind definieren lassen. Achten Sie beim Lesen darauf, wie die sorgfältigen Formulierungen in diesem Artikel immer das Kind an die erste Stelle und die Behinderung an die zweite Stelle (im Satz) setzen. Nehmen Sie wahr, wie sich dieser Artikel anfangs auf *alle* Kinder bezieht, und er diejenigen mit Behinderungen einschließt. Nehmen Sie auch zur Kenntnis, dass ein zugrunde liegendes Thema die Individualisierung ist. Die vielen verschiedenen Strategien, die in diesem Artikel behandelt werden, werden Ihnen Ideen dazu geben, wie man Säuglinge und Kleinkinder mit besonderen Bedürfnissen unterstützen kann, wenn sie gemeinsam mit sich normal entwickelnden Altersgenossen in Betreuungs- und Erziehungseinrichtungen untergebracht sind.

Text Nr. 21
Strategien, um Säuglinge und Kleinkinder mit Behinderungen in der inklusiven Kinderbetreuung zu unterstützen[25]

von Donna Sullivan und Janet Gonzalez-Mena

---

25 Sullivan, D. und Gonzalez-Mena, J. (2002) "Strategies for Supporting Infants and Toddlers with Disabilities in Inclusive Child Care", in: Brault, L. (Hrsg.), Beginning Together Institute Manual, California Institute on Human Services, Sonoma State University for California Department of Education, Child Development Division: Sacramento, CA. Neuabdruck mit Genehmigung.

Einleitung

Viele Strategien funktionieren bei allen Säuglingen und Kleinkindern – einschließlich derjenigen mit besonderen Bedürfnissen und Behinderungen. Dieser erste Abschnitt gibt einen allgemeinen Überblick über Strategien, wie man die Umgebung vorbereiten kann, wie man die unerlässlichen Aktivitäten des Alltagslebens (wie die Betreuungs- und Pflegeroutinen) regeln und freies Spielen und Erforschen fördern kann. Im zweiten Abschnitt geht es um Strategien für spezifische Behinderungen. Dieser Abschnitt steht jedoch nicht für sich allein, weil er nur dann vollständig ist, wenn er in Verbindung mit dem ersten Abschnitt gesehen wird. Außerdem ist es wichtig, sich daran zu erinnern, dass Kinder sich nicht in „sauber voneinander getrennte" Kategorien einpassen lassen und dass Kinder mit Behinderungen nicht durch ihre Behinderung zu definieren sind. Mehrfachstrategien sind häufig die effektivsten.

Allgemeine Strategien

Kommunikation

Die Kommunikationsbedürfnisse sehr kleiner Kinder mit Behinderungen sind denen ihrer sich normal entwickelnden Altersgenossen ähnlich. Sensible Betreuer und Betreuerinnen beobachten und hören zu und geben den Kindern gleichzeitig angemessene Informationen und Antworten, ohne zu viel zu reden oder aufdringlich zu sein. Kinder brauchen einfühlsame, warmherzige Erwachsene, die auf sie eingehen und Verantwortung für das, was sie sagen, übernehmen. Sie brauchen Erwachsene, die Gefühle und Informationen kommunizieren. In erster Linie brauchen sie jedoch Erwachsene und Betreuungspersonen, die für sie *da* sind.

Von der Familie lernen

Mit der Familie zu sprechen, hilft uns, kleine Kinder besser zu verstehen, besonders dann, wenn ein Kommunikationsbedürfnis besteht. Es ist von besonderer Wichtigkeit, herauszufinden, wie das Kind zu Hause kommuniziert. Wie teilt es Ihnen mit, dass seine Windeln nass sind, dass es hungrig, traurig, besorgt ist usw.? Die Familie ist eine ergiebige Quelle in Bezug auf die Art, wie ihr Kind Informationen weitergibt.

Die SOUL-Technik

Wenn wir darüber nachdenken, wie Erwachsene in Unterhaltungen (und Interaktionen) mit kleinen Kindern hineingehen, dann ist eine der Strategien, die verwendet werden können, die SOUL-Technik. SOUL hat vier Bestandteile: *Silence* (Schweigen), *Observation* (Beobachtung), *Understanding* (Verstehen) und *Listening* (Zuhören). Das sind die Techniken, die bei Unterhaltungen mit kleinen Kindern die Partnerschaft fördern, indem sie die Initiative eines Kindes unterstützen, ihm Zeit geben zu antworten, eine gute Beobachtung der Fertigkeiten und Intentionen des Kindes zu üben und ein effektiver Zuhörer zu werden (mit Ihren Ohren, Ihren Augen und Ihrem Herzen).

Das *Schweigen* gibt uns Zeit, zu beobachten und zuzuhören – und so besser die Sichtweise des Kindes zu verstehen. Das geht dem Sprechen voraus und erinnert den Erwachsenen daran, der Führung des Kindes zu folgen und authentische Antworten zu geben. Die „Führung" kann sehr subtil sein – ein flüchtiger Blick, eine unauffällige Handbewegung, ein abgewandter Blick.

Die *Beobachtung* hilft uns, herauszufinden, wo die Interessen eines Kindes liegen. Die *Beobachtung* gibt uns außerdem Hinweise für Anpassungsmaßnahmen oder Modifikationen in der Umgebung und zeigt uns Wege auf, wie wir das Spiel eines Kindes erweitern können.

Das *Verstehen* ermutigt Erwachsene, Dinge aus der Perspektive des Kindes zu sehen: seine Herangehensweise, wie es ein Problem löst, sein Begriffsvermögen. Denken Sie zum Beispiel an ein Puzzle: Wenn Sie dem Kind sagen, es solle ein Puzzleteil *umdrehen*, dreht es dieses dann um? Wenn Kinder Dinge auf unterschiedliche Weise probieren und dabei ihre eigenen Strategien verwenden, dann kommunizieren sie mit den Menschen in ihrer Umgebung. Es ist wichtig für uns, das Verstehen zu bestärken und es zu überprüfen, selbst bei sehr kleinen Kindern. Kinder fühlen sich kompetent, wenn wir ihre Botschaften verstehen, seien sie nun verbal oder nonverbal. Kommunikative Kompetenz führt zu Selbstvertrauen.

Das *Zuhören* kann auf ganz verschiedene Weise unterstützt werden: Nähe, Ohren, Augenkontakt, Körpersprache und unsere Affekte und unser Verhalten. Wirklich *zuzuhören* erlaubt es uns, der Führung des Kindes zu folgen, uns seinem Tempo anzupassen usw. Es bedeutet, dass wir das Zuhören nicht unterbrechen, sobald wir glauben, verstanden zu haben. Im Falle einiger Kinder bedeutet es, dass wir ein wenig zusätzliche „Wartezeit" zum Verarbeiten einkalkulieren.

Pacing – uns dem Tempo des Kindes anpassen

Achten Sie darauf, dass während der Pflege- und Betreuungsroutinen, jenen unerlässlichen „Aktivitäten des täglichen Lebens", ein gemächliches Tempo herrscht, und geben Sie Säuglingen und Kleinkindern so viel Zeit, wie sie brauchen, um so selbstständig zu sein, wie sie sein können. Ermutigen Sie sie, ihre sich entwickelnden Fähigkeiten auf der Ebene zu nutzen, auf der das möglich ist. Gehen Sie auf jedes einzelne Kind ein, damit sich keines gehetzt fühlt. Sprechen Sie mit dem Kind über das, was geschehen wird, und halten Sie nach jedem Anzeichen von Verstehen Ausschau. Geben Sie dem Kind ausreichend Zeit, das zu tun, was notwendig ist, um zu dem gemeinsamen Bemühen beizutragen. Unterstützen Sie das Kind angesichts von Schwierigkeiten in seinen Anstrengungen, es weiterhin zu versuchen, selbst wenn sich Enttäuschung breit machen sollte, doch seien Sie auch sensibel dafür, welche Frustrationsschwelle zu hoch ist.

Geben Sie während des Spielens Säuglingen und Kleinkindern so viel Zeit, wie sie brauchen, um das zu bewerkstelligen, was sie gerade zu tun versuchen. Ermutigen Sie sie, die Fähigkeiten einzusetzen, die sie besitzen, ohne sie zu hetzen. Das Tempo sollte für alle Säuglinge und Kleinkinder geruhsam sein. Passen Sie die Geschwindigkeit an das jeweilige Kind an, und denken Sie daran, dass einige Kinder deutlich mehr Zeit benötigen könnten als andere.

Spiele und Erkundungen einplanen

Alle Säuglinge und Kleinkinder verbringen einen Großteil ihrer Stunden des Wachseins in einer Umgebung, die zur Erkundung einlädt. Wenn man eine Umgebung gestaltet, dann sollte man die Sicherheit als entscheidendes Kriterium im Auge behalten. Informationen über Sicherheitsfragen bei spezifischen Behinderungen finden Sie im nächsten Abschnitt, zusammen mit einigen Ideen und Anpassungsmöglichkeiten, um Kindern zu helfen, deren Fähigkeiten bei der Erkundung eingeschränkt sind, und für diejenigen, die zusätzliche Ermutigung brauchen, um ihre Umgebung zu erforschen.

Unterstützen, ermutigen und erleichtern Sie Interaktionen mit Spielsachen. Statt eine direkte Anweisung zu benutzen, um zu zeigen, wie etwas funktioniert, kitzeln Sie die Neugier des Kindes heraus und warten Sie, um zu schauen, ob es sich motiviert fühlt, selbst zu erkunden.

Machen Sie eine Auswahl an Spielsachen und Materialien auf eine Weise zugänglich, die Säuglinge und Kleinkinder ermutigt, ihre vorhandenen physischen Fähigkeiten einzusetzen. Die Platzierung ist wichtig, wenn man möchte, dass sich das Kind wohl und sicher fühlt und gleichzeitig seine Hände frei hat. Ermutigen Sie Kinder, nach Spielsachen zu greifen, statt sie ihnen in die Hand zu legen.

Unterstützen, ermutigen und erleichtern Sie Interaktionen mit Gleichaltrigen. Akzeptieren Sie, dass für jedes Individuum andere Interaktionsebenen angemessen sind. Manchmal ist es bereits interaktiv genug, sich nur in der Nähe anderer Kinder aufzuhalten.

Multisensorische Erfahrungen

Alle Säuglinge und Kleinkinder brauchen eine Vielfalt an sensorischen Erfahrungen, müssen jedoch vor Hyperstimulation geschützt werden. Es ist wichtig, dass Betreuungspersonen die individuellen Grenzen erkennen. Was für ein Kind an Stimulation nicht ausreichen mag, könnte für ein anderes schon zu viel sein. Außerdem neigen Kinder dazu, einige Sinne mehr zu gebrauchen als andere. Eine sensible und fürsorgliche Betreuerin findet Möglichkeiten, um den Gebrauch aller Sinne zu fördern, ohne die Kinder zu irgendetwas zu zwingen oder sie zu manipulieren.

Für Unabhängigkeit ebenso sorgen wie für wechselseitige Beziehungen

In Programmen, in denen „ich habe alles selbst gemacht" ein wichtiges Ziel ist, ist es außerdem überaus wichtig, Wertvorstellungen wie das Annehmen von Hilfe und das Helfen zu vermitteln. Alle Kinder müssen lernen, dass Unabhängigkeit und wechselseitige Beziehungen keine Gegensätze sind, sondern zwei Seiten derselben Medaille. Abhängigkeit ist nichts Schlechtes! Helfen Sie Kindern, sich gut damit zu fühlen, Hilfe ebenso zu akzeptieren wie sie zu geben. Helfen Sie Kindern zu erkennen, wie sie bisweilen unabhängig sein können, indem Sie Selbsthilfefähigkeiten ermutigen. Machen Sie Spielsachen und Materialien zugänglich. Sorgen Sie außerdem für Veränderungen im Umfeld (Stufen, Rampen, Geländer), um Kleinkindern zu helfen, Wickeltische zu erreichen oder auf eine andere Ebene zu gelangen.

Für Ruhe sorgen, wenn sie benötigt wird

Seien Sie äußerst sensibel dafür, wenn einzelne Säuglinge und Kleinkinder Ruhe brauchen, und lassen Sie sie ihnen zukommen. Einige Kinder geben keine deutlichen Signale, wenn sie genug gehabt haben. Fragen Sie die Eltern, woher sie wissen, wann ihr Kind eine Ruhepause benötigt. Achten Sie auf die sehr unterschiedlichen Toleranzschwellen, die Kinder für Aktivität haben. Etwas zu tun, was für ein sich der Norm entsprechend entwickelndes Kind üblich erscheint, könnte für Kinder mit physischen oder gesundheitlichen Beeinträchtigungen ermüdend sein. Einfach nur von anderen Menschen umgeben zu sein, kann für einen Säugling oder ein Kleinkind bereits ermüdend sein. Schieben Sie eine Ruhepause für ein Kind, das sie benötigt, nicht um des Zeitplans oder einer Gruppenaktivität willen auf.

Strategien, um spezifische Behinderungen zu unterstützen

Die unten aufgelisteten „Kategorien" dienen der leichteren Orientierung. Unsere Absicht besteht nicht darin, Kinder zu definieren! Die genannten Strategien entstammen der Lebenserfahrung der Autorin sowie den schriftlichen Quellen, die am Ende dieses Abschnitts genannt werden.

Physische Behinderungen (orthopädische Beeinträchtigungen)

Geschwindigkeit

Ermutigen Sie das Kind, sich so weit wie möglich an Pflege- und Betreuungsroutinen sowie Erkundungsaktivitäten zu beteiligen. Ein Kind mit zerebraler Lähmung zu hetzen, könnte den Muskeltonus erhöhen und eine Aktivität wie das Windelwechseln oder Essen erschweren. Plötzliche Bewegungen können ebenfalls kontraproduktiv sein. Denken Sie daran, dass es für einige Kinder eine Verzögerung zwischen der „Intention", etwas zu tun, und der tatsächlichen Ausführung geben kann.

Positionierung

Während des Tages könnten besondere Stühle oder andere Hilfsmittel, um ein Kind zu positionieren, benötigt werden und zusätzlichen Platz erfordern.

Platzieren Sie Kinder, die das benötigen, so, dass sie sich bei Routineaktivitäten und beim Spiel behaglich und sicher fühlen. Befragen Sie die Eltern, um die besten Strategien für die Platzierung des Kindes herauszufinden. Denken Sie darüber nach, wie ein Kind unterstützt, aber gleichzeitig in die Lage versetzt werden kann, eigene Anstrengungen zu unternehmen. Seien Sie sensibel dafür, wann die Position verändert werden muss. Nicht in der Lage zu sein, aus einer Position herauszukommen, kann frustrierend sein. Machen Sie sich bewusst, dass das, was manchmal wie eine psychologische Unsicherheit wirken könnte, de facto eine körperliche Unsicherheit ist, der möglicherweise durch eine korrekte Platzierung oder Unterstützung abzuhelfen wäre.

Für Bewegung sorgen

Machen Sie das Kind mit seiner Umgebung vertraut und damit, wie es sich am besten in ihr bewegen kann. Vielleicht wird Platz benötigt, um die Bewegung mit speziellen Hilfsmitteln wie einem Gehwagen oder einem Rollstuhl zu ermöglichen. Sprechen Sie Sicherheitsüberlegungen an, damit der Weg frei ist – glatte, aber rutschsichere Oberflächen sowie in den Innenräumen Wege um dicke Teppiche herum und Sandflächen im Außenbereich. Stopfen Sie Ihre Umgebung nicht mit Gegenständen voll.

Auch wenn die meisten sich normal entwickelnden Kinder vom Kriechen über das Krabbeln zum Gehen fortschreiten, könnte es sein, dass einige Kinder in einem inklusiven Programm Möglichkeiten brauchen, später und länger zu krabbeln als andere sich typisch entwickelnde Kinder. Gestalten Sie den Raum so, dass es Objekte gibt, an denen man sich beim Krabbeln festhalten kann, wie zum Beispiel Möbelstücke, Tische, Geländer oder Wände, um sich hochzuziehen oder sich beim Krabbeln an ihnen abzustützen. Vergewissern Sie sich, dass diese stabil sind und die richtige Höhe haben.

Spiele und Erkundungen einplanen

Platzieren Sie Spielsachen in Reichweite, aber geben Sie sie dem Säugling oder Kleinkind nicht unbedingt in die Hand. Ermutigen Sie das Kind, die Arme auszustrecken oder sich auf niedrige, für es zugängliche Regale hin zu bewegen. Machen Sie sich bewusst, was mit einem Kind, das noch einen starken Greifreflex hat, geschieht, wenn Sie ihm ein Spielzeug direkt in die Hand legen. Es hat nicht die Möglichkeit, loszulassen, und das Spielzeug kann für ihn oder sie lästig oder unangenehm sein. Die Hand eines Kindes „aufzubrechen", das einen starken Greifreflex hat, kann den Reflex noch verstärken. Das Handgelenk kann jedoch gebeugt werden, und es können noch andere Entspannungstechniken verwendet werden, um dem Kind zu helfen, seine Finger zu öffnen.

Besorgen Sie Spielsachen, die Kinder unter Beteiligung ihrer Feinmotorik greifen und bewegen oder mit deren Hilfe sie etwas bewirken können. Passen Sie, falls nötig, Spielsachen und Materialien an die Bedürfnisse der Kinder an (siehe unten).

Unterstützen, ermutigen und erleichtern Sie Interaktionen mit Spielsachen. Statt eine direkte Anweisung zu benutzen, um zu zeigen, wie etwas funktioniert, kitzeln Sie die Neugier des Kindes heraus und warten Sie ab, ob es sich aus eigenem Antrieb engagiert. Kinder mit physischen Behinderungen haben bisweilen einige der Spielmöglichkeiten nicht gehabt, die ihre sich normal entwickelnden Altersgenossen gehabt haben.

Unterstützen, ermutigen und erleichtern Sie Interaktionen mit Gleichaltrigen. Akzeptieren Sie, dass für jedes Individuum andere Interaktionsebenen angemessen sind. Achten Sie auf subtile Reaktionen. Manchmal ist es bereits interaktiv genug, wenn man nur in der Nähe anderer Kinder ist.

Schutz vor Lärm

Man muss sich Gedanken darüber machen, wie man das Umfeld einrichtet, damit sich Säuglinge und Kleinkinder (die nicht mobil sind) wegen der physischen Folgen, die dies für ein Individuum haben kann, in Bereichen aufhalten können, wo sie nicht durch laute oder plötzliche Geräusche wie etwa dem Klingeln eines Telefons gestört werden.

Materialien, Spielsachen und Geräte anpassen

- Rutschfeste Materialien sorgen dafür, dass Spielsachen und Geräte nicht wegrutschen. Benutzen Sie Klettband, rutschfeste Unterlagen und Seifenhalter mit Saugnäpfen.
- Vergrößern Sie Handriffe mit Fahrradgriffen aus Schaumgummi, Wattepolstern, Bandagen und Klebeband.
- Bringen Sie Griffe an. Befestigen Sie zum Beispiel Korkenstöpsel oder Holznoppen an Puzzleteilen. Beispiel: Kleben Sie Pappkärtchen auf die Buchseiten, damit man sie leicht umblättern kann.

- Biegen Sie Löffelgriffe, benutzen Sie biegsame Strohhalme und verwenden Sie Tassen, die nicht umkippen, oder Tassen mit Ausguss und Deckel, um größere Unabhängigkeit beim Essen zu erreichen.
- Vergrößern Sie die Löcher in Perlen oder verwenden Sie festeren Bindfaden (verschließen Sie die Enden mit Abdeckklebeband).
- Versehen Sie Gegenstände aus Papier (Bücher, Karten) mit klarem Kontaktpapier, um sie zu versteifen und vor Speichel zu schützen (sie sabbersicher zu machen!)
- Verwenden Sie Klettband oder magnetische Blöcke.

Beeinträchtigungen des Sehvermögens

Für Bewegung sorgen
Machen Sie das Kind mit seiner Umgebung vertraut. Verändern Sie die Raumanordnung nach Möglichkeit nicht, damit Säuglinge und Kleinkinder mit visuellen Einschränkungen sich leichter im Raum bewegen können. Achten Sie darauf, dass möglichst wenig herumliegt.

Um Krabbelkindern und Kleinkindern zu helfen, durch den Raum zu navigieren, halten Sie nach Möglichkeiten Ausschau, wie sie so unabhängig wie möglich sein können, indem sie auditive und taktile Hinweise als Hilfen benutzen.

Spiele und Erkundungen einplanen
Das Spielen mit „realen" Gegenständen ist für Kinder mit Sehbehinderung besonders wichtig. Das konkrete Lernen ist von entscheidender Bedeutung, und der Übergang zwischen dem, was real und was ein Spielzeug ist, ist ohne visuellen Input sehr schwierig.

Platzieren Sie Gegenstände in Reichweite, und helfen Sie dem Kind durch Berührung oder andere „Hinweise" zu wissen, dass sie da sind. Ermutigen Sie das Kind, die Arme auszustrecken oder sich auf niedrige, für es zugängliche Regale hinzubewegen. Unterstützen, ermutigen und erleichtern Sie Interaktionen mit Gegenständen. Wecken Sie die Neugier des Kindes, indem Sie Gegenstände mit starken Kontrasten oder solche mit auditivem Input auswählen.

Erweitern Sie das Spielverhalten, wenn es sich darauf beschränkt, Dinge in den Mund zu nehmen oder an ihnen zu riechen.

Fügen Sie den Gegenständen zusätzliche Strukturen bei (Schmirgelpapier, Webpelz, Vinyl), um den Kindern beim Auffinden von Dingen zu helfen. Stellen Sie Spielsachen bereit, die die Kinder greifen und bewegen können oder durch deren Gebrauch sie eine Wirkung erzielen können. Modifizieren Sie Spielsachen und Materialien gegebenenfalls so, dass sie auditive Elemente (eine Klingel in einem Ball der Fa. Nerf) oder Strukturen hinzufügen. Gerüche hinzuzufügen, kann Spielzeug und Gegenstände leichter identifzierbar und interessanter machen.

Nutzen Sie restliche Sehfähigkeiten aus, indem Sie Spielsachen verwenden, die aufleuchten (seien Sie vorsichtig, wenn das Kind zu Krämpfen oder epileptischen Anfällen neigt) oder stark kontrastierende Farben oder dicke schwarze Umrisse haben. Platzieren Sie Gegenstände auf etwas, das einen Hintergrund mit starkem Kontrast hat oder eine definierte Kante, wie zum Beispiel ein Tablett.

Unterstützen, ermutigen und erleichtern Sie Interaktionen mit Gleichaltrigen. Ein Kind mit Sehbehinderung ist sich eines anderen Kindes in seiner Nähe möglicherweise nicht bewusst. Erwachsene können mit verbalen Informationen und Berührung Unterstützung geben. Worte, die „Richtungsangaben" enthalten (wie rechts und links), können im Verbund mit Berührung schon früh verwendet werden, um Kleinkindern zu helfen, Ortsbestimmungen vorzunehmen.

Schutz vor Lärm und Verwirrung

Stellen Sie für Kinder, die potenziell Schwierigkeiten haben, zu unterscheiden und sich zu konzentrieren, einen Raum bereit, in dem wenig Lärm und Umtriebigkeit herrscht.

Beeinträchtigungen des Hörvermögens

Multisensorische Erfahrungen

- Verwenden Sie multisensorische Hinweise.
- Verwenden Sie visuelle und taktile Hinweise, um Säuglingen oder Kleinkindern bei täglichen Routinen und Aktivitäten Führung zu geben.
- Verwenden Sie bildliche Hinweise bei älteren Kleinkindern, um ihnen zu

zeigen, wie Materialien verwendet werden, oder ihnen zu helfen, Ihnen zu erzählen, was sie vorhaben oder haben möchten.

- Platzieren Sie den Säugling oder das Kleinkind so, dass es den Sprecher deutlich sehen kann. Die Beleuchtung ist wichtig (setzen Sie das Licht so ein, dass es das Gesicht des Sprechenden erhellt).

Restliche Hörfähigkeiten nutzen

Wenn ein Kind einen bestimmten Laut, wie etwa eine Glocke, hören kann, dann verwenden Sie sie, wenn es angemessen ist, um sich der Aufmerksamkeit des Kindes zu versichern. Es ist wichtig, individuelle Möglichkeiten zu erlernen, um restliche Hörfähigkeiten zu nutzen und so die Unabhängigkeit des Kindes und seine Wechselbeziehungen mit anderen zu fördern. Es ist ebenfalls wichtig, dass sich das Kind derjenigen Laute bewusst wird, die es tatsächlich hören kann.

Wenn ein Kind ein Hörgerät hat, dann muss die Betreuungsperson wissen, wie man es prüfen (täglich) und falls notwendig die Batterie wechseln kann. Viele Kleinkinder wollen kein Hörgerät tragen, und deshalb sollte ein Plan entwickelt werden, um dem Kind zu helfen, sich an das ständige Tragen der Hörhilfe zu gewöhnen.

Spiele und Erkundungen

Unterstützen und erleichtern Sie Interaktionen mit Spielsachen und Gleichaltrigen. Verwenden Sie eine einfache Zeichensprache bei allen Kindern, damit die Kinder in die Lage versetzt werden, miteinander auf eine andere Weise zu kommunizieren. Stellen Sie Spielsachen bereit, die die Kinder greifen und bewegen können oder durch deren Gebrauch sie eine Wirkung erzielen können. Modifizieren Sie Spielsachen und Materialien falls notwendig so, dass sie interessanter werden oder die Neugier des Kindes wecken.

Emotionale und verhaltensbezogene Herausforderungen

Klarheit, Konsequenz und Vorhersagbarkeit

Vermitteln Sie Kindern konsequent klare Grenzen. Leben Sie die Verhaltensweisen vor, die Sie etablieren möchten. Geben Sie Kindern die Worte, um ihre Gefühle zum Ausdruck zu bringen, und erkennen Sie ihr Recht an, sie zu haben.

Wenn Sie Erklärungen geben, dann sollten diese kurz und direkt sein.

Geben Sie Kindern Rückzugsmöglichkeiten in Form abgegrenzter Winkel, in die sie sich nach eigenem Belieben und so oft wie nötig zurückziehen können. Einige Kinder brauchen Zeit für sich allein, bevor sie sich wieder der Gruppe anschließen können.

Einigen Kindern kann geholfen werden, indem man ihnen ganz konkrete Hinweise für Übergänge gibt oder sie darauf aufmerksam macht, was als Nächstes geschehen wird. Um anzuzeigen, dass der Spielplatz frei ist, könnte man eine Glocke ertönen lassen oder man könnte Bilder der nächsten Aktivität (Frühstück oder Zwischenmahlzeit) zeigen.

Schutz vor Lärm und Verwirrung

Eine möglichst lärmreduzierte und bewegungsarme Umgebung ist unerlässlich für die Kinder, die sich leicht ablenken lassen oder die schnell aufgebracht sind.

Zeigen Sie Initiative. Beobachten Sie Interaktionen und Verhaltensweisen genau, um Provokationen zu verhindern.

Spiele und Erkundungen fördern

Seien Sie sich individueller Stimulationsgrenzen bewusst. Für einige Säuglinge oder Kleinkinder ist es besser, wenn sie nur ein geringes Maß an Stimulation und begrenzte Wahlmöglichkeiten zur Verfügung haben.

Die meisten Kleinkinder fühlen sich sicherer, wenn ein Erwachsener in ihrer Nähe ist, besonders dann, wenn sie wissen, dass sie sich darauf verlassen können, dass dieser Erwachsene einen Fokus gibt und Kontrolle ausübt, wenn diese benötigt werden. Es ist besonders wichtig, Kontrolle auszuüben, bevor ein Kind Materialien beschädigt oder ein anderes Kind verletzt.

Unterstützen, ermutigen und erleichtern Sie Interaktionen mit Spielsachen und Gleichaltrigen. Akzeptieren Sie, dass für jedes Individuum andere Interaktionsebenen angemessen sind, und setzen sie einem Kind Grenzen, wenn es diese braucht.

Beeinträchtigungen in der Entwicklung

Geschwindigkeit

Ermutigen Sie das Kind während der Pflegeroutinen und Erkundungsphasen, sich daran zu beteiligen. Erklären Sie, was geschehen wird, und warten Sie ab, ob Ihnen das Kind auf irgendeine Weise vermittelt, dass es die Botschaft verstanden hat. Geben Sie dem Kind reichlich Zeit, das zu tun, was es kann, um Ihnen zu helfen. Erlauben Sie dem Kind, es weiterhin zu versuchen, selbst wenn Frustration auftaucht, aber seien Sie auch sensibel dafür, wann die Frustrationsschwelle überschritten worden ist.

Für Bewegung sorgen

Machen Sie das Kind mit seiner Umgebung vertraut. Geben Sie taktile, auditive und visuelle Hinweise, um ihm Führung zu geben. Geben Sie Kindern, die noch nicht unabhängig laufen können, Gelegenheiten, sich so zu bewegen, wie sie es bereits können.

Multisensorische Erfahrungen

Auch wenn multisensorische Erfahrungen für alle Säuglinge und Kleinkinder wichtig sind, brauchen diejenigen mit Behinderungen möglicherweise zusätzliche Erfahrungen und Raum, der zu offenen Erkundungs- und Spielaktivitäten einlädt.

Verwenden Sie Sprache, um den Säugling oder das Kleinkind bei täglichen Routinen und Aktivitäten anzuleiten. Benutzen Sie bildliche Hinweise, um zu zeigen, welche Materialien verwendet werden, oder um Kleinkindern zu helfen, Ihnen mitzuteilen, was sie wollen, wenn ihnen keine sprachlichen Möglichkeiten oder Gesten zur Verfügung stehen, um das zu tun.

Stärken nutzen

Unterstützen Sie die Erfolge des Kindes. Erkennen Sie sie an, ohne das Kind von seinem Erfolg oder seiner Aktivität abzulenken. Spiel- und Aktivitätssequenzen müssen unter Umständen in kleinere Schritte zerlegt werden.

Sorgen Sie für offenes Spiel und Erkundungen. Denken Sie an die Sicherheitsüberlegungen für ein Kind, das sich in einem anderen Tempo entwickelt (das zum Beispiel immer noch Dinge in den Mund nimmt).

Alle Säuglinge und Kleinkinder brauchen offenes Spiel und unbefristete Erkundungen in reichlichem Maße, aber einige wissen vielleicht nicht, was sie tun sollen, wenn man ihnen in einer sicheren und interessanten Umgebung diese Möglichkeit gibt. Helfen Sie ihnen mit sanfter Ermutigung, vergewissern Sie sich, dass Spielzeug und andere Materialien verlockend und ihren Möglichkeiten angepasst sind. Geben Sie ihnen einige Ideen dazu, was sie mit den Spielsachen und dem Material anfangen können. Machen Sie es ihnen, wenn notwendig, vor. Denken Sie über Möglichkeiten nach, die Neugier der Kinder anzuregen und sie zum Erkunden zu ermutigen.

Unterstützen, ermutigen und erleichtern Sie Interaktionen mit Spielsachen und Gleichaltrigen. Akzeptieren Sie, dass für jedes Individuum andere Interaktionsebenen angemessen sind. Machen Sie ihnen angemessene Interaktionen und Verhaltensweisen vor. Beschreiben Sie Interaktionen mit einfachen Worten.

Kalkulieren Sie zusätzliche Zeit und wiederholte Übung mit ein

Kinder lernen am besten durch Übung und Wiederholung. Kinder mit Entwicklungsverzögerungen brauchen häufig mehr Gelegenheiten zum Üben, wenn sie neue Fähigkeiten erlernen wollen. Damit eine Fähigkeit beherrscht werden kann, muss sie viele Male und über mehrere Tage oder Wochen hinweg geübt werden. Ermutigen Sie das Kind, damit sein Engagement nicht nachlässt, während es auf die Beherrschung einer Fähigkeit hinarbeitet.

Literaturhinweise

Child Development Resources (1993). *Special Care Curriculum and Trainer's Manual.* PO Box 280 Norge VA 23127-0280 (757) 566-3300.

Cook, R.E., Tessier, A. und Klein, M.D. (2000). *Adapting Early Childhood Curricula for Children in Inclusive Settings.* Fifth Edition. Upper Saddle River, NJ: Prentice Hall.

Cranor, L., und A. Kuschner, Editors (1996). *Project Exceptional: A Guide for Recruiting and Training Childcare Providers to Serve Young Children with Disabilities*, Volume 2. Sacramento, California: California Department of Education.

Kuschner, A., und L. Cranor, und L. Brekken, Editor; (1996) *Projet Exceptional: A Guide for Recruiting and Training Childcare Providers to Serve Young Children with Disabilities*, Volume 1, Sacramento, California: California Department of Education.

Fragen zu Text 21

1. Wofür stehen die Buchstaben in der SOUL-Technik?

2. Nehmen Sie die relativ passive Natur jeder Komponente der SOUL-Technik zur Kenntnis. Betreuen und Unterrichten werden normalerweise als Tätigkeiten betrachtet, die Aktivität vonseiten des Erwachsenen erfordern. Warum, glauben Sie, ist die SOUL-Technik eher passiv als aktiv?

3. Was sind wechselseitige Beziehungen? Die Autoren sagen: „Unabhängigkeit und wechselseitige Beziehungen sind keine Gegensätze, sondern zwei Seiten derselben Medaille." Was bedeutet dieser Satz für Sie?

4. Welche Strategie könnten Sie beispielsweise verwenden, um einem Kleinkind mit einer physischen Behinderung beim Spielen und Erkunden zu helfen?

Teil II
Wichtige Formulare*

Organisationen funktionieren mit Hilfe von Formularen. Säuglings- und Kleinkindpflege- und Erziehungsprogramme stellen keine Ausnahme dar. Selbst Organisationen, die so klein sind wie eine Tagsmütter-Einrichtung, haben einiges an Schreibarbeiten zu erledigen. An vielen Orten haben die Regulierungs- und Aufsichtsbehörden ihre eigenen Formularvordrucke, deren Verwendung für die Programme obligatorisch ist. Was wir hier einbeziehen, sind Muster für eine Reihe von Formularen, denen wir jedoch eine individuelle Note hinzugefügt haben. Wir haben zum Beispiel das traditionelle „Name der Mutter" und „Name des Vaters" durch das geschlechtsneutrale „Name des Elternteils" und „Name des zweiten Elternteils" ersetzt. Außerdem haben wir versucht, die Privatsphäre der Familie zu respektieren, indem wir mehr Optionen dafür geben, was die Person, die das Formular ausfüllt, mitteilen kann. (Vergleiche „Teilen Sie uns etwas über Ihr Kind mit".) Ein weiteres Ziel bestand darin, einige der Formulare zu kürzen. Wenn Sie für die Anmeldung ein traditionelles Formular bevorzugen, dann können Sie es gerne umschreiben. Und wenn Sie ein formelleres Formular haben möchten, um etwas über die Entwicklungsfortschritte des Kindes herauszufinden oder Informationen über seine Gesundheit festzuhalten, dann schauen Sie sich bitte das Formular am Ende dieses Abschnitts an. Wir haben dort zwei Formulare beigefügt. Einige US-Bundesstaaten fordern das Arztbericht-Formular. Dieses hier ist ein Muster.

---

* Die folgenden Formulare lassen sich am besten nutzen, wenn Sie sie im Zuge des Fotokopierens auf 120% vergrössern.

Formular Nr. 1

Anmeldeformular

Vollständiger Name des Kindes _____

Geburtsdatum _____

Adresse des Kindes _____

_____

Telefonnummer _____

Informationen über die Eltern bzw. Erziehungsberechtigten

Name des Elternteils bzw. des Erziehungsberechtigten_____

Adresse _____

_____

_____

Telefonnummer _____

Arbeitsplatz und Anzahl der Arbeitsstunden _____

Adresse _____

Telefonnummer _____

Name des zweiten Elternteils bzw. Erziehungsberechtigten _____

Adresse _____

_____

_____

Telefonnummer _____

Arbeitsplatz und Anzahl der Arbeitsstunden _____

Adresse _____

Telefonnummer _____

Personen, die berechtigt sind, das Kind abzuholen _____

Personen, die das Kind nicht abholen dürfen _____

Formular Nr. 2

Teilen Sie uns etwas über Ihr Kind mit

Name des Kindes _____

Wie sollen wir Ihr Kind nennen? _____

Wenn Sie möchten, dann teilen Sie uns bitte etwas über die Menschen mit,
die zu Hause mit dem Kind zusammenleben. _____

_____

Was sollten wir über die Gesundheit Ihres Kindes wissen? _____

_____

Hat Ihr Kind irgendwelche Allergien? Wenn ja, wogegen ist Ihr Kind allergisch?

_____

Welche Symptome hat es? _____

_____

Wie gravierend sind diese? Gibt es ein Gegenmittel? _____

_____

Nimmt Ihr Kind regelmäßig Medikamente ein? Wenn ja, welche? _____

_____

Machen Sie sich irgendwelche Sorgen über Ihr Kind, die Sie uns gerne mitteilen würden?

_____

Hat Ihr Kind eine Behinderung, die bereits diagnostiziert worden ist? _____

_____

Ernährung

Was sollten wir über die Fütterungs- und Essgewohnheiten Ihres Kindes wissen?

_____

Wie füttern Sie es? _____

Falls Ihr Kind bereits feste Nahrung zu sich nimmt:

- Gibt es irgendwelche Nahrungsmittel, die Ihr Kind nicht isst bzw. essen darf?

_____

- Was sind seine Vorlieben und Abneigungen? _____

_____

- Füttert Ihr Kind sich selbst? _____

- Wie? Isst es mit den Fingern? Benutzt es einen Löffel? Benutzt es eine Gabel?

Benutzt es Essstäbchen? Trinkt es aus einer Tasse? _____

Machen Sie sich Sorgen über das Füttern Ihres Kindes, die Sie uns mitteilen möchten?

_____

Gibt es bei Ihnen Rituale in Bezug auf das Füttern oder die Mahlzeiten,

die Sie uns mitteilen möchten? _____

_____

Windeln wechseln und zur Toilette gehen

Falls Ihr Kind Windeln anhat: Benutzen Sie Stoffwindeln oder Wegwerfwindeln?

_____

Wenn Ihr Kind alt genug ist:

- Wie weist es darauf hin, dass es zur Toilette muss? _____
- Welche Worte benutzt es? _____

_____

- Hat Ihr Kind eine Sauberkeitserziehung bekommen? _____

Falls nicht, was sind Ihre Vorstellungen dazu, wann und wie man beginnen sollte?

_____

_____

Schlafverhalten und Mittagsschlaf

- Welche Schlafgewohnheiten hat Ihr Kind? _____

_____

- Was sollten wir darüber wissen, wie wir Ihr Kind schlafen legen sollen? _____

_____

- Hat Ihr Kind ein Lieblingsspielzeug oder einen Gegenstand, den es benutzt,

  um sich zu trösten? _____

_____

- Gibt es etwas Bestimmtes, das Ihrem Kind Angst macht? _____

_____

_____

- Wie trösten Sie Ihr Kind? _____

_____

Die Sprache, die bei Ihnen zu Hause gesprochen wird

Was sollten wir über die Sprache wissen, die bei Ihnen zu Hause gesprochen wird?

_____

Wenn Sie eine Wahl hätten, welche Sprache(n) sollte Ihr Kind dann

in unserem Programm hören und sprechen? _____

_____

Wenn die Sprache, die Sie zu Hause sprechen, nicht der Sprache entspricht,

die in unserem Programm gesprochen wird, möchten Sie uns dann einige

Schlüsselbegriffe in Ihrer Sprache beibringen? _____

_____

_____

Was sollten wir sonst noch über Sie und Ihr Kind wissen? _____

_____

_____

_____

_____

Formular Nr. 3

Identifikations- und Notfallformular

Datum _____

Name des Kindes _____

Arzt des Kindes _____ Telefon _____

Adresse _____

Zahnarzt des Kindes_____ Telefon _____

Name des Elternteils bzw. des Erziehungsberechtigten _____

Telefonnummer, unter der diese Person im Notfall erreichbar ist _____

Bitte teilen Sie uns mit, falls sich diese Angaben ändern (auch wenn es nur vorübergehend ist)

Name des zweiten Elternteils bzw. Erziehungsberechtigten _____

Telefonnummer, unter der diese Person im Notfall erreichbar ist _____

Andere Personen, die im Notfall angerufen werden können (bitte achten Sie darauf, auch solche Personen zu nennen, die normalerweise wissen, wo Sie sich aufhalten)

Name _____ Beziehung zu dem Kind _____

Adresse _____

Telefonnummer _____

Name _____ Beziehung zu dem Kind _____

Adresse _____

Telefonnummer _____

Erste Hilfe

Falls ein Notfall eintreten sollte, bevollmächtige ich die Mitarbeiter, die Erste-Hilfe-Maßnahmen durchzuführen, die als notwendig für mein Kind angesehen werden.

Unterschrift/Datum _____

Notfall-Versorgung

Falls ein Notfall eintreten sollte und ich nicht erreichbar bin, werden der oben genannte Arzt und das örtliche Krankenhaus hiermit bevollmächtigt, die Notfall-Versorgung zu geben, die als notwendig für mein Kind angesehen wird.

Unterschrift/Datum _____

Weitergabe der Krankenakte

Falls ein Notfall auftreten sollte, bewillige ich hiermit die Weitergabe der Krankenakte meines Kindes an das Krankenhaus.

Unterschrift/Datum _____

Formular Nr. 4

Säuglingsfütterungsplan

Name des Kindes _____

Geburtsdatum _____

Wird das Kind gestillt oder mit der Flasche gefüttert? _____

Mit welcher Art von Flaschennahrung (falls zutreffend)? _____

_____

Nimmt Ihr Säugling feste Nahrung zu sich? _____

_____

Wenn ja, welche Nahrungsmittel sind bereits eingeführt worden? _____

_____

_____

Welchen Plan haben Sie, um neue Nahrungsmittel einzuführen?

Bitte zählen Sie detailliert auf, welche Nahrungsmittel Sie einzuführen planen und wann

_____

_____

_____

_____

_____

_____

_____

_____

_____

_____

Unterschrift eines Elternteils _____

Unterschrift der Betreuungsperson _____

Formular Nr. 5

Täglicher Informationsbogen

Abschnitt für Eltern

Bitte geben Sie uns Informationen, die uns dabei helfen können,

uns heute um Ihr Kind zu kümmern:

Datum _____

Name des Kindes _____

Fütterungszeiten _____

_____

Schlaf _____

_____

Veränderungen in den Ausscheidungsgewohnheiten _____

_____

Weitere Informationen _____

_____

Kommentare _____

_____

_____

Abschnitt für Betreuungspersonen

Liebe Mutter, lieber Vater,

Im Folgenden finden Sie eine Beschreibung dessen, was sich heute abgespielt hat

_____

_____

Fütterungszeiten _____

Schlaf _____

Informationen über das Wickeln/das Toilettenverhalten _____

_____

Weitere Informationen _____

_____

Kommentare _____

_____

_____

Formular Nr. 6

Eintragungsbogen

Datum _____

Name des Kindes: Schreiben Sie den vollständigen Namen	Gebracht von: Unterschreiben Sie mit Ihrem vollständigen Namen	Abgeholt von: Unterschreiben Sie mit Ihrem vollständigen Namen
1.	Ankunftszeit	Abholungszeit
2.	Ankunftszeit	Abholungszeit
3.	Ankunftszeit	Abholungszeit
4.	Ankunftszeit	Abholungszeit
5.	Ankunftszeit	Abholungszeit
6.	Ankunftszeit	Abholungszeit
7.	Ankunftszeit	Abholungszeit
8.	Ankunftszeit	Abholungszeit
9.	Ankunftszeit	Abholungszeit

Formular Nr. 7

Wickel-Logbuch

Datum _____

Kind, bei dem die Windeln gewechselt wurden	Zeit	Kommentare

Formular Nr. 8

Fütterungslogbuch

Kind, das gefüttert wurde	Zeit	Beschreibung und verzehrte Menge	Kommentar

Formular Nr. 9

Allergie-Notiz

Sollte an gut sichtbarer Stelle aufgehängt werden

Name des Kindes _____ ist allergisch gegen _____

Name des Kindes _____ ist allergisch gegen _____

Name des Kindes _____ ist allergisch gegen _____

Name des Kindes _____ ist allergisch gegen _____

Name des Kindes _____ ist allergisch gegen _____

Name des Kindes _____ ist allergisch gegen _____

Name des Kindes _____ ist allergisch gegen _____

Formular Nr. 10

Muster für eine Ankündigung, welchen Krankheiten das Kind ausgesetzt gewesen sein könnte

Anmerkung: Die unten enthaltenen Informationen ersetzen nicht die Rücksprache mit Ihrem Arzt, wenn Ihr Kind krank ist.

Liebe Eltern,

Am (Datum) _____ könnte Ihr Kind der folgenden Krankheit ausgesetzt gewesen sein:

_____

Ausbruch der Krankheit nach der Exposition (wie lange): _____

Die Symptome: _____

_____

Die Krankheit wird verbreitet durch: _____

_____

Sie ist ansteckend (wann, wie lange, in welchem Stadium): _____

_____

Sie kann erkannt/diagnostiziert werden durch: _____

_____

Schritte für die Behandlung: _____

_____

_____

_____

Schritte für die Prävention: _____

_____

_____

_____

_____

Anmerkung: *Keeping Kids Healthy* enthält wichtige Fakten über die 26 übertragbaren Krankheiten, die am häufigsten in Kinderbetreuungsprogrammen auftreten.

Formular Nr. 11

Zeitplan für die Verabreichung von Medikamenten				
Datum	Name	Arznei	Dosis	Zeiten

Formular Nr. 12

Nachweis der Medikamente, die einem einzelnen Kind verabreicht wurden

Liebe Eltern: Bitte füllen Sie dieses Formular aus
und geben Sie es zusammen mit den entsprechenden Medikamenten an uns zurück.

Name des Kindes _____

Krankheit _____

_____

Zu verabreichende Medikamente _____

_____

Dosierung _____

_____

Datum, an dem die Medikamente zu verabreichen sind _____

Zeiten, zu denen die Medikamente zu verabreichen sind _____

Ich bevollmächtige hiermit die Mitarbeiter der Kindertagesstätte,

die oben aufgeführten Medikamente von

_____ bis _____ zu verabreichen.
  Datum   Datum

Unterschrift eines Elternteils _____ Datum _____

Dieser Teil wird von der Betreuungsperson ausgefüllt:

Datum	Verabreichtes Medikament	Dosis	Zeit der Verabreichung	Verabreicht von

Formular Nr. 13

Zwischenfall-Tagebuch

Datum / Zeit	Name des Kindes	Ort	Art des Zwischenfalls	Ergriffene Maßnahmen	Initialen

Formular Nr. 14

Bericht über besondere Vorkommnisse

Name des Kindes _____

Datum des Zwischenfalls _____ Zeit des Zwischenfalls _____

Beschreibung des Zwischenfalls _____

Ort, an dem sich der Zwischenfall abgespielt hat _____

_____

_____

_____

_____

Beschreibung des Zwischenfalls (einschließlich der Gerätschaften oder Produkte, die dabei eine Rolle gespielt haben) _____

_____

Beschreibung der Verletzung(en) und des beteiligten Körperteils _____

_____

Name der Zeugen _____

Ergriffene Maßnahmen _____

Wurden die Eltern gerufen? _____

Wurde eine andere Person gerufen? _____

Wurde der Arzt gerufen? _____

Korrekturmaßnahmen, um zu verhindern,

dass ein solcher Zwischenfall noch einmal passiert. _____

_____

_____

_____

Zusätzliche Informationen _____

_____

_____

_____

Unterschrift _____ Datum _____

Formular Nr. 15

Dokumentation der Sorgen, die man sich in Bezug auf ein Kind macht

Datum _____

Name des Kindes _____

Art der Besorgnis _____

_____

_____

_____

_____

_____

_____

Detaillierte Beobachtung _____

_____

_____

_____

_____

_____

_____

Vorgeschlagene Maßnahmen _____

_____

_____

_____

_____

_____

_____

_____

Unterschrift _____

Formular Nr. 16

Wie erledigen wir unsere Aufgabe?
Familien-Feedbackbogen

Kommen wir Ihren Bedürfnissen entgegen?
Haben Sie Ideen dazu, wie wir unsere Aufgabe noch besser erledigen könnten?

_____

_____

Kommen wir den Bedürfnissen Ihres Kindes entgegen?
Haben Sie Ideen dazu, wie wir unsere Aufgabe noch besser erledigen könnten?

_____

_____

Sind unsere Strategien für Sie einsichtig?

_____

_____

Wie ist es Ihrem Gefühl nach um die Kommunikation
zwischen Ihnen und der Betreuungsperson oder dem Betreuungsteam Ihres Kindes bestellt?

_____

_____

Wie gut gehen Sie auf Ihre Anliegen ein?

_____

_____

Was sollten Sie Ihrer Ansicht nach wissen, um Sie und Ihr Kind besser verstehen zu können?

_____

_____

Wie geht es Ihnen mit den Informationen, die Sie über den Tagesablauf Ihres Kindes bekommen?

_____

_____

Gibt es Dinge, die Ihrer Meinung nach in den Tagesablauf Ihres Kindes einbezogen werden sollten,
die darin bis jetzt noch nicht enthalten sind?

_____

_____

Sind Sie der Meinung, dass das Programm Vielfalt respektiert?

_____

Was möchten Sie uns sonst noch mitteilen? _____

Formular Nr. 17

Entwicklungsbezogene Gesundheitsvorgeschichte

Name des Kindes _____ Geburtsdatum _____

Kosename _____

Physische Gesundheit

Welche gesundheitlichen Probleme hat Ihr Kind in der Vergangenheit gehabt? _____
_____
_____

Welche gesundheitlichen Probleme hat Ihr Kind jetzt? _____
_____

Hat Ihr Kind irgendwelche Allergien mit Ausnahme der oben genannten? Wenn ja, gegen was?
_____
_____

Wie schwerwiegend sind diese Allergien? _____
_____

Nimmt Ihr Kind regelmäßig Medikamente ein? Wenn ja, welche? _____

Ist Ihr Kind schon einmal im Krankenhaus gewesen? Wenn ja, wann und warum? _____
_____

Hat Ihr Kind wiederkehrende chronische Krankheiten oder gesundheitliche Probleme
(wie Asthma oder häufige Ohrenschmerzen)? _____
_____

Machen Sie sich anderweitige Sorgen um die Gesundheit Ihres Kindes? _____
_____
_____
_____

Entwicklung (im Vergleich zu anderen Kindern dieses Alters)

Hat Ihr Kind Probleme mit dem Sprechen oder damit, Laute zu produzieren?
Bitte erklären Sie. _____

Hat Ihr Kind Probleme mit dem Gehen, Laufen oder mit Bewegung allgemein? Bitte erklären Sie.
_____

Hat Ihr Kind Probleme mit dem Sehen? Bitte erklären Sie. _____
_____

Hat Ihr Kind Probleme, seine Hände zu gebrauchen (wie beim Puzzle-Legen, beim Malen oder dem Spiel mit kleinen Bauklötzen)? Bitte erklären Sie. _____
_____

Tägliches Leben

Welches sind die typischen Essgewohnheiten Ihres Kindes? _____
_____
_____

*Schreiben Sie n/z (nicht zutreffend), wenn Ihr Kind zu klein ist,
als dass die folgenden Fragen zutreffen können:*

Welche Nahrungsmittel mag Ihr Kind? _____

Welche mag es nicht? _____

Wie gut kann Ihr Kind mit Besteck und anderen Werkzeugen umgehen (Tasse, Gabel, Löffel)?
_____

Wie weist Ihr Kind darauf hin, dass es zur Toilette muss? Begriff(e) für *Blasenentleerung*:
_____

Begriff(e) für *Stuhlgang*: _____

Besondere Begriffe für Körperteile: _____

Zu welchen Zeiten entleert Ihr Kind gewöhnlich seine Blase und seinen Darm? Möchten Sie, dass wir für die Sauberkeitserziehung einem besonderen Plan folgen? _____
_____

Falls Sie ein kleines Kind haben, beschreiben Sie bitte, wie Sie zu Hause Windeln oder Toiletten-ausrüstung (wie Nachttopf oder Toilettensitzzusatz) verwenden? _____
_____

Welche regelmäßigen Schlafgewohnheiten hat Ihr Kind?

Wacht auf um _____   Hält Mittagsschlaf um _____   Geht schlafen um _____

Welche Hilfe braucht Ihr Kind, um sich anzuziehen? _____

Soziale Beziehungen/Spiel

Welches Alter haben die Spielkameraden, mit denen Ihr Kind am häufigsten spielt? _____

_____

Ist Ihr Kind freundlich? _____ Aggressiv? _____

Schüchtern? _____ Zurückgezogen? _____

Kann Ihr Kind gut alleine spielen? _____

_____

Was ist das Lieblingsspielzeug Ihres Kindes? _____

_____

Was macht Ihrem Kind Angst? (Kreisen Sie alle zutreffenden Begriffe ein). Tiere? Grobe Kinder?

Laute Geräusche? Dunkelheit? Gewitter? Etwas anderes? _____

_____

Wer ist hauptsächlich für die Disziplinierung zuständig? _____

_____

Was ist der beste Weg, um Ihr Kind zu disziplinieren? _____

_____

Mit welchen Erwachsenen hat Ihr Kind häufig Kontakt? _____

_____

Wie trösten Sie Ihr Kind? _____

_____

_____

Verwendet Ihr Kind einen besonderen Gegenstand, um sich zu trösten
(wie eine Decke, ein Plüschtier, eine Puppe)? _____

_____

Unterschrift eines Elternteils _____

Datum _____

Formular Nr. 18

Arztbericht-Formular – Kindertagesstätten

Arztbericht – Kindertagesstätten

(Beurteilung der Gesundheit des Kindes vor der Zulassung)

Teil A – Zustimmung der Eltern (von den Eltern auszufüllen)

_____ geboren, _____steht für die Untersuchung zur Verfügung.
(Name des Kindes)   (Geburtsdatum)

_____
(Name der Kinderbetreuungseinrichtung/Schule)

Die Kindertagesstätte bietet ein Programm, das von _____ Uhr vormittags/nachmittags

bis _____ Uhr vormittags/nachmittags an _____ Tagen pro Woche durchgeführt wird.

Bitte erstellen Sie einen Bericht zu oben genanntem Kind unter Verwendung des unten stehenden Formulars. Ich willige hiermit in die Freigabe der in diesem Bericht enthaltenen medizinischen Informationen an die oben genannte Kindertagesstätte ein.

Unterschrift eines Elternteils, des/der Erziehungsberechtigten

oder eines bevollmächtigten Vertreters des Kindes _____

Datum von heute _____

Teil B – Arztbericht (vom Arzt auszufüllen)

Probleme, derer Sie sich bewusst sein sollten:

Hörvermögen: _____   Allergien: Medikamente: _____

Sehvermögen: _____   Insektenstiche: _____

Entwicklungsbezogen: _____   Nahrungsmittel: _____

Sprache/Sprechen: _____   Asthma: _____

_____   Andere: _____

Andere (einschließlich Verhaltensauffälligkeiten): _____

Kommentare/Erklärungen

Verschriebene/Besondere Arzneien, Routinen/Einschränkungen für das Kind: _____

_____

_____

Erhaltene Schutzimpfungen:

(Füllen Sie den *California Immunization Record*, PM-298, aus oder legen Sie ihn bei).

Impfstoff	Datum, an dem jede Dosis verabreicht wurde:				
	1.	2.	3.	4.	5.
Kinderlähmung (OPV oder IPV)					
DTP/DTEP/ DT/DD (Diphterie, Tetanus und [azellulär] Keuchhusten oder nur Tetanus und Diphterie)					
MMR (Masern, Mumps und Röteln)					
HIP Meningitis (nur für die Kinderpflege erforderlich) (Hämophilus B)					
Hepatitis B					
Varicella (nicht erforderlich) (Windpocken)					

Screening für TB-Risikofaktoren (auf der Rückseite aufgelistet)

○ Risikofaktoren nicht vorhanden; TB-Hauttest nicht erforderlich

○ Risikofaktoren vorhanden Mentoux-TB-Hauttest durchgeführt

(sofern kein vorheriger positiver Hauttest belegt ist)

_____ Übertragbare Tuberkulose nicht vorhanden.

Ich habe die obigen Informationen mit den Eltern/dem bzw. der Erziehungsberechtigten

○ besprochen   ○ nicht besprochen.

Arzt: _____   Datum der ärztlichen Untersuchung:___

Adresse: _____

Datum, an dem dieses Formular ausgefüllt wurde: _____

Telefonnummer: _____

Unterschrift: _____

○ Arzt _____○ Ärztlicher Assistent _____○ Krankenschwester

Teil III
Mit den Eltern kommunizieren

Jede Familie, die mit einem Säuglings-Kleinkindprogramm beginnt, in dem das Kind betreut und erzogen wird, sollte ein Elternhandbuch erhalten, in dem den Eltern mitgeteilt wird, was sie zu erwarten haben. Hierzu gehören Informationen über den Registrierungsprozess, Strategien und Verfahrensweisen, ebenso wie die Rechte und Verantwortlichkeiten der Eltern. Dieser Absatz enthält den Abriss eines Muster-Elternhandbuches sowie Musterbriefe und Mitteilungen, die dort eingefügt sein könnten.

Elternhandbuch

Es ist wichtig, Informationen schriftlich weiterzugeben. Einige Elternhandbücher sind richtige Bücher mit vielen Seiten. Andere sind dünne Heftchen. Normalerweise entwickeln sie sich weiter: In dem Maße, wie sich das Programm und die Eltern verändern, müssen sie regelmäßig aktualisiert werden. Hier finden Sie eine grobe Übersicht über das, was in einem Elternhandbuch enthalten sein sollte. Natürlich muss aber jedes Handbuch auf das jeweilige Programm zugeschnitten sein.

Übersicht

Hier finden Sie eine Auswahl dessen, was ein Elternhandbuch enthalten könnte.

Begrüßung
Philosophie des Zentrums
Programmorganisation
Informationen über die Zentrumsmitarbeiter
Aufnahme- und Registrierungsverfahren
Anfallende Kosten (falls zutreffend)
Gesundheitspolitik und -praktiken
Ernährungsplan
Kommunikation zwischen den Familien und dem Programm, zum Beispiel mittels Besprechungen
Katastrophenpolitik, Katastrophenpläne und -bereitschaft
Führungsmethoden und Disziplinarmaßnahmen
Darlegung der gesetzlichen Pflicht, mutmaßlichen Missbrauch anzuzeigen
Antidiskriminierungspolitik und integrative Maßnahmen

Pleasant-Valley-Säuglingszentrum

Vollständige Adresse und Telefonnummer

Liebe Eltern und Familienmitglieder,

wir heißen Sie im Pleasant-Valley-Säuglingszentrum herzlich willkommen. Wir freuen uns, dass Sie und Ihr Kind zu unserem Programm gehören werden. Wir möchten, dass Sie sich hier wohl fühlen, und wir werden alles uns Mögliche tun, damit Ihr Kind sich hier zu Hause fühlt. Wir freuen uns darauf, Sie und Ihr Kind kennen zu lernen.

Wir glauben an die Zusammenarbeit mit Eltern und Familienmitgliedern, damit wir zu Partnern in der Betreuung und Erziehung Ihres Kindes werden können. Sie können jederzeit zu Besuch kommen, entweder im Raum zusammen mit Ihrem Kind oder im Beobachtungsraum. Wir laden Sie ein, uns Feedback zu geben und Vorschläge zu machen, wie wir unser Programm für Sie und Ihr Kind noch besser gestalten können. Wenn Sie Fragen oder bestimmte Anliegen haben, können Sie sich damit gerne an die Betreuungspersonen oder die Zentrumsleiterin wenden.

Wenn Sie Zeit haben und sich über die Beobachtung hinaus einbringen möchten, dann haben wir Informationen für Sie, die Ihnen die zahlreichen Möglichkeiten erklären, sich auf der Ebene zu engagieren, auf der Sie sich am wohlsten fühlen. Wir können Sie zum Beispiel im Beirat einsetzen, als freiwillige Helfer im Säuglingszentrum oder sogar im Büro. Wir brauchen außerdem in regelmäßigen Abständen Helfer für Wartungs- und Reparaturarbeiten und schätzen es, wenn uns Familienmitglieder aushelfen.

Die Hauptbetreuerin Ihres Kindes ist Shawna und ihr Partner im Säuglingsraum ist Eduardo, so dass Ihr Kind beide Betreuer kennen lernen wird, auch wenn es zu Shawna als seiner Erzieherin die stärkste Bindung haben wird.

Weitere Informationen über unsere Philosophie, unsere Ziele, Strategien und Praktiken finden Sie im Eltern- und Familienhandbuch. Darin ist außerdem ein Mitarbeiterverzeichnis enthalten. Bitte lesen Sie das Formular „Was Sie mitbringen sollten" für den ersten Tag Ihres Kindes in unserem Programm.

Wir möchten Sie noch einmal in unserem Programm willkommen heißen und hoffen, dass Ihre Zeit hier Ihren Zielen und Erwartungen entspricht.

Mit freundlichen Grüßen,

Die Leiterin und die Mitarbeiter des Pleasant-Valley-Säuglingszentrums

Was Sie mitbringen sollten:

- **Windeln**
- **Kleidung zum Wechseln.** Diese sollte innen mit einem Namensetikett versehen sein. Es ist sehr wichtig, hier im Zentrum zusätzliche Kleidung zum Umziehen für Ihr Kind aufzubewahren. Wenn die Kleidung ihres Kindes durchnässt oder beschmutzt wird, werden wir sie in sein Fach in eine Plastiktüte legen, damit Sie sie zum Waschen mit nach Hause nehmen können. Wenn das passiert, müssen Sie am folgenden Tag wieder Kleidung zum Wechseln mitbringen.
- Eine **Decke**, die im Zentrum aufbewahrt wird, insbesondere dann, wenn Ihr Kind eine Bindung zu einer bestimmten Art von Decke hat.
- Eine **Flasche** von zu Hause, wenn Sie unsere nicht verwenden möchten. Unsere Spülmaschine hat einen speziellen Sterilisations-Gang, so dass es sicher ist, die Flaschen in unserem Zentrum zu verwenden, wenn Sie das möchten.
- Eine **warme Jacke** oder ein Sweatshirt, um während der kühlen Monate draußen zu spielen.
- **Kleidung, die** während der warmen Monate **für das Spielen mit Wasser geeignet ist.**
- **Sonnenschutzmittel** für die warmen Monate. Sie müssen für uns ein Formular unterzeichnen, das uns die Genehmigung gibt, Sonnenschutzmittel aufzutragen. Vielleicht wollen Sie sie auch selbst auftragen, bevor Sie Ihr Kind ins Zentrum bringen.
- **Ein Hut** für sonnige Tage.
- **Schuhe** und Pantoffeln, wenn Ihr Kind bereits läuft. Drinnen gehen die Kinder barfuß oder tragen Pantoffeln, aber sie brauchen Schuhe für draußen, um Ihre Füße zu schützen.

Vielen Dank.
Die Mitarbeiter des Säuglingsraums

Unsere Philosophie

Unser Ziel ist es, in unserem Programm eine nährende, sichere, beständige und wohnliche Umgebung für Säuglinge und Kleinkinder bereitzustellen. Wir tun dies, indem wie ein Hauptbetreuerinnensystem mit Kleingruppen einrichten. Wir glauben an die Kontinuität von Pflege und Erziehung, damit die Kinder eine Bindung zu ihren Hauptbetreuungspersonen entwickeln und diese Betreuungspersonen solange wie möglich behalten – idealerweise für die gesamte Dauer ihres Aufenthaltes.

Wir sind ein integratives Programm, das auch Kinder mit Behinderungen und anderen Schwierigkeiten in die Gruppe von sich normal entwickelnden Kindern aufnimmt. Individualisierte Pflege und Erziehung ist ein weiteres Ziel. Wir glauben, dass diese sich ergibt, wenn wir individuelle, familiäre und kulturelle Werte und Überzeugungen respektieren, indem wir diese in höchstmöglichem Maße in unsere täglichen Routinen einbeziehen. Wir gestalten das Füttern, Wickeln, Schlafen und die sozialen Kontakte individuell. Zum Beispiel achten wir darauf, wie das Kind zu Hause gefüttert wird und welche Schlafrituale es von zu Hause kennt. Wir finden die Lieblingsaktivitäten des Kindes heraus und die Charakteristika seiner häuslichen Umwelt und versuchen, zumindest einige davon in das Umfeld und die Routinen unseres Zentrums einzubeziehen, damit das Kind ein Gefühl von Kontinuität zwischen seinem Zuhause und dem Zentrum hat.

Wir helfen ihm, Übergänge zu erleichtern und sie in positive Erfahrungen zu verwandeln. Zu den Übergängen gehören: die Trennung von den Eltern, die Trennung von den Betreuungspersonen im Zentrum, vom Spielen drinnen zum Spielen im Freien wechseln und umgekehrt, die Übergänge zu den Mahlzeiten, schlafen gehen und aufwachen sowie am Ende des Tages nach Hause zu gehen.

Wir bieten Aktivitäten aller Art, die sich in zwei Grundkategorien aufteilen lassen: 1. Die unerlässlichen Aktivitäten des täglichen Lebens (Füttern, Wickeln usw.), bei denen die Hauptbetreuungsperson und manchmal auch die Zweitbetreuerin auf einer Eins-zu-eins-Basis mit dem Kind arbeiten und sich darauf konzentrieren, eine sichere Beziehung aufzubauen. Diese Aktivitäten werden als überaus wichtig für den Lernprozess erachtet und die Personen, die sie ausführen, sind dazu ausgebildet, sanft, respektvoll und einfühlsam vorzugehen und das Kind zu beteiligen, damit es lernt, vom Beginn seines Lebens an kooperativ zu sein. 2. Erfahrungen, die auf die individuellen Interessen des Kindes eingehen und die Sinne einbeziehen, ebenso wie das Unterstützen von Selbsthilfefähigkeiten, Problemlösefähigkeiten sowie der motorischen Entwicklung. Diese Erfahrungen unterstützen die Kreativität und fördern die kognitive Entwicklung ebenso wie die Sozialisierung. Sie werden den ganzen Tag über erlebt und bieten den Kindern zusammen mit den unerlässlichen Aktivitäten des täglichen Lebens Möglichkeiten, ihre sprachliche Entwicklung in der Sprache, die bei ihnen zu Hause gesprochen wird, sowie im Englischen/ Deutschen zu fördern, wenn ihre Muttersprache nicht Englisch/Deutsch ist.

Fortschritte werden das ganze Jahr über kontrolliert und dokumentiert. Dies geschieht in Form von schriftlichen Beobachtungen, Check-Listen und anekdotischen Aufzeichnungen sowie durch Dokumentationsmaterial in Form von Fotos und Videoaufzeichnungen. Informationen vonseiten der Eltern (mittels Formularen und Besprechungen) sind ebenfalls Bestandteil des Daten- und Dokumentationsmaterials.

Täglicher Zeitplan

07.30   Öffnung des Zentrums
               Anmerkung: Die Zeiten zwischen Öffnung und Schließung sind unge-
               fähre Zeiten.

08.00 – 09.30 Frühstück für die Kinder, die als Gruppe zusammen essen

09.00 – 10.50 Freies Spielen (schließt eine reiche Umgebung ein, die drinnen und drau-
               ßen eingerichtet wird, damit den Kindern eine Vielfalt an Erfahrungen
               zur Verfügung steht, die zu ihrem individuellen Lernen, ihrer Entwick-
               lung und Sozialisierung beitragen. Nehmen Sie zur Kenntnis, dass das
               freie Spiel denjenigen Kindern, die nicht an den Aktivitäten des Fütterns,
               Windelwechselns oder Schlafens beteiligt sind, den ganzen Tag über zur
               Verfügung steht).

09.00 – 11.30 Morgenflaschen / Füttern mit dem Löffel / Schlafen / Windeln wechseln,
               je nach Notwendigkeit

10.50 – 11.10 Saubermachen und Vorbereitungen für das Mittagessen

11.15 – 11.45 Mittagessen für die Kinder, die als Gruppe zusammen essen

12.00 – 14.30 Nachmittagsflaschen / Füttern mit dem Löffel / Schlafen / Windeln wech-
               seln, je nach Notwendigkeit

14.30 – 16.30 Windeln wechseln / Flaschen je nach Notwendigkeit

13.30 – 17.00 Freies Spielen (schließt eine reiche Umgebung ein, die drinnen und draußen
               eingerichtet wird, damit den Kindern eine Vielfalt an Erfahrungen zur Ver-
               fügung steht, die zu ihrem individuellen Lernen, ihrer Entwicklung und
               Sozialisierung beitragen. Nehmen Sie zur Kenntnis, dass das freie Spiel den-
               jenigen Kindern, die nicht an den Aktivitäten des Fütterns, Windelwech-
               selns oder Schlafens beteiligt sind, den ganzen Tag zur Verfügung steht).

17.00   Schließung des Zentrums

Teil IV
Beobachtung

Leitlinien für die Beobachtung
Video-Beobachtungen

Leitlinien für die Beobachtung

In diesem letzten Teil werden Tipps und Hinweise dazu gegeben, wie man Säuglinge und Kleinkinder beobachtet. Die Beobachtung ist ein wichtiger Teil der Aufgabe einer Betreuungsperson und vollzieht sich in jeder Minute eines jeden Tages. Wie sonst soll die Betreuungsperson wissen, was jedes Kind von Minute zu Minute braucht, oder wie sie auf das Kind eingehen und mit ihm interagieren kann? Durch Beobachtung können Betreuerinnen den Modus der Interaktion so verändern, dass er für jedes Kind passt, und sie können herausfinden, wie die Umgebung funktioniert. Beobachtung ist der Schlüssel für die Durchführung des Curriculums. Jeder Teil des Programms baut auf Beobachtung auf. Kinder, deren Betreuungspersonen sie genau genug beobachten, um sie gut zu kennen, fühlen sich sicherer. Die Botschaft, die in *Säuglinge, Kleinkinder und ihre Betreuung, Erziehung und Pflege – Ein Curriculum für respektvolle Pflege und Erziehung* die ganze Zeit über vermittelt wird, lautet „sei achtsam!" In diesem Teil werden Ihnen Hinweise dazu gegeben, wie Sie dem Ort, an dem Sie sich gerade befinden, und den Menschen, die in Ihrer Nähe sind, Aufmerksamkeit schenken können.

Beobachtung ist mehr als nur hinzuschauen. Zu beobachten bedeutet, mit allen Sinnen Aufmerksamkeit zu schenken, um wirklich zu verstehen. Es bedeutet, das Unsichtbare sichtbar zu machen und sich ebenso dessen bewusst zu sein, was nicht geschieht, wie dessen, was geschieht. Diese Art des Verstehens vollzieht sich über das Analysieren und Interpretieren dessen, was man wahrnimmt. Geschulte Beobachter lernen, mit den Augen eines „Völkerkundlers" zu sehen.

Neben den laufenden informellen Beobachtungen müssen Betreuerinnen gelegentlich auch formellere Beobachtungen anstellen, insbesondere dann, wenn sie etwas herausfinden wollen, das sie nicht zufällig oder beiläufig entdecken können. Einige dieser Beobachtungen müssen über eine längere Zeit gemacht werden. Diese können unter anderem in Form von schnellen Notizen, längeren Notizen oder Checklisten festgehalten werden. Die Notizen können unmittelbar gemacht oder später aus dem Gedächtnis aufgeschrieben werden. Das Aufschreiben ist jedoch erforderlich, denn wenn Betreuerinnen das, was sie beobachten, nicht schriftlich festhalten, dann vergessen sie es. Das Gedächtnis allein kann nicht alle notwendigen Details speichern. Geschriebene Aufzeichnungen sind in vielfacher Weise nützlich. Eine davon ist, sie nach einer Zeit noch einmal anzusehen. Dabei tauchen manchmal Muster auf, die sich sonst nicht zeigen würden.

Um wirklich repräsentativ zu sein, müssen die Beobachtungen in einer Vielfalt von Umgebungen, Situationen und Tageszeiten gemacht werden. Es gibt keinen anderen Weg, um Individuen oder Gruppen wirklich zu verstehen. Dasselbe gilt für das Beobachten von Familien. Denken Sie daran, dass Sie eine Familie nicht wirklich kennen können, wenn Sie sie nur zur problematischsten Tageszeit sehen – wenn sie sich verabschieden und wegrennen oder wenn sie müde zurückkommen und bereit sind, nach Hause zu gehen und die nächste Mahlzeit zuzubereiten.

Zum Zwecke des Aufzeichnens ist es wichtig, immer das Datum und die Zeit einer Beobachtung aufzuschreiben, ebenso wie den Namen und das Alter des Kindes, sofern es nicht Teil der Aufzeichnungen ist, wann das Kind geboren wurde. Es kann hilfreich sein, außerdem das Umfeld und zusätzliche Informationen einzubeziehen, wie zum Beispiel die spezifischen Umstände. Am ersten Tag nach den Ferien zu beobachten, ist etwas anderes, als den letzten Tag vor den Ferien zu beobachten. Gehen Sie respektvoll mit den Gefühlen von Individuen um, und seien Sie nicht aufdringlich. Es kann unbehaglich sein, sich so zu fühlen, als werde man unter einem Mikroskop beobachtet.

Die Daten, die Sie durch die Beobachtungen sammeln, sollten detailliert und objektiv sein. Natürlich müssen Sie jene objektiven Daten auch interpretieren. Sie sehen, dass ein Kind sich die Augen reibt. Sie wissen vielleicht nicht mit Gewissheit warum, aber wenn Sie sich das Kind und den Kontext ansehen, dann sind Sie vielleicht in der Lage, es zu erraten. Handelt es sich hier um ein Baby, dass zu dieser Tageszeit immer ein kleines Schläfchen hält? Ist es ein Kleinkind, das im Sandkasten sitzt? Haben Sie die Röte in den Augen dieses Kindes bemerkt und haben den Verdacht, dass es eine Infektion hat? Das Augenreiben ist das Faktum. Das Erraten der Bedeutung oder des Grundes, warum etwas passiert, ist seine Interpretation. Beide sind wichtig, aber halten Sie sie bewusst getrennt voneinander.

Das Ziel ist es, objektiv zu sein, aber das bedeutet nicht, dass wir je aus unseren eigenen Begrenzungen entkommen können. Der Beobachter ist immer ein Teil des Bildes. Seien Sie sich der Wirkungen bewusst, die Sie auf das und die Person bzw. Personen haben, die Sie beobachten. Nehmen Sie auch die Auswirkungen dessen wahr, was Sie sehen. Nehmen Sie „wunde Bereiche" und „heiße Stellen" in Ihnen wahr, die durch die Handlungen anderer in Ihnen berührt werden. Nehmen Sie den Teil von Ihnen wahr, der das beurteilen möchte, was Sie sehen. Nehmen Sie den Teil von Ihnen wahr, der vorschnell zu Schlussfolgerungen gelangt. Seien Sie sich dessen bewusst, dass diese Schlussfolgerungen auf falschen Annahmen beruhen könnten. Auch wenn Sie versuchen, objektive Daten mittels Beobachtungen zu sammeln, können Sie sich selbst dabei nicht außen vor lassen. Trennen Sie das Objektive und das Subjektive voneinander. Wenn das Subjektive in Form von Urteilen, Annahmen und Gefühlen Ihnen immer wieder im Weg steht, dann schreiben Sie es auf und erkennen Sie an, dass es subjektiv ist. Dann konzentrieren Sie sich darauf, sich einem objektiveren Modus zuzuwenden, wo Sie das beobachten, was wirklich geschieht, und es ohne all die persönlichen Themen interpretieren, die Sie anerkannt und über Bord geworfen haben.

Die Beobachtung ist in vielfacher Hinsicht ein nützliches Handwerkszeug. Indem Sie Kinder beobachten, lernen Sie etwas über ihre Entwicklungsphase ebenso wie über ihre Einzigartigkeit – ihre Vorlieben und Abneigungen, Verhaltensmuster, wie sie mit anderen und der Welt, die sie umgibt, interagieren. Sie können Einsichten darüber gewinnen, wie Sie eingreifen können, um den Lernprozess des Kindes zu verstärken. Ein guter Beobachter kann sogar beginnen, die Welt aus anderen Perspektiven zu sehen.

Videobeobachtungen

In diesem Teil können Sie mit verschiedenen Möglichkeiten experimentieren, Verhaltensweisen aufzuzeichnen. Jede Videobeobachtung entspricht einem Videoclip des Online-Lernzentrums und geht über das Videobeobachtungs-Feature in jedem Kapitel Ihres Lehrbuches hinaus. Sie können diese Videobeobachtungen verwenden, um verschiedene Formen von Beobachtung zu üben und Ihre Beobachtungsfähigkeiten zu schulen.

Kapitel 1: Prinzipien, Praxis und Curriculum

OLC Videobeobachtung 1:
Weinendes Baby

Der Clip veranschaulicht einige der Prinzipien aus Kapitel 1. Lesen oder sehen Sie dieses Kapitel erneut durch, bevor Sie mit dieser Beobachtung beginnen. Wenn Sie sich den Clip ansehen, dann halten Sie mindestens nach einer Sache Ausschau, die im Zusammenhang mit einem der Prinzipien aus Kapitel 1 steht.

Beobachtung und Reflexion

Anweisungen: Schauen Sie sich den Videoclip von Anfang bis Ende an. Es handelt sich um einen sehr kurzen Auszug. Dann denken Sie noch einmal über das nach, was Sie beobachtet haben. Schreiben Sie alles auf, woran Sie sich erinnern, und geben Sie dabei so viele Details wie möglich an. Versuchen Sie nach Möglichkeiten, den freien Raum unten ganz auszufüllen. Wenn Sie mit dem Schreiben fertig sind, schauen Sie sich den Videoausschnitt noch einmal an, gehen Sie zurück und fügen Sie weitere Details hinzu. Verändern Sie (sofern notwendig) das, was Sie geschrieben haben. Wenn dieses Blatt Papier voll sein sollte, dann machen Sie auf einem anderen weiter. Dann schreiben Sie einen Satz unter Ihre Beobachtungen, der aussagt, was Sie hierdurch gelernt haben.

Kapitel 2: Säuglings- und Kleinkindererziehung

OLC Videobeobachtung 2:
Mit einer Röhre und einem Ball spielendes Kleinkind

In diesem Videoclip sehen Sie ein Beispiel für die Arten von pädagogischen Erfahrungen, die Kinder in diesem Alter für sich selbst auswählen. Lesen oder sehen Sie in Vorbereitung auf diese Beobachtung noch einmal den Abschnitt über Problemlösung in Kapitel 2 durch.

Beobachtungen zum laufenden Protokoll

Anweisungen: Bei den Beobachtungen zum laufenden Protokoll geht es darum, schnelle Notizen zu dem zu machen, was Sie sehen. Beziehen Sie so viele Details wie möglich ein. Dann schreiben Sie Ihre Beobachtungen in der Abfolge auf, in der sie sich entfaltet haben. Benutzen Sie vollständige Sätze und Abschnitte. Was Sie aufschreiben, sollte objektiv sein, und zwar ausschließlich das, was Sie sehen. Versuchen Sie nicht, das Ganze abzukürzen, indem Sie einfach etwas schreiben wie „das Kind spielte mit dem Ball und der Röhre". Beschreiben Sie seine Handlungen möglichst detailgenau, und beziehen Sie Dinge wie Körperhaltung und Bewegung, Gesichtsausdruck und andere Details ein, die Sie tatsächlich sehen können. Nutzen Sie diese Seite, um Notizen zu machen, und schreiben Sie Ihre Beobachtungen zum laufenden Protokoll auf einem anderen Blatt Papier auf.

Kapitel 3: Pflege als Curriculum

OLC Videobeobachtung 3: Selbstständig essende Kinder

Die Mahlzeiten sind Bestandteil des Curriculums. Schauen Sie, ob Ihnen das Schreiben von Einzelberichten, wie in den Anweisungen unten angegeben, hilft, die Curriculumsaspekte dieser Szene zu erkennen.

Einzelberichte

Anweisungen: Schauen Sie sich diesen Videoclip an, ohne etwas aufzuschreiben. Geben Sie dann einem Kind einen Namen und schreiben Sie alles auf, woran Sie sich in Bezug auf dieses Kind erinnern. Ist Ihnen irgendetwas besonders im Gedächtnis haften geblieben? Dann geben Sie dem anderen Kind einen Namen und schreiben ebenfalls so viel über dieses Kind auf, wie Sie noch erinnern. Und schauen Sie wieder, was Ihnen besonders im Gedächtnis haften geblieben ist.

Name 1. Kind _____

Name 2. Kind _____

Was Sie zuerst aufgeschrieben haben, waren zwei Einzelberichte. Hierbei handelt es sich um Kurzberichte, die nach dem Ereignis aufgeschrieben werden und all das enthalten, was Ihnen in Bezug auf bestimmte Kinder besonders im Gedächtnis haften geblieben ist.

Selbstreflexion: Haben Sie festgestellt, dass Sie sich zu einem der Kinder stärker hingezogen fühlten als zu den anderen? Wenn das der Fall ist, was hat Sie an diesem Kind angezogen? War es leichter, Dinge in Bezug auf jenes Kind zu erinnern, das Sie anziehend fanden, als bei dem anderen? (Verwenden Sie ein zusätzliches Blatt Papier, wenn Sie mehr Platz brauchen.)

Kapitel 4: Spiel als Curriculum

OLC Videobeobachtung 4:
Draußen spielende Kinder

Dieser Videoclip ist eine Veranschaulichung des Spiels von Kleinkindern.

Einzelberichte

Anweisungen: Schauen Sie sich diesen Videoclip an, ohne etwas aufzuschreiben. Geben Sie dann einem Kind einen Namen und schreiben Sie alles über dieses Kind auf, woran Sie sich erinnern. Ist Ihnen irgendetwas besonders im Gedächtnis haften geblieben? Dann geben Sie dem anderen Kind einen Namen und schreiben ebenfalls so viel über dieses Kind auf, wie Sie noch erinnern. Und schauen Sie wieder, was Ihnen besonders im Gedächtnis haften geblieben ist.

Name 1. Kind _____

Name 2. Kind _____

Kapitel 5: Bindung

OLC Videobeobachtung 5:
Kleinkind, das „Kontakt aufnimmt",
während es mit Stühlen spielt

Lesen oder sehen Sie Kapitel 5 noch einmal durch, um sich zu erinnern, wie sich Bindungen in spezifischen Verhaltensweisen zeigen.

Nach etwas Spezifischem Ausschau halten

Anweisungen: Halten Sie nach einem Anzeichen für Bindungsverhalten in diesem Videoclip Ausschau. Schreiben Sie es unten so detailliert wie möglich auf.

ANMERKUNG: Weil dies ein Videoclip ist, handelt es sich nicht um eine Beobachtung aus dem wirklichen Leben, und die spezifische Verhaltensweise, die Sie suchen, wird sich genau in der Minute einstellen, in der Sie diesen Clip beobachten, so dass Sie sie garantiert finden werden. Im wahren Leben müssten Sie vielleicht viel länger danach Ausschau halten und würden unter Umständen nie das Verhalten sehen, nach dem Sie suchen.

Welche Bindungsverhaltensweise(n) haben Sie gesehen? Schreiben Sie hier auf, was Sie beobachtet haben.

Kapitel 6: Wahrnehmung

OLC Videobeobachtung 6:
Junge, der durch Berühren
und Hören ein Spielzeug erforscht

In Kapitel 6 wird über Wahrnehmung besprochen, doch die Wahrnehmung ist etwas, das sich im Gehirn abspielt und nur am Verhalten abgelesen werden kann. Man weiß nie wirklich, was jemand anderes wahrnimmt. Man kann es lediglich vermuten.

Beobachtungen zum laufenden Protokoll

Anweisungen: Beobachten Sie den Jungen und machen Sie sich Notizen zu dem, was Sie sehen. Schreiben Sie diese Notizen als Beobachtungen zum laufenden Protokoll auf, wie in der Videobeobachtung in Kapitel 2. Beantworten Sie anschließend die Frage unten.

Auch wenn Sie nicht wissen können, was das Kind wahrnimmt, können Sie dennoch versuchen, sein Verhalten gemäß dem zu interpretieren, von dem Sie denken, dass der Junge es wahrnimmt. Schreiben Sie über das, was durch seine Ohren und seinen Tastsinn hereinzukommen scheint. Sind noch irgendwelche anderen Sinne beteiligt?

Kapitel 7: Motorische Fähigkeiten

OLC Videobeobachtung 7:
Stufen hinauf- und hinabsteigende Kinder

Dieser Videoclip ist eine perfekte Gelegenheit für Sie, um motorische Fähigkeiten auf eine Weise zu beobachten, die über die Informationen in Kapitel 7 hinausgeht.

Verfolgen Sie aufmerksam alle noch so kleinen Details

Anweisungen: Bei dieser Beobachtung geht es darum, Ihre Fähigkeiten der Beobachtung von Details zu schärfen. Beobachten Sie die Bewegungen, die Balance, die Haltung und den Gesichtsausdruck. Dann beobachten Sie noch einmal und machen sich schriftliche Notizen. Beobachten Sie noch ein drittes Mal und ergänzen Sie Ihre Notizen. Beobachten Sie solange weiter, bis Sie nichts Neues mehr sehen. Dann schreiben Sie Ihre Beobachtungen zum laufenden Protokoll, wobei Sie jedes noch so winzige Detail aufschreiben, das Sie gesehen haben. Seien Sie die ganze Zeit über genau und objektiv.

Kapitel 8: Kognition

OLC Videobeobachtung 8:
Vater, der ein Kleinkind wickelt

Sie haben wahrscheinlich einige Aktivitäten erwartet, die stärker im Zusammenhang mit der Kognition stehen. Dieser Videoclip wurde absichtlich ausgewählt, um darauf hinzuweisen, dass die Pflege Teil des Curriculums ist und sie sich nicht nur auf die soziale und emotionale Entwicklung bezieht, sondern auch auf die kognitive.

Interaktionen beobachten

Anweisungen: Bis jetzt sind Sie gebeten worden, jeweils eine Person zu beobachten. Dieses Mal liegt der Fokus auf der Interaktion zwischen dem Vater und seinem Sohn. Machen Sie Beobachtungen zum laufenden Protokoll (Anweisungen dazu finden Sie in der Videobeobachtung für Kapitel 2 auf Seite xxx) und interpretieren Sie das, was Sie sehen, im Hinblick auf die Kognition.

Kapitel 9: Sprache

OLC Videobeobachtung 9:
Kinder, die gemeinsam mit ihrer Betreuerin am Tisch essen

Es wird gesagt, dass Sprache „eingefangen", statt gelehrt wird (*caught, not taught*). Halten Sie in diesem Videoclip Ausschau danach, wie die Kinder Sprache von der Betreuerin „einfangen".

Auf Sprache fokussierte Beobachtung

Anweisungen: Beobachten Sie diesen Videoclip und schreiben Sie auf, was die Betreuerin sagt und tut. Beginnen Sie noch einmal von vorn, beobachten Sie noch einmal und schreiben Sie spezifische Reaktionen bzw. Antworten von spezifischen Kindern auf, jedes Mal, wenn die Betreuerin spricht. Sie können sich den Clip so oft ansehen, wie Sie möchten, und jedes Mal weitere Details in Ihre Beobachtung einfüllen. Schreiben Sie diese am Ende als Beobachtungen zum laufenden Protokoll auf (wie in den Anweisungen in der Videobeobachtung für Kapitel 2 auf Seite xxx).

Kapitel 10: Emotionen

OLC Videobeobachtung 10:
Kind, das versucht,
beim Schaukeln an die Reihe zu kommen

Dieser Videoclip zeigt ein Kind, das seine Gefühle zum Ausdruck bringt. Der Beobachter wird manchmal selbst emotional, wenn er das Kind beobachtet.

Selbstbeobachtung

Anweisungen: Beobachten Sie den Videoclip und nehmen Sie Ihre eigenen Gefühle wahr. Nutzen Sie den freien Raum unten, um eine Selbstreflexion über das schriftlich festzuhalten, was in Ihnen vorgegangen ist, als Sie den Videoclip beobachtet haben. Der Punkt ist, dass Beobachtungen objektiv sein sollten und Ihre Gefühle der Objektivität im Wege stehen können. Indem Sie sich der eigenen Reaktionen bewusst werden und sie aufschreiben, können Sie sie bewusst beiseite stellen und objektive Beschreibungen und Interpretationen aufschreiben.

Kapitel 11: Soziale Fähigkeiten

OLC Videobeobachtung 11:
Zusammen spielende Mädchen

Auch wenn Kleinkinder für Ihr Parallelspiel bekannt sind, während dessen Sie nicht aufeinander eingehen, so ist das bei den beiden Mädchen offensichtlich nicht der Fall, denn zwischen ihnen findet Interaktion statt.

Die Details einer Interaktion beobachten

Anweisungen: Sehen Sie sich den gesamten Videoclip einmal an. Dann sehen Sie ihn sich noch einmal an und machen Sie sich Notizen zu dem, was während der kurzen Interaktionsphasen passiert. Schreiben Sie etwas über Gesichtsaudrücke, Körperbewegungen und Laute (falls es sie gibt) auf – und was immer Sie sonst noch beobachten. Dann formulieren Sie Beschreibungen von jeder Interaktion. Seien Sie äußerst detailliert und genau in Ihren Beschreibungen.

Kapitel 12: Die physische Umgebung

OLC Videobeobachtung 12: Ablauf des Fütterns

Dieser Videoclip veranschaulicht, wie die Umgebung das Verhalten beeinflusst, wie in Kapitel 12 erklärt.

Details aus der Umgebung beobachten

Anweisungen: Sehen Sie Kapitel 1 noch einmal durch, so dass Sie die Philosophie Ihres Lehrbuches fest in Ihrem Geist verankert haben, während Sie sich diesen Videoclip ansehen. Schreiben Sie die Umweltmerkmale auf, die mit dieser Philosophie in Zusammenhang stehen. Dann erklären Sie auf der Basis dessen, was Sie in dem Videoclip beobachten, wie jedes Merkmal das Verhalten des Kindes beeinflusst.

Kapitel 13: Die soziale Umgebung

OLC Videobeobachtung 13: Kind im Sandkasten

Sehen Sie sich noch einmal den Abschnitt über Disziplin in Kapitel 13 an, um sich wieder mit der Umlenkung vertraut zu machen.

Einen Erwachsenen dabei beobachten, wie er das Verhalten eines Kindes umlenkt

Anweisungen: Schreiben Sie hier genau das auf, was Ihrer Beobachtung nach der Erwachsene tut und welche Verhaltensweisen das Kind als Reaktion auf das Verhalten des Erwachsenen zeigt. Gehen Sie in Ihrer Beschreibung sorgsam mit den Details um.

Kapitel 14: Erwachsene in Programmen der Säuglings- und Kleinkindbetreuung

OLC Videobeobachtung 14: Mädchen krabbelt durch ein niedriges Fenster (Programm zur Elternbildung)

Der Videoclip zeigt das Beispiel eines Programms, das sich auf die Elternbildung konzentriert. Denken Sie, während Sie das Video beobachten, darüber nach, was Sie in Kapitel 14 gelernt haben.

Die Verhaltensweisen von Eltern beobachten

Anweisungen: Auch wenn das kleine Mädchen im Mittelpunkt dieses Videoclips steht, beobachten Sie dennoch das Verhalten des Vaters als Reaktion auf das Kind. Notieren Sie sich detailliert seine Bewegungen, seine Haltung, seine verschiedenen Gesichtsausdrücke und Laute. Nehmen Sie wahr, wie der Vater auf die Stimme des Lehrers reagiert, der ihm Komplimente wegen seiner Fähigkeit macht, sein Baby sein eigenes Problem lösen zu lassen. Schreiben Sie Ihre eigenen Beobachtungen auf und notieren Sie am Ende, was Sie durch das eigene Tun gelernt haben.

Weitere Literatur aus dem Arbor Verlag

Janet Gonzalez-Mena / Dianne Widmeyer Eyer
**Säuglinge, Kleinkinder und ihr Betreuung, Erziehung und Pflege
– Ein Curriculum für respektvolle Pflege und Erziehung**

Das didaktisch aufgebaute Curriculum, das in den USA bereits in siebter Auflage als Standardwerk in der Ausbildung von Mitarbeiterinnen in Krippen und Tageseinrichtungen eingesetzt wird, ist eine ideale Einführung in die Pflege und Betreuung von Säuglingen und Kleinkindern.

Im Mittelpunkt des Lehrbuches steht ein kindzentrierter Ansatz, der problemlöseorientiert eine ideale Einführung in die Pflege und Begleitung von Kleinkindern und Säuglingen bietet. Aufbauend auf der Arbeit von Dr. Emmi Pikler und Magda Gerber stellen die Autorinnen in diesem Buch eine von ihnen entwickelte Methode zur Arbeit mit Gruppen von Kleinkindern und Säuglingen vor, die auf dem Beziehungsprinzip beruht und die aktuellen Erkenntnisse der Bindungs- und Gehirnforschung mit einbezieht.

Respekt vor den Entwicklungsbedürfnissen von kleinen Kindern und Säuglingen ist die bestimmende Kraft dieses Ansatzes
• durch die Abstimmung von Pflege und Betreuung auf die spezifischen Aspekte der Kindesentwicklung,
• durch Kenntnis darüber, wie Spiel zur Grundlage des Curriculums werden kann,
• durch eine angemessene Berücksichtigung der physischen und sozialen Umgebung.

Das Buch basiert auf der aktuellen Forschungslage zum Thema, konzentriert sich jedoch auf die praktische Anwendung. Die Themen Kindesentwicklung, Curriculum, Pflege und Betreuung werden praxisnah vermittelt – Betreuerinnen und Betreuer einladend, ihr Wissen anzuwenden. Realistische Szenen, Probleme und Lösungsvorschläge, tatsächliche Beobachtungen sowie Fragen und Lesevorschläge nehmen in diesem Lehrmittel daher einen wichtigen Platz ein. Somit eignet sich „Säuglinge, Kleinkinder und ihre Betreuung, Erziehung und Pflege" hervorragend als Lehrbuch für Einführungskurse in frühkindlicher Erziehung.

Magda Gerber & Allison Johnson
Ein guter Start ins Leben
Ein Leitfaden für die erste Zeit mit Ihrem Baby

Die Bedürfnisse von Babys und Eltern erfüllen – und dabei nicht ausgelaugt, sondern glücklich sein. Wer möchte das nicht? Magda Gerber beschreibt in Ihrem neuen Buch anschaulich den Schlüssel, der Eltern dabei helfen kann, ihre Kinder angemessen zu begleiten und in der Beziehung mit ihnen sich selbst besser kennenzulernen: Es ist der respektvolle Umgang mit dem Baby von Anfang an.

In vielen Beispielen, von den alltäglichen Pflegesituationen bis zum freien Spiel, zeigt Magda Gerber, wie Eltern liebevoll für ihre Kinder sorgen und ihnen gleichzeitig Raum für ihre eigenständige Entwicklung geben können. Sie schildert, wie Eltern die Zeichen ihrer Kinder verstehen lernen und in langsamer, respektvoller Zuwendung Kooperation und Austausch erleben können. Magda Gerber lernte in den 30er Jahren die Arbeit von Dr. Emmi Pikler kennen. Später wanderte sie nach Amerika aus und widmete sich auch dort weiterhin dem Gebiet der Kleinkindpädagogik. So half sie u.a. einem Kinderarzt bei der Etablierung eines Programmes für entwicklungsverzögerte Kinder. Gemeinsam mit ihm gründete sie schließlich die Organisation Resources for Infant Educarers (RIE), die eine in Amerika weithin bekannte Form von Mutter-Kind-Gruppen entwickelt hat, die weitestgehend auf der Arbeit von Dr. Emmi Pikler aufbaut.

ISBN 978-3-924195-45-8

Magda Gerber
Dein Baby zeigt Dir den Weg

Die Bedürfnisse von Babys und Eltern erfüllen – und dabei nicht ausgelaugt, sondern glücklich sein. Wer möchte das nicht? Magda Gerber beschreibt in ihrem neuen Buch Dein Baby zeigt Dir den Weg anschaulich den Schlüssel, der Eltern dabei helfen kann, ihre Kinder angemessen zu begleiten und in der Beziehung mit ihnen sich selbst besser kennenzulernen: Es ist der respektvolle Umgang mit dem Baby von Anfang an. In vielen Beispielen, von der alltäglichen Pflegesituationen bis zum freien Spiel, zeigt sie, wie Eltern liebevoll für ihre Kinder sorgen und ihnen gleichzeitig Raum für ihre eigenständige Entwicklung geben können.
Magda Gerber schildert, wie Eltern die Zeichen ihrer Kinder verstehen lernen und in langsamer, respektvoller Zuwendung Kooperation und Austausch erleben können.

„Dem Kind Sicherheit geben, es echte Zuwendung und wahrhaftiges Interesse an seiner Person spüren lassen: Diese Erziehungshaltung beschreibt Magda Gerber auf wunderbare Weise – für Eltern sehr gut verständlich und auch im Alltag umsetzbar.“

Prof. Dr. Remo Largo

„Der Gehalt der mündlichen und schriftlichen Beratung mehrerer Jahrzehnte.“

Anna Tardos

ISBN 978-3-936855-66-1

Stephanie Petrie & Sue Owen
Authentische Beziehungen in der Gruppenbetreuung von Säuglingen und Kleinkindern

Unter dem Titel „Resources for Infant Educarers" (RIE) ist ein sehr wirksamer Ansatz zur Pflege und Betreuung von Säuglingen und Kleinkindern entstanden, mit dessen Hilfe Neugier, Vertrauen und emotionale Sicherheit kleiner Kinder gefördert werden kann.

Getragen von neuen Forschungsergebnissen zu kindlichen Entwicklungs- und Bindungsbedürfnissen und deren optimaler Befriedigung, kann das RIE-Programm die Entwicklung und das Wohlbefinden von Kindern auch in der außerfamiliären Betreuung gewährleisten. Bereits heute wird dieser Ansatz, der auf der Arbeit von Dr. Emmi Pikler und Magda Gerber beruht, in vielen Einrichtungen im In- und Ausland umgesetzt.

Aufbauend auf einer Philosophie des Respekts und des einfühlenden Beobachtens kleiner Kinder, erklären die Autorinnen die Hauptelemente des Ansatzes und zeigen in Text und Bild auf, wie er in staatlichen wie privaten Kindertagesstätten, von Tagesmüttern und Tagespflegeeinrichtungen umgesetzt werden kann.

Diese Einführung mit zahlreichen praktischen Beispielen ist eine exzellente Informationsquelle für Erzieher und Eltern sowie für alle, die sich mit der Optimierung von Kinderbetreuungsangeboten beschäftigen.

Stephanie Petrie verfügt über mehr als 25 Jahre Berufserfahrung als Sozialarbeiterin und Leiterin sozialer Dienste für Kinder im privaten und öffentlichen Bereich. Heute lehrt sie Sozialarbeit an der Universität Liverpool.

Sue Owen ist Leiterin der Abteilung für frühe Kindheit (Early Childhood Unit) des National Children's Bureau in London.

ISBN 978-3-936855-36-4

Emmi Pikler u.a.
Miteinander vertraut werden

In „Miteinander vertraut werden" von der bekannten Kinderärztin Dr. Emmi
Pikler und ihren Mitarbeiterinnen, geht es um den respektvollen Umgang
mit Säuglingen und Kleinkindern – vor allem während der Pflege. In Artikeln und mit zahlreichen Fotos und Zeichnungen macht es deutlich, wie wir
schon zum Neugeborenen und Säugling eine enge und vertraute Beziehung
aufbauen und das Kind in seinem Entwicklungsprozeß unterstützen können.

ISBN 978-3-924195-33-5

4 x im Jahr

Mit Kindern wachsen

Die Zeitschrift für alle, die mit Kindern neue Wege gehen wollen!

Unsere Autoren

Frithjof Bergmann, O. Fred Donaldson, Magda Gerber, Mary Hartzell, Gerald Hüther, Jesper Juul, Myla und Jon Kabat-Zinn, Katharina Martin, Marie Martin, Michael Mendizza, Joseph Chilton Pearce, Marshall B. Rosenberg, Daniel Siegel, Anna Tardos, Lienhard Valentin, u. a.

Unsere Themen

- Ein guter Start mit Säuglingen und Kleinkindern
- Achtsamkeit im Leben mit Kindern
- Lernen/Intelligenzentwicklung
- Spiel und Kreativität
- Elternsein als Weg
- Alternative Schulmodelle
- Neue Horizonte für Jugendliche
- Neueste Entwicklungen der Gehirnforschung
- + Buchtipps und Veranstaltungen

Sie erhalten die Zeitschrift im Abonnement oder über eine Fördermitgliedschaft im Verein Mit Kindern wachsen. Der Preis für ein Jahresabo beträgt 25,- EUR (28,- EUR im Ausland) incl. Versandkosten. Zum Einstieg bieten wir ein Schnupperabo an: 3 Ausgaben zum Sonderpreis von 15,- EUR (17,- EUR Ausland) incl. Versandkosten. Umfangreiche Leseproben und weitergehende Informationen finden Sie im Internet unter **www.mit-kindern-wachsen.de**

Mit Kindern wachsen
Zechenweg 4 • D-79111 Freiburg
Tel. 0049(0)761/89 62 91 08 • Fax - 40 14 09 31
info@mit-kindern-wachsen.de

Mit Kindern wachsen e.V.

Neue Perspektiven und Wege im Leben mit Kindern

Im Verein *Mit Kindern wachsen* befassen wir uns nunmehr seit mehr als 15 Jahren mit neuen Wegen im Leben mit Kindern. Diesen Wegen ist gemeinsam, dass sie Kinder nicht nach unseren wohlmeinenden Vorstellungen „erziehen", sondern sie von Anfang an als fühlendes Subjekt respektieren, ihre Integrität bewahren und es ihnen erlauben wollen, sich nach ihrem eigenen inneren Gesetz zu entfalten – und dies sowohl in der Familie als auch in Kindergarten und Schule. In diesem Zusammenhang bieten wir in Deutschland, Österreich und der Schweiz verschiedene Seminare, Aus- und Fortbildungen an, über die Sie sich auf unserer Website informieren können.

In unserer Zeitschrift stellen wir verschiedene Ansätze und Autoren vor, deren Arbeit die innere und äußere Neuorientierung im Umgang mit Kindern unterstützen und begleiten kann. Wir hoffen, dass wir dazu beitragen können, Kinder und ihre Entwicklungsbedürfnisse besser zu verstehen, sie einfühlsam ins Leben zu begleiten und Wege zu finden, mit ihnen zu wachsen. In diesem Sinne hoffen wir, dass unser Angebot für Sie viele Anregungen enthalten wird.

Mit Kindern wachsen
Zechenweg 4 • D-79111 Freiburg
Tel. 0049(0)761/89 62 91 08 • Fax - 40 14 09 31
info@mit-kindern-wachsen.de
www.mit-kindern-wachsen.de

Gerne informieren wir Sie über unsere weiteren Veröffentlichungen. Schreiben Sie uns oder besuchen Sie uns im Internet unter:

www.arbor-verlag.de

Hier finden Sie umfangreiche Leseproben, aktuelle Informationen zu unseren Büchern und Veranstaltungen, Links und unseren Buchshop.

Arbor Verlag GmbH • D-79348 Freiamt
Tel: 0761. 401 409 30 • info@arbor-verlag.de *arbor*